央财精算科技智库丛书

中国保险业可持续发展报告 2020

Report on Sustainable Development of China Insurance Industry 2020

中国经济出版社
CHINA ECONOMIC PUBLISHING HOUSE
·北京·

图书在版编目（CIP）数据

中国保险业可持续发展报告 . 2020 / 陈辉著 . -- 北京：中国经济出版社，2021.1

ISBN 978-7-5136-6388-5

Ⅰ . ①中…　Ⅱ . ①陈…　Ⅲ . ①保险业 - 经济可持续发展 - 研究报告 - 中国 -2020　Ⅳ . ① F842

中国版本图书馆 CIP 数据核字（2020）第 218950 号

责任编辑　张梦初　陈宇慧　戴　瑛
责任印制　巢新强
封面设计　任燕飞

出版发行　中国经济出版社
印 刷 者　北京力信诚印刷有限公司
经 销 者　各地新华书店
开　　本　710mm × 1000mm　1/16
印　　张　19.5
字　　数　287 千字
版　　次　2021 年 1 月第 1 版
印　　次　2021 年 1 月第 1 次
定　　价　65.00 元
广告经营许可证　京西工商广字第 8179 号

中国经济出版社 **网址** www.economyph.com **社址** 北京市东城区安定门外大街 58 号 **邮编** 100011

本版图书如存在印装质量问题，请与本社销售中心联系调换（联系电话：010-57512564）

“央财精算科技书系”序言

精算：从更数理走向更技术

自2003年建院以来，中央财经大学中国精算研究院无论是在学术研究还是在学生培养上都取得了卓越的成绩，被教育部列为“人文社会科学重点研究基地”，被教育部、国家外国专家局列为“高等学校学科创新引智计划——保险风险分析与决策学科创新引智基地”，被北美精算师协会（SOA）授予“Centers of Actuarial Excellence”（CAE）认证，取得英国精算师协会和北美精算师协会精算职业考试免考认证等。学校颁布的“中央财经大学一流学科建设高校建设方案”里，更是对精算未来的发展寄予了厚望。

回忆过去，精算学科取得了优异的成绩；面向未来，面向业界，精算将走向何方？这成为精算学科必须思考和解决的问题。只有发展面向未来和业界的精算技术，方能打造具有一流影响力、支持多学科发展的中国精算智库。

2019年，根据中央财经大学建设世界一流大学（学科）方案要求以及“打造具有一流影响力的中国财经高端智库”的宏伟蓝图，中国精算研究院规划了“面向未来和业界应用的精算科技研究与精算智库建设”一流学科建设项目，致力于把精算基础研究和应用研究、学术研究与智库服务紧密地结合起来，构建面向未来和业界应用的精算技术体系，打造具有一流影响力、支持多学科发展的中国精算科技智库——央财精算科技智库。

为推动“面向未来和业界应用的精算科技研究与精算智库建设”项目落地，中国精算研究院在原中国精算研究院大数据中心、金融科技中心的基础上成立了中国精算科技实验室（CIAS Lab）[①]，为“央财精算科技智库”搭建了研究平台和服务平台。

为推动“央财精算科技智库”建设，中国精算科技实验室面向业界，坚持问题导向和需求导向，聚焦保险业未来之变局，科学谋划精算学科与科研的布局及发展，把精算基础研究和应用研究、学术研究与智库服务紧密地结合起来，构建了面向未来和业界应用的“央财精算科技书系”[②]。

“央财精算科技书系”将全面展示中央财经大学精算学科的特色，充分发挥中央财经大学精算学科的优势，努力走出一条具有鲜明学科特色的精算、保险智库建设之路，成为国内国际具有一流影响力的精算、保险思想库和智囊库。

中国精算科技实验室

2020年3月

---

① 中国精算科技实验室（CIAS Lab）是中央财经大学中国精算研究院下设研究机构，是在原中国精算研究院大数据中心、金融科技中心的基础上发展成立的，是基于中央财经大学一流学科建设项目“面向未来和业界应用的精算科技研究与精算智库建设”搭建的研究平台和服务平台。

② “央财精算科技书系”编审委员会秘书处设在中央财经大学中国精算研究院（地址：中央财经大学沙河校区，邮箱：fintech@yangcai.org），由中国精算研究院联合央财国际研究院等团队策划统筹编辑，由教育部人文社会科学重点研究基地重大课题（编号：16JJD790060）、高等学校学科创新引智计划（111 计划 B17050）、中央财经大学“双一流”建设项目、中央财经大学“科研创新团队支持计划”、北京高校高精尖“金融安全工程”2020 年度应急项目“新冠疫情冲击下的中国金融安全研究”等资助。

前　言

20世纪80年代，人类开始意识到不能把经济和社会、环境割裂开来谋求发展。1983年11月，联合国成立了世界环境与发展委员会（WECD），并在1987年发布了经过4年研究和充分论证的报告——《我们共同的未来》，正式提出了"可持续发展"（Sustainable Development）的概念和模式。基于此，可持续金融（Sustainable Finance）、可持续保险（Sustainable Insurance）等概念和原则相继提出。

2012年，联合国可持续发展峰会通过了联合国环境规划署金融倡议组织（UNEP FI）倡导的《可持续保险原则》（Principle for Sustainable Insurance, PSI），该原则是全球保险业应对环境、社会及治理（Environmental, Social and Governance, ESG）风险与机遇的实践框架。2020年4月22日，中国平安签署《联合国环境规划署金融倡议可持续保险原则》，成为中国内地首家签署《可持续保险原则》的公司。

2020年，中国精算研究院启动了"可持续保险"研究及《中国保险业可持续发展报告》的撰写工作，其核心在于全面研究保险资源及其配置效率，重新赋予保险效率观，从而促进中国保险业的可持续发展。2020年，突如其来的新冠肺炎疫情，是第二次世界大战结束以来人类经历的最严重的全球公共卫生突发事件，也是世界保险业面临的一次可持续发展的"大考"。在此背景下，《中国保险业可持续发展报告（2020）》聚焦"新冠肺炎疫情与保险"，以研抗疫，抗疫促研，助力中国保险业做好新冠肺炎疫情防控金融服务。

2020年6月7日，国务院新闻办公室发布的《抗击新冠肺炎疫情的中国行动》白皮书提到，这是一场全人类与病毒的战争。面对前所未知、突如其来、来势汹汹的疫情天灾，中国果断打响疫情防控阻击战。中国把人民生命安全和身体健康放在第一位，以坚定果敢的勇气和决心，采取最全面、最严格、最彻底的防控措施，有效阻断了病毒传播链条。14亿中国人民坚韧奉献、团结协作，构筑起同心战疫的坚固防线，彰显了人民的伟大力量。

当前，随着新冠疫情在全世界范围内的不断蔓延，全球经济金融运行的不确定性显著增强，中国宏微观经济运行也受到了较大冲击，金融市场动荡明显放大，对中国金融（保险）安全产生了重大影响。疫情就像一个蝴蝶效应，在加速许多事情的进程。关于疫情的影响，我们总是看到各种各样的碎片化信息和思考，但很少有人能将疫情对宏观经济、资本市场、承保业务、投资业务等影响结合在一起。

针对这些问题，本书从面对新冠疫情、抗击新冠疫情、后疫情时代、国际疫情冲击、全球风险观与可持续保险5个维度展开，通过40篇文章探讨了国际疫情冲击下中国保险业的安全问题。这40篇文章从新冠肺炎疫情暴发写到2020年5月底，2月份聚焦“面对新冠疫情”，3月份聚焦“抗击新冠疫情”，4月份随着国内疫情的好转开始聚焦“后疫情时代”，同时随着新冠疫情的全球蔓延开始聚焦“国际疫情影响”，最后通过“全球风险观与可持续保险”反思新冠肺炎疫情下的全球风险变化及保险发展。

本书是“央财精算科技书系”规划的内容，另外规划了《数说保险》《漫谈保险》《闲叙保险》等；本书基于笔者公众号“小城不小”连载内容整理而成。我们希望通过“央财精算科技书系”，重新思考未来的精算，重新定义未来的精算，借此构建全新精算支撑体系，引领全球精算变革方向。

本书由陈辉著，感谢央财国际研究院提供的数据支持，关于本书内容可以通过笔者公众号“小城不小”讨论。

本书在撰写过程中，参考了国际国内的相关著作、论文、报告和案例，中央财经大学中国精算研究院的多位专家学者提出了许多有益的修改意见，在此一并表示感谢。由于时间紧迫和笔者水平有限，书中疏漏、错误之处在所难免，敬请读者批评指正。

最后，再次重申一点，本书观点难免偏颇，但笔者只想通过数据说明问题，且仅代表个人观点，欢迎讨论。

中央财经大学中国精算研究院　陈辉

2020年6月于北京

目 录

第一篇 面对和抗击新冠疫情

第二篇　后疫情时代

第三篇　国际疫情影响

第一篇

面对和抗击新冠疫情

面对新型冠状病毒感染肺炎疫情（以下简称“新冠肺炎疫情”或“新冠疫情”），为贯彻落实国家关于坚决打赢疫情防控的人民战争、总体战、阻击战的决策部署，作为一名保险精算研究人员，笔者希望通过“新冠肺炎疫情与保险”系列研究，“以研抗疫，抗疫促研”，助力保险业做好新冠肺炎疫情防控金融服务。第一篇从“面对新冠疫情”和“抗击新冠疫情”两个维度进行了分析，内容概要如下：

保险业应该做什么。对于监管部门来说，要积极配合和支持疫情防控工作，更要维护金融市场稳定；对于保险机构来说，要积极配合和支持疫情防控工作，更要做好理赔工作；对于保险业来说，要思考赔了多少，而不是盯着捐了多少。

保险业要做什么。“做好理赔，读懂数据，看清趋势！”是我们的本职工作，基于此要思考“如何参与国家现代治理体系建设，如何助力构架国家安全网，如何助力‘人民的获得感、幸福感、安全感’”。

保险可以帮助个人做什么。保险能做的是不因传染病而起，而因传染病而立。正如佛所说：“一切有为法，尽是因缘合和，缘起时起，缘尽还无，不外如是。”对于个人而言，无非医疗和责任；医疗是个人有能力对于自己的救治，责任是个人有能力对于他人的救治。

保险可以帮助企业做什么。保险能做的，不因传染病而起，而因传染病而立。对于企业而言，我们要清醒地知道标准的企业财产保险、企业综合责任保险甚至环境污染责任保险都不承保传染病，针对这个问题，除了需要保险公司履行社会责任之外，我们更需要专业保险，而不仅仅是保险。

保险还需流行病巨灾债券。保险能做的，不因传染病而起，而因传染病而立；但是，应对传染病和流行病需要金融和保险的支持。每一次传染病的大暴发或大流行，都是一次巨灾风险，保险业要用管理巨灾风险的思路来应对传染病风险。

出口信用保险的使命。保险能做的，不是把保险置于金融，而是把保险置于对外贸易；关键是用好已有保险支持政策，适时出台新的政策措施；重点是用足用好出口信用保险等合规的外贸政策工具，保障外贸产业链、供应链畅通运转。

物流保险的使命。保险能做的，不是把保险置于金融，而是把保险置于物流；关键是用好已有保险支持政策，适时出台新的政策措施；重点是用足用好物流保险等保险产品，保障物流的畅通、高效、安全运转。

复工复产保险的使命。保险能做的，不是把保险置于金融，而是把保险置于复工复产；关键是用好已有保险支持政策，适时出台新的政策措施；重点是创新“政府+保险公司+复工复产保险”合作机制，借助短期复工复产保险助力企业应对复工复产风险。

农业保险的使命。保险能做的，不是把保险置于金融，而是把保险置于农业；关键是用好已有保险支持政策，适时出台新的政策措施；重点是积极推进农业保险高质量发展，积极参与、主动作为，深入推进农业保险“扩面、增品、提标”，探索优化农业保险运行机制，确保农民买得着、买得起、保得到。

生命科学保险的使命。保险能做的，不是把保险置于金融，而是把保险置于生命科学；关键是用好已有保险支持政策，适时出台新的政策措施；重点围绕新冠肺炎药物治疗、疫苗研发、临床治疗、防控装备研发与应用、疫情监测体系、检测新技术、疾病流行规律、疫情重大风险防控治理体系等方面开展生命科学保险研究。

第一章
面对新冠疫情

保险业应该做什么

一、新冠肺炎疫情

新型冠状病毒感染肺炎疫情是新中国成立以来发生的传播速度最快、感染范围最广、防控难度最大的一次重大突发公共卫生事件，对中国来说是一次危机，也是一次“大考”。中国共产党和中国政府高度重视、迅速行动，习近平总书记亲自指挥、亲自部署，统揽全局、果断决策，为中国人民抗击疫情坚定了信心、凝聚了力量、指明了方向。在中国共产党领导下，全国上下贯彻“坚定信心、同舟共济、科学防治、精准施策”总要求，打响抗击疫情的人民战争、总体战、阻击战。经过艰苦卓绝的努力，中国付出巨大代价和牺牲，有力扭转了疫情局势，用一个多月的时间初步遏制了疫情蔓延势头，用两个月左右的时间将本土每日新增病例控制在个位数，用三个月左右的时间取得了武汉保卫战、湖北保卫战的决定性胜利，疫情防控阻击战取得重大战略成果，维护了人民生命安全和身体健康，为维护地区和世界公共卫生安全作出了重要贡献。

面对新冠肺炎疫情，为贯彻落实国家关于坚决打赢疫情防控的人民战争、总体战、阻击战的决策部署，作为一名保险精算研究人员，希望通过

"新冠肺炎疫情与保险"系列研究，"以研抗疫，抗疫促研"，助力保险业做好新冠肺炎疫情防控金融服务。

本书从"面对新冠疫情、抗击新冠疫情、后疫情时代、国际疫情影响、全球风险观与可持续保险"五个维度展开，通过40篇文章探讨了国际疫情冲击下中国保险业的安全问题。这40篇文章从新冠肺炎疫情暴发写到2020年5月底，2020年2月聚焦"面对新冠疫情"，3月聚焦"抗击新冠疫情"，4月随着国内疫情的好转开始聚焦"后疫情时代"，同时随着新冠疫情的全球蔓延开始聚焦"国际疫情影响"，最后通过"全球风险观与可持续保险"来反思新冠肺炎疫情下的全球风险变化及保险发展。

另外，本书从"面对新冠疫情、抗击新冠疫情、后疫情时代、国际疫情影响、全球风险观与可持续保险"五个时间维度展开论述，所使用的数据也与此对应，例如"面对新冠疫情"使用的数据和信息截至2020年2月底，"抗击新冠疫情"使用的数据和信息截至2020年3月底，"后疫情时代"使用的数据和信息截至2020年4月底，"国际疫情影响"使用的数据和信息截至5月底。

2020年6月7日，国务院新闻办公室发布《抗击新冠肺炎疫情的中国行动》白皮书，详细记录了中国抗击疫情的艰辛历程：第一阶段，即应对突发疫情（2019年12月27日—2020年1月19日）；第二阶段，初步遏制疫情蔓延势头（1月20日—2月20日）；第三阶段，本土新增病例数逐步下降至个位数（2月21日—3月17日）；第四阶段，取得武汉保卫战、湖北保卫战决定性胜利（3月18日—4月28日）；第五阶段，全国疫情防控进入常态化（4月29日以来）。总体来看，本书从"面对新冠疫情、抗击新冠疫情、后疫情时代、国际疫情影响、全球风险观与可持续保险"五个维度展开，基本上与中国抗击疫情的艰辛历程同步。

《抗击新冠肺炎疫情的中国行动》白皮书详细记录了新冠肺炎疫情的主要时间点。2019年12月，新型冠状病毒首次被发现；2020年春节期间，新型冠状病毒感染肺炎疫情席卷中国，中国上下共防疫情。

2020年1月23日上午10点，湖北武汉开始封城；新冠肺炎疫情开始上升为国家层面“突发公共卫生事件”。2020年1月31日凌晨2点，世界卫生组织（WHO）向全球通报“本次疫情构成国际关注的突发公共卫生事件（PHEIC）”，新冠肺炎疫情上升为全球层面“突发公共卫生事件”。2020年2月11日，新冠肺炎疫情暴发20多天后，关于它的疾病名称和病毒名称也基本明确。

（1）疾病名称。2020年2月11日，世界卫生组织（WHO）在日内瓦召开发布会，宣布将新型冠状病毒正式命名为“COVID-19”，其中字母CO代表“冠状”（Corona），字母VI代表“病毒”（Virus），字母D代表“疾病”（Disease），数字19代表该疾病发现时间（Year of Identification）为2019年。

世界卫生组织在官方推特上解释了其命名准则：根据世界卫生组织（WHO）与世界动物卫生组织（OIE）、联合国粮食及农业组织（FAO）商定的准则，我们必须找到一个命名，不涉及地理位置、动物、个人或人群，而且这个命名要易读，并与该疾病有关。

（2）病毒名称。国际病毒分类委员会冠状病毒研究小组（CSG）在医学预印本网站（https://www.medrxiv.org）上发表了最新关于新型冠状病毒命名的论文，将新冠病毒正式命名为“SARS-CoV-2”。

国际病毒分类委员会冠状病毒研究小组通过评估认为：新型冠状病毒与SARS病毒并非同一种病毒，两者存在明显区别，新型冠状病毒有其新特点。但同时，两者属于同一类型，该病毒与SARS病毒具有亲缘性。根据官方分类和冠状病毒科的分类命名方法，该病毒为与严重急性呼吸综合征相关的冠状病毒（SARS-CoVs）的姊妹病毒，故将其规定为严重急性呼吸综合征冠状病毒2型（SARS-CoV-2）。

截至2020年2月29日24时，根据31个省（自治区、直辖市）和新疆生产建设兵团报告，中国新冠肺炎确诊病例共35329例（其中重症病例7365

例），累计治愈出院病例41625例，累计死亡病例2870例，累计报告确诊病例79824例，疑似病例851例；累计追踪到密切接触者共660716人，医学观察的密切接触者共51856人。

二、银保监会在行动

新冠肺炎疫情发生后，中国银保监会采取了一系列积极措施，配合做好新冠肺炎疫情防控工作。

2020年1月26日，银保监会印发《关于加强银行业保险业金融服务，配合做好新型冠状病毒感染的肺炎疫情防控工作的通知》（银保监办发〔2020〕10号），从银行保险机构自身落实疫情防控要求、保障金融服务顺畅、开辟金融服务绿色通道、强化疫情防控金融支持、做好受困企业金融服务等五个方面提出了具体措施。

2020年1月29日，银保监会党委印发《关于动员系统各级党组织和党员干部积极投身新型冠状病毒感染肺炎疫情防控阻击战的通知》（银保监党办发〔2020〕3号），激励系统内广大党员担当作为，要求各级党组织提高政治站位，强化监管引领，注重底线思维，在打赢疫情防控阻击战中履行好应尽的政治责任，充分发挥银行业保险业的支撑保障作用，全力配合有关部门和地方党委政府做好疫情防控工作。

2020年2月1日，中国人民银行会同财政部、银保监会、证监会、外汇局等部门又出台了《关于进一步强化金融支持防控新型冠状病毒感染肺炎疫情的通知》（银发〔2020〕29号），就加大货币信贷支持力度、合理调度金融资源、保障金融服务、维护金融市场平稳有序运行等做了进一步强调。

2020年2月1日，中国银保监会党委委员、副主席曹宇就银行业保险业支持防控新冠肺炎疫情和金融市场稳定等相关工作接受了《金融时报》《中国银行保险报》联合采访。银保监会高度重视新冠肺炎疫情，系统上下认真学习贯彻习近平总书记重要讲话和指示批示精神，坚决落实中共中央《关于加强党的领导、为打赢疫情防控阻击战提供坚强政治保证的通知》(中发电〔2020〕3号)要求，切实把疫情防控作为当前最重要最紧迫的政治任务来抓，积极采取了一系列措施。

2020年2月14日，银保监会印发《关于进一步做好疫情防控金融服务的通知》(银保监办发〔2020〕15号)，就做好金融服务，支持企业复工复产等进行了部署。

综上，可以看出银保监会行动的原则是积极配合和支持，行动的目标是维护金融市场稳定。这充分凸显了在新冠肺炎疫情发生后，银保监会把该管的事管住管好，做到不越位、不缺位、不错位。这是面对新冠肺炎疫情，每个政府部门做事的基本原则。

三、保险机构在行动

面对新冠肺炎疫情，保险公司也在积极行动，正如中国银保监会副主席曹宇在接受采访时所言，“一是积极募资捐物，二是落实特事特办，三是强化精准支持”，他更是提到，“保险机构向疫情防控一线人员捐赠保险保障，风险保障总额超万亿元”。

2020年2月3日，银保监会人身险部下发《关于做好新型冠状病毒感染肺炎疫情防控人身保险服务工作的通知》，财产险部下发《关于做好财产保险业新型冠状病毒感染肺炎疫情保险理赔服务和保险产品开发有关工作的通知》，中介部下发《关于保险中介从业人员队伍积极配合做好新型冠状病毒感染肺炎疫情防控工作的通知》。这些文件分别要求人身险公司、财产险公司和保险专业中介机构做好疫情防控保险服务工作，并提及“六个严禁、六个不得”。

(1)“六个严禁”：严禁借疫情渲染炒作保险产品(人身险、财产险、中介）；严禁利用疫情诱导客户退旧买新（人身险）；严禁开发设计缺乏定价基础的新型冠状病毒感染肺炎专属产品（人身险）；严禁将保险产品扩展责任宣传为新型冠状病毒感染肺炎专属产品（人身险）；严禁从业人员聚集和客户集中拜访（中介）；严禁举行晨会、夕会、演说会、宣讲会、培训、推介会等聚集性活动（中介）。

（2）“六个不得”：不得销售吸引眼球的噱头类保险产品（财产险）；不得销售没有精算定价基础的单病种产品（财产险）；不得因责任扩展上浮费率（人身险）；不得对公告前后购买该产品的客户实行差异化理赔标准（人身险）；不得设定硬性面拜任务和业绩指标（中介）；不得以未达到业务考核标准解除代理合同或扣减相关既有固定报酬（中介）。

面对新冠肺炎疫情，保险业除了“六个严禁、六个不得”之外，到底应该做些什么呢?

为此，笔者查阅了世界卫生组织、美国疾病控制与预防中心（CDC）、中国疾病预防控制中心（CCDC）等组织的相关文件，并查阅了一些学术文章，提到保险也就局限在理赔（Claim）。韦莱韬悦（Willis Towers Watson）发布的《直面疫情挑战，做您最坚实的后盾——疫情理赔全面分析和应对》一文详细介绍了理赔。

面对新冠肺炎疫情，我们应该思考的是“保险公司赔了多少”，而不应该强调“保险公司捐了多少”。新冠肺炎疫情我们一定能战胜，但是新冠肺炎疫情可能会对中国经济产生巨大影响，保险业要思考的是我们为此做了多少缓解行动。

我们再来回顾一下四川汶川地震。2008年9月4日，国新办就四川汶川地震及灾损评估情况举行新闻发布会，国家汶川地震专家委员会副主任史培军介绍，根据调查评估，汶川地震造成直接经济损失8451亿元，其中四川占到总损失的91.3%，甘肃占58%，陕西占2.9%；截至9月4日12时，四川汶川地震已确认69226人遇难、374643人受伤、17923人失踪。

汶川大地震直接经济损失是8451亿元，保险只赔了20多亿元，占比是0.2%，还不到1%。在国际上，巨灾保险赔款一般占到灾害损失的30%~40%，但我国还不到1%。

面对新冠肺炎疫情，经济学家们已经开始评估疫情对经济的影响。综合目前主要的评估，各方对疫情影响有如下共识：新冠疫情对我国经济的影响，悲观估计为一年时间，乐观估计只要半年左右，第一季度影响较大，半年后基本可以恢复正常，因此，该疫情不会改变中国经济的长期趋势和中国经济在全球经济中的上升地位。

综合各方的评估，初步预测新冠肺炎疫情的直接经济损失将超过1万亿元，间接经济损失将超过4万亿元，总体损失将超过5万亿元，新冠肺炎疫情对我国2020年GDP的影响在0.5%左右。面对新冠肺炎疫情5万亿元的损失，我们可以大胆预测，保险业赔付比例不会超过0.2%，即100亿元。

中共十九届四中全会、2019年中央经济工作会议等对保险业提出了更高的要求：保险要助力“人民的获得感、幸福感、安全感”；保险要参与国家现代治理体系建设；保险要助力构架国家安全网（安全是广义概念，包括自然灾害、养老、就业）。

显然，现在我们还无法给出达到这些要求的具体数字。但是，这些要求却是保险业未来发展之路，更是保险业未来高质量发展之路。

四、保险业应该做什么

面对新冠肺炎疫情，保险业应该做什么？

（1）对于监管部门来说，要积极配合和支持疫情防控工作，更要维护金融市场稳定。

（2）对于保险机构来说，要积极配合和支持疫情防控工作，更要做好理赔工作。

（3）对于保险业来说，要思考赔了多少，而不是盯着捐了多少。

（4）对于个人来说，面对未来的疾病和传染病，我们要思考如何通过保险化解这些风险，要思考如何通过保险得到紧急医疗服务。

（5）对于企业来说，面对未来的疾病和传染病，要思考如何通过保险化解这些风险，要思考如何通过保险解决营业中断和企业责任问题。

保险业要做什么

一、新冠肺炎疫情所处的阶段

对于新冠肺炎疫情，我们面对的绝不是COVID-19这一种病毒，而是随时可能出现的“灰犀牛”和“黑天鹅”。根据世界卫生组织研究，大规模流感每30~35年暴发一次，其发展可划分为以下阶段：

（1）预备期。第一阶段：未在人类族群中发现新型流感病毒。第二阶段：在动物中发现新型病毒，但尚未出现人类案例。

（2）警戒期。第三阶段：出现人类案例，但未出现或出现极少数人传人案例。第四阶段：在一小群活动范围受局限的人群中出现人传人案例。第五阶段：在一大群活动范围受局限的人群中出现人传人案例。

（3）瘟疫期。第六阶段：暴发大流行，造成族群间广泛传播。

从目前世界传染病的发生状况来看，流感传染病正处于第五阶段。WHO认为，在大规模传染病暴发的3个条件中，已出现新型传染病病毒（如高致病性H5N1型禽流感、SARS、COVID-19等）以及出现人类感染案例两个条件已经满足，但暂时还未出现迅速人际传播的能力。

显然，COVID-19如果控制不力，会直接演变成全球性传染病，直接进入第六阶段。2020年2月18日，世界卫生组织卫生紧急项目执行主任迈克尔·瑞安表示，“中国目前应对新冠肺炎疫情所采取的‘战略和战术手段’都是正确的，期待所有国家都能采取基于事实的公共卫生措施”。

中国应对新冠肺炎疫情取得的成功没有避免新冠肺炎疫情进入全球性传染病第六阶段。我们已经看到新冠肺炎成为全球性流行病，全球步入了世界卫生组织所定义的“瘟疫期”。

二、全球疫情变化趋势

历史上有很多传染病，都曾带给人类不同程度的危害，其中以鼠疫和天花最为严重（见表1-1）。进入21世纪，暴发于2009年的甲流导致全球214个国家和地区160多万人感染H1N1，总死亡人数约为28.5万，是近些年来感染人数最多的一次全球性疫情。我国近些年传染病死亡率排行榜上，艾滋病已经超过肺结核和狂犬病成为头号杀手。而始于2019年底的新冠肺炎疫情，则是全球面临的又一大挑战。

表 1-1　传染病简史：全球历年大规模传染病数据

时间	主流行区	别称	疾病	死亡人数 / 人
公元前 430 年	希腊	—	伤寒	500 万
165—180 年	罗马	安东尼瘟疫	未知	500 万
165—180 年	罗马	西普里安大瘟疫	未知	500 万
541—542 年	地中海	查士丁尼瘟疫	鼠疫	2500 万
1347—1352 年	欧洲	黑死病	鼠疫	2500 万
1518—1568 年	墨西哥	—	天花、麻疹、伤寒	1700 万
1556—1560 年	欧洲	—	流感	2500 万
1665 年	英国	伦敦大瘟疫	鼠疫	6 万

续表

时间	主流行区	别称	疾病	死亡人数 / 人
1775—1782 年	北美洲	—	天花	13 万
1816—1963 年	全球	—	霍乱	—
1855—1896 年	亚洲	—	鼠疫	1000 万
1918—1919 年	全球	西班牙流感	流感	2000 万 ~ 4000 万
1957—1958 年	全球	亚洲流感	流感	100 万
1968—1969 年	全球	香港流感	流感	75 万
1972—1974 年	南斯拉夫	—	天花	—
1976 年	西非	伊波拉病毒	埃博拉	800 多
1981 年	全球	—	艾滋病（第一次发现）	持续
2002—2003 年	全球	SARS	严重急性呼吸综合征	919
2003—2005 年	全球	H5N1	高致命性禽流感	200 多
2004—2005 年	全球	—	马尔堡病毒感染	300 多
2009 年	全球	H1N1	猪流感	约 28.5 万
2012 年	中东	MERS-CoV	中东呼吸综合征	400 多
2014 年	马达加斯加	—	鼠疫	—
2014 年	西非	伊波拉病毒	埃博拉	约 8000
2015 年	南美洲	—	寨卡病毒感染	—
2017 年	西非	—	拉萨热	约 5000
2018 年	全球	—	埃博拉	持续
2019 年至今	全球	COVID-19	新型冠状病毒感染肺炎	持续

总体来看，最近几年传染病发生频率和严重性明显增加，如图1-1所示。全球性流行病风险激增，并且表现出以下特点：高复制性、高易变性、无广谱抗病毒药物、呼吸道传播。从全球来看，每年传染病暴发次数超过200次，每次感染人数平均超过5人。

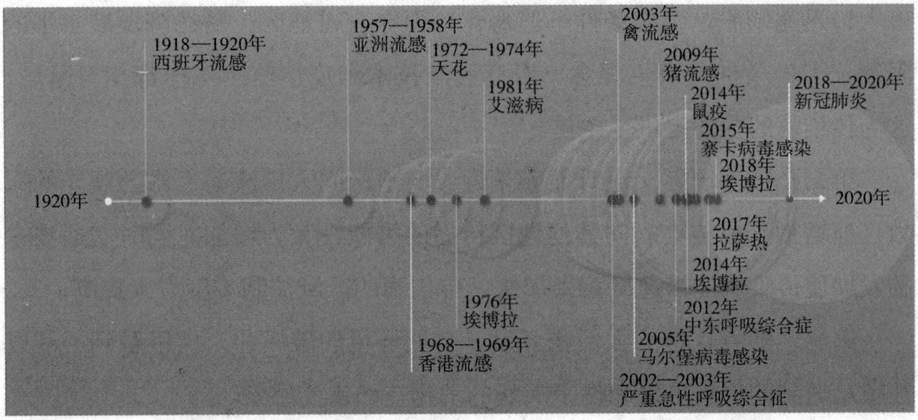

图 1-1 传染病简史：发生频率和严重性明显增加

资料来源：根据慕尼黑再保险公司公布的报告整理所得。

随着生活水平的提高、医疗条件的改善，传染病对人类的威胁应该有所降低，为什么近些年再次抬头呢？传染病发生频率和严重性明显增加的驱动因素是多方面的，如图1-2所示。

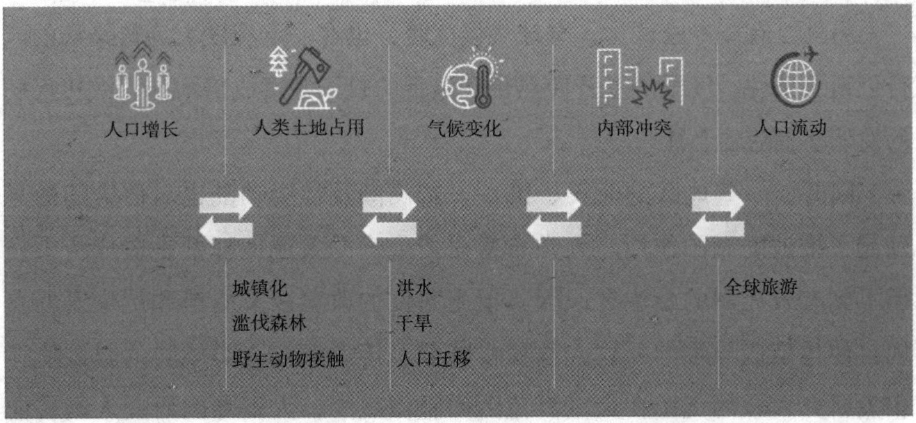

图 1-2 传染病简史：发生频率和严重性明显增加的驱动因素

资料来源：根据慕尼黑再保险公司公布的报告整理所得。

第一，由于地球人口的迅速增长，公共卫生状况恶化，无法完全满足人们的需要，从而令传染病乘虚而入。尤其在发展中国家，城市化使得城市人口迅速膨胀，卫生条件迅速恶化；而在农村地区，受经济发展水平的限制，卫生条件、卫生观念、医疗诊断技术和疫情监测工作都相对落后，这为传染病的传播提供了条件。

第二，随着国际交流日益频繁，参与地区间人口流动、旅游观光的人数迅速增加，使传染病向其他地区传播的可能性大为增加。同时交通技术的发展使传染病传播速度大大加快，传染病的区域控制难度大大提高。

第三，随着森林的大面积开发、自然环境的破坏，人类接触到一些以往很难遇到的疾病虫媒和携带疾病的动物，而遭受感染。

第四，病原体产生了耐药性。其中很大程度上是由于滥用抗生素。在病菌顽强的生存竞争之下，很多之前颇为有效的抗菌素对一些常见病，如急性呼吸道感染正逐渐失去其有效性，而这些感染正是儿童死亡的主要原因。

第五，新的医疗器械的使用、器官和组织移植的应用、食品生产供应的全球化及性放纵、滥用毒品等都有可能导致传染病的传播。

另外，有些专家认为，全球气候变暖，也在一定程度上为传染病的流行创造了条件。气温的上升使热带和温带的蚊子密度成倍增加，蚊传疾病的发病率也随之上升。

同时，一些地区的天灾、饥荒、难民潮及社会动乱也对传染病的蔓延起了推波助澜的作用。人类自身对传染病的关注度降低是造成传染病得不到有效控制的最主要原因：卫生条件的改善以及疫苗和抗生素的发现，使传染病导致的死亡人数稳步降低。传染病对人类威胁的降低使得相关研究领域的资源在全世界范围内整体减少，大批专门研究人员转向其他领域，这使一些新生和再现的传染病在较易控制的时期没有得到足够的重视，待到已酿成大祸时，又因防疫资金和研究人员不足，无法快速做出反应。

三、我国法定传染病历年情况

（一）法定传染病

2020年1月20日，国家卫生健康委员会发布公告，根据《传染病防治法》的相关规定，基于目前对新型冠状病毒感染的肺炎的病原、流行病学、临床特征等特点的认识，报国务院批准同意，国家卫生健康委决定将新型冠状病毒感染的肺炎纳入法定传染病乙类管理，采取甲类传染病的预防、控制措施。

目前，我国法定传染病共计40种，其中甲类传染病2种，乙类传染病27种，丙类传染病11种。

（1）甲类传染病也称为强制管理传染病，包括鼠疫、霍乱，共2种。对此类传染病发生后报告疫情的时限，对病人、病原携带者的隔离、治疗方式以及对疫点、疫区的处理等，均强制执行。

（2）乙类传染病也称为严格管理传染病，包括传染性非典型肺炎、艾滋病、病毒性肝炎、脊髓灰质炎、人感染高致病性禽流感、麻疹、流行性出血热、狂犬病、流行性乙型脑炎、登革热、炭疽、细菌性痢疾和阿米巴性痢疾、肺结核、伤寒和副伤寒、流行性脑脊髓膜炎、百日咳、白喉、新生儿破伤风、猩红热、布鲁氏菌病、淋病、梅毒、钩端螺旋体病、血吸虫病、疟疾、人感染H7N9禽流感、新型冠状病毒感染肺炎，共27种。对此类传染病要严格按照有关规定和防治方案进行预防和控制。其中，传染性非典型肺炎、新型冠状病毒感染肺炎和炭疽中的肺炭疽，采取甲类传染病的预防、控制措施。

（3）丙类传染病也称为监测管理传染病，包括流行性感冒，流行性腮腺炎，风疹，急性出血性结膜炎，麻风病，流行性斑疹伤寒和地方性斑疹伤寒，黑热病，包虫病，丝虫病，除霍乱、细菌性和阿米巴性痢疾、伤寒和副伤寒以外的感染性腹泻病，手足口病，共11种。对此类传染病要按国务院卫生行政部门规定的监测管理方法进行管理。

（二）2019年法定传染病数据

国家疾病预防局公布的数据显示，2019年（2019年1月1日0时至12月31日24时），全国（不含香港特别行政区、澳门特别行政区和台湾地区，下同）共报告法定传染病10244507例，死亡25285人，报告发病率为733.57/10万，报告死亡率为1.81/10万。

2019年全国法定传染病按类别统计：甲类传染病共报告发病21例，死亡1人。其中鼠疫报告发病5例，死亡1人；霍乱报告发病共16例，无死亡。报告发病率、死亡率分别为0.0015/10万、0.0001/10万，报告发病数较2018年减少7例，报告死亡数增加1例。乙类传染病中除传染性非典型肺炎、脊髓灰质炎、人感染高致病性禽流感和白喉无发病、死亡报告外，其他共报告发病3072317例，死亡24980人。报告发病率为220.00/10万，较2018年下降0.2%；报告死亡率为1.79/10万，较2018年上升7.2%。报告发病数居前5位的病种依次为病毒性肝炎、肺结核、梅毒、淋病和猩红热，占乙类传染病报告发病总数的91.1%；报告死亡数居前5位的病种依次为艾滋病、肺结核、病毒性肝炎、狂犬病和流行性出血热，占乙类传染病报告死亡总数的99.6%。丙类传染病中除丝虫病无发病、死亡报告外，其余共报告发病7172169例，死亡304人，报告发病率为513.57/10万，报告死亡率为0.022/10万。报告发病数居前5位的病种依次为流行性感冒、手足口病、其他感染性腹泻病、流行性腮腺炎和急性出血性结膜炎，占丙类传染病报告总数的99.5%；报告死亡数居前4位的病种依次为流行性感冒、手足口病、其他感染性腹泻病和包虫病，占丙类传染病报告死亡总数的100%。

2019年全国甲乙类传染病按传播途径统计：一是肠道传染病发病150752例，死亡27人，报告发病率为10.79/10万，较2018年下降7.6%，报告死亡率为0.0019/10万，较2018年上升18.8%。二是呼吸道传染病发病共890614例，死亡2999人，报告发病率为63.77/10万，报告死亡率为0.21/10万，分别较2018年下降4.6%和5.7%。三是自然疫源及虫媒传染病发病共79642例，死亡360人，报告发病率为5.70/10万，较2018年上升31.2%，报告死亡率为0.026/10万，较2018年下降45.1%。四是血源及性传播传染病发病共1951265例，死亡21590人，报告发病率为139.72/10万，报告死亡率为1.55/10万，分别较2018年上升1.5%和11.1%。

（三）我国法定传染病趋势

表1-2给出了2002—2019年我国法定传染病的数据，总体来看发病率逐年上升，基本与全球趋势一致。对于我国而言，促发传染病流行的客观隐患主要是流动人口的激增、城市生活垃圾和污水的无害化处理不善、食品尤其是个体摊贩制作的食品卫生状况不佳。从主观上看，首先，社会卫生观念有日益淡漠的趋势，一些地区和部门的领导忽视经常性的预防工作，只是在传染性疾病流行后才重视起来。其次，卫生防疫经费严重不足，占卫生事业费的比重在降低。有的地区甚至已无法保证防疫人员下乡防病灭病的基本开支。最后，疫情漏报的情况也十分严重。

表 1-2　2002—2019 年我国法定传染病的数据

年份	发病数 / 例	发病率（1/10 万）	死亡数 / 例	死亡率（1/10 万）	病死率 /%
2002	2440588	182.25	5134	0.39	0.21
2003	2591512	192.18	6474	0.48	0.25
2004	3180327	289.71	7151	0.54	0.22
2005	4428548	338.70	13263	1.01	0.30
2006	4608910	352.48	10726	0.82	0.23
2007	4769860	362.87	13037	0.99	0.27
2008	5262758	398.30	12622	0.96	0.24
2009	5923909	446.07	15265	1.15	0.26

续表

年份	发病数 / 例	发病率（1/10万）	死亡数 / 例	死亡率（1/10万）	病死率 /%
2010	6409962	480.33	15257	1.14	0.24
2011	6320099	471.33	15802	1.18	0.25
2012	6951478	515.94	17315	1.29	0.25
2013	6416418	473.87	16592	1.23	0.26
2014	7184391	530.15	16629	1.23	0.23
2015	6408429	470.35	16744	1.23	0.26
2016	6944240	506.59	18237	1.33	0.26
2017	7030879	509.54	19796	1.43	0.28
2018	7770700	559.41	23377	1.68	0.30
2019	10244507	733.57	25285	1.81	0.25

（1）从法定传染病发病数来看，图1–3给出了我国法定传染病发病数及同比增幅，图1–4给出了我国法定传染病发病率趋势。

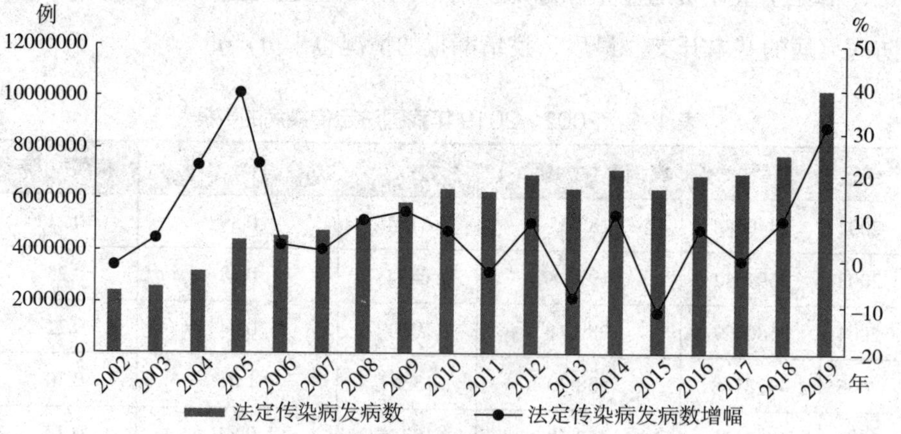

图 1–3　我国法定传染病发病数及同比增幅

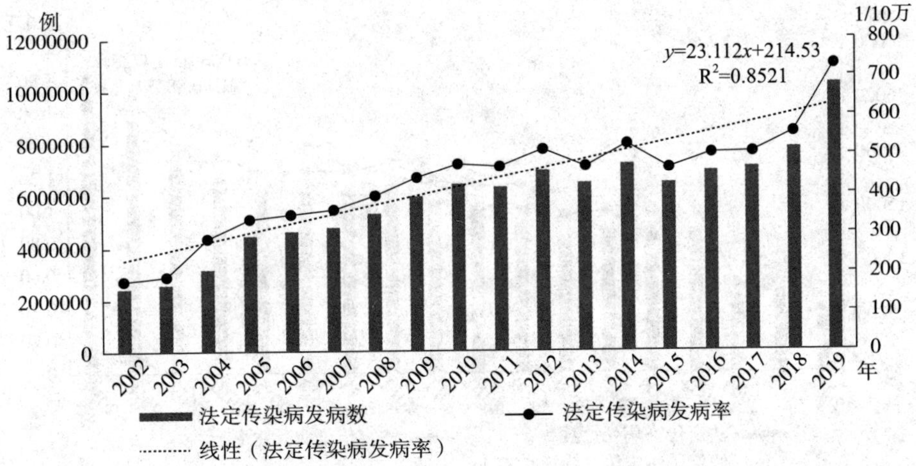

图 1–4　我国法定传染病发病率趋势

（2）从法定传染病死亡数来看，图1–5给出了我国法定传染病死亡数及同比增幅，图1–6给出了我国法定传染病死亡率趋势。

（3）从法定传染病病死率数据来看，图1–7给出了我国法定传染病病死率及同比增幅，图1–8给出了我国法定传染病发病率和死亡率趋势。

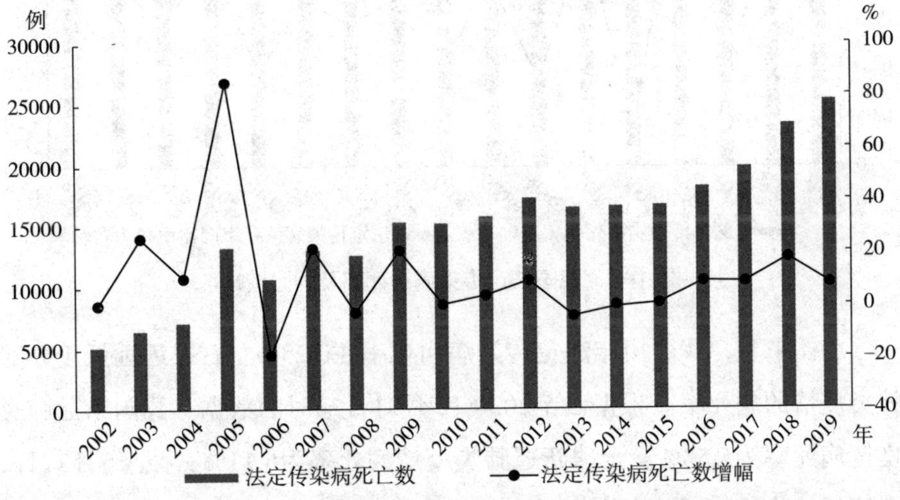

图 1–5　我国法定传染病死亡数及同比增幅

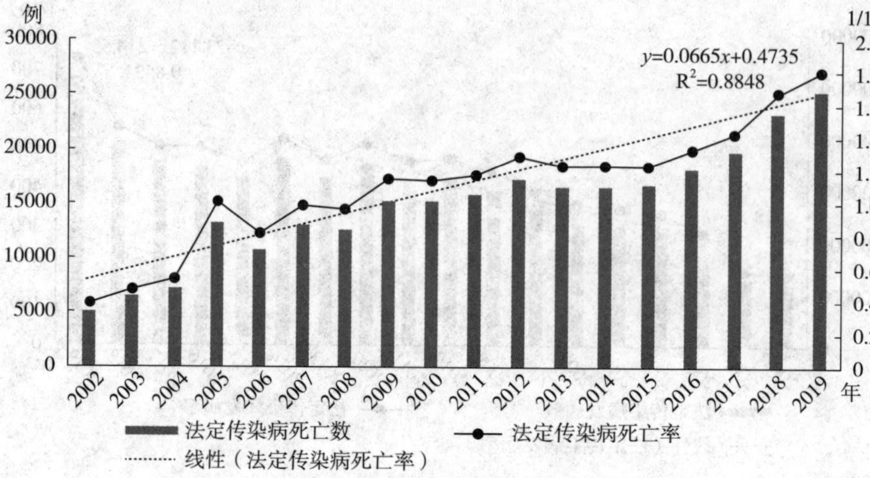

图 1-6　我国法定传染病死亡率趋势

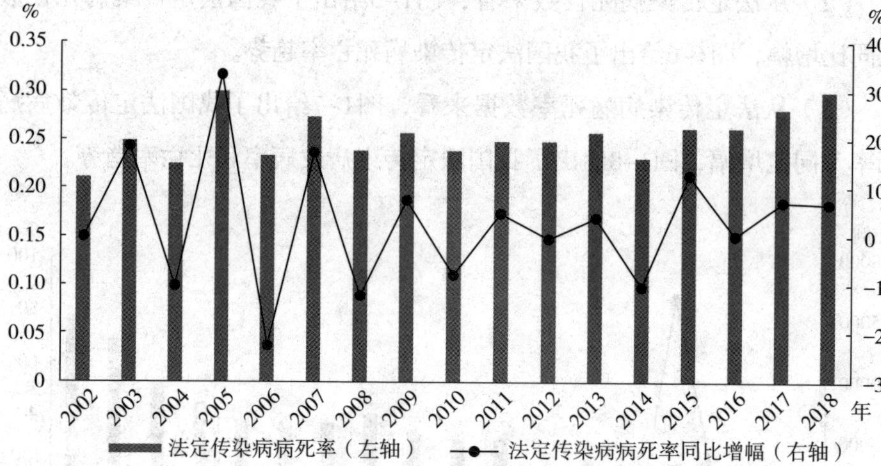

图 1-7　我国法定传染病病死率及同比增幅

总体来看，我国历年法定传染病病死率在0.25%左右，远远低于新冠肺炎疫情的病死率。根据截至2020年5月31日24时的数据，我国新冠肺炎疫情病死率为5.58%，全球新冠肺炎疫情病死率为6.11%（截至5月31日，全球累计确诊新冠肺炎病例6014117例，累计死亡367627例；中国累计确诊新冠肺炎病例83017例，累计死亡4634例）。

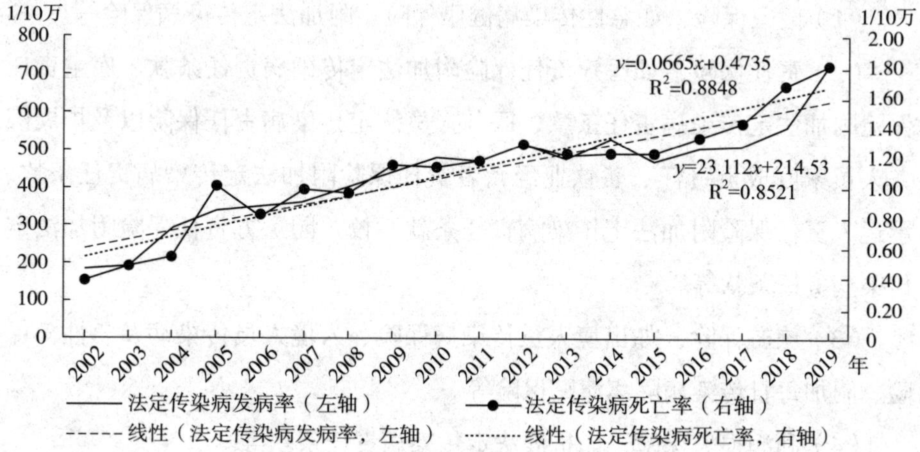

图 1-8　我国法定传染病发病率和死亡率趋势

从传染病病死率来看，始发于1967年的马尔堡病毒感染在1998—2000年的致死率达到过83%。2004—2005年，在非洲安哥拉暴发的马尔堡病毒感染人数374例，死亡329例，死亡率高达88%。在近些年暴发的传染性疾病中，埃博拉可以说是令人印象最深刻的。人们对其的恐惧源于其较高的致死率。埃博拉病毒是人类已知最致命的微生物之一，一旦感染，病死率最高可达到90%。

四、面对传染病保险要做什么

面对新冠肺炎疫情，保险公司除了“做好理赔”之外，更应该“读懂数据、看清趋势”。虽然银保监会一再重申“六个严禁、六个不得”，但是还是有一些保险公司推出新冠肺炎疫情相关的保险（赠险），更有一些保险从业人员借这些保险产品宣传公司的“社会责任”。如果到此为止，也无伤大雅，就怕又演变成获客和宣传的工具，如此将是保险业的又一次退步。

从目前市场上保险公司开发的传染病相关的保险来看，主要包括：

（1）健康保险，如急性传染病健康保险、附加法定传染病保险等。

（2）责任保险，如医疗责任保险附加法定传染病责任条款、雇主责任保险附加法定传染病责任条款、医务人员法定传染病责任保险以及扩展医务人员家庭成员责任、餐饮业经营者责任保险附加法定传染病责任条款、承运人责任保险附加法定传染病责任条款、校（园）方责任保险附加法定传染病责任条款等。

（3）旅游保险，如出境人员传染病保险、入境人员传染病及急性病保险、附加每日传染病隔离津贴保险等。

（4）利润损失保险，如扩展法定传染病责任条款等。

从上面的保险条款来看，保险的主要作用是“挽救生命、拯救经济”（见图1-9），而“挽救生命、拯救经济”背后的原理是“损失补偿、财务稳定”（见图1-10）。

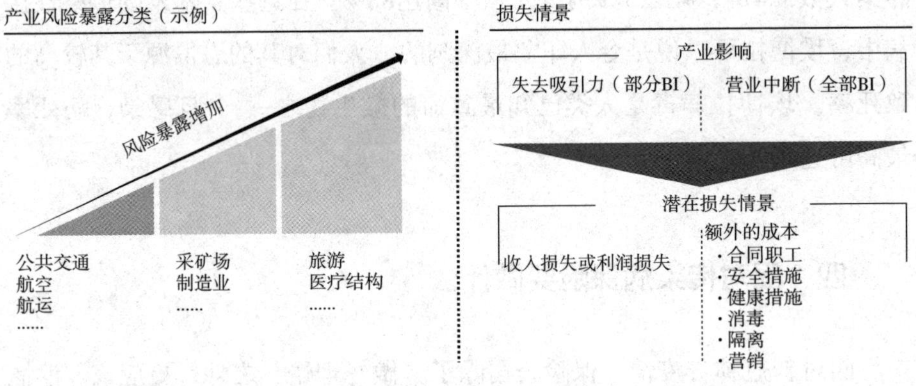

图1-9　保险：挽救生命、拯救经济

新冠肺炎疫情终将过去，但是作为一名保险人，却不能忘记风险无处不在，因为我们从事的就是“风险”工作。面对新冠肺炎疫情，保险业要做什么？做好理赔，读懂数据，看清趋势是我们的本职工作，基于此要思考“如何参与国家现代治理体系建设，如何助力构架国家安全网，如何助力‘人民的获得感、幸福感、安全感’”。

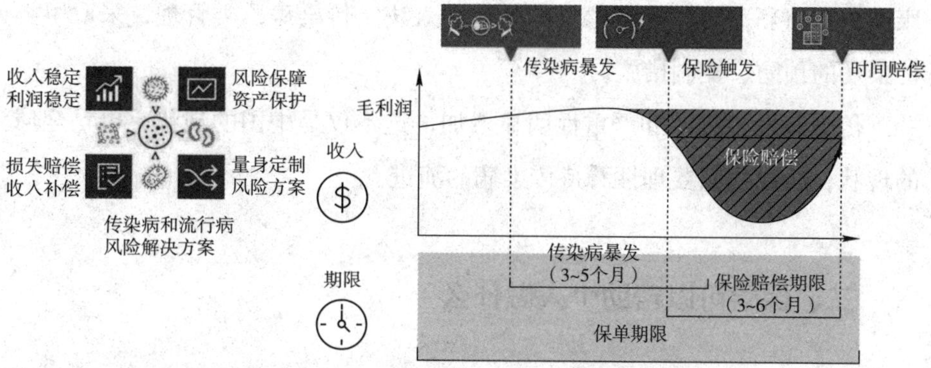

图 1-10 保险：损失补偿、财务稳定

保险可以帮助个人做什么

一、法定传染病趋势

对于个人来说，面对未来的疾病和传染病，我们要思考如何通过保险化解这些风险，要思考如何通过保险得到紧急医疗服务。

2019年，全国共报告法定传染病10244507例，共死亡25285人，报告发病率为733.57/10万，报告死亡率为1.81/10万。2002年以来，我国法定传染病发病率和死亡率呈上升趋势（见图1-8），近年来报告发病数居前5位的病种依次为病毒性肝炎、肺结核、梅毒、淋病、细菌性和阿米巴性痢疾；报告死亡数居前5位的病种依次为艾滋病、肺结核、病毒性肝炎、狂犬病和乙型脑炎。

2020年1月20日，中华人民共和国国家卫生健康委员会发布公告，根据《传染病防治法》的相关规定，基于目前对新型冠状病毒感染肺炎的病原、流行病学、临床特征等特点的认识，报国务院批准同意，国家卫生健康委决定将新型冠状病毒感染的肺炎纳入法定传染病乙类管理，采取甲类传染病的预防、控制措施。

传染病发生频率和严重性明显增加，这不仅是中国的现状，也是全球的现状，所以我们要理性看待传染病的演进。

二、保险可以帮助个人做什么

面对新冠肺炎疫情，保险能做什么？保险能做的，是不因传染病而起，而因传染病而立。正如佛所说："一切有为法，尽是因缘合和，缘起时起，缘尽还无，不外如是。"面对新冠肺炎疫情，保险能做什么？对于个人而言，无非医疗和责任；医疗是个人有能力对于自己的救治，责任是个人有能力对于他人的救治。

（1）对于医疗而言，鲜为保险业外的人所知的事实是：许多个人医疗保险条款都涵盖了传染病和流行病。

（2）对于责任而言，鲜为保险业外的人所知的事实是：基本没有覆盖传染病和流行病的个人责任保险和家庭责任保险。

目前针对个人的健康保险（医疗保险），除艾滋病以外，在保险期间个人如果罹患法定传染病，属于医疗保险的责任范围，当然新冠肺炎也属于医疗保险的责任范围。因此，个人在投保健康保险时，在健康告知环节，一定要如实申报没有罹患法定传染病。

鉴于法定传染病已经达40种（其中甲类传染病2种，乙类传染病27种，丙类传染病11种），保险公司也针对一些具体的传染病开发了相应的险种，如艾滋病。

对于个人来说，显然我们不可能针对突发的传染病购买一份保险，而是要购买一份"除外责任不含法定传染病"的医疗保险。

面对新冠肺炎疫情，不建议保险公司开发相应专项产品，而是应该做好自己产品的解释，因为这样才能正面地宣传保险，正面地对消费者进行教育。针对这种情况，保险公司除了开发重大疾病医疗费用保险以外，可以开发通用的紧急医疗保险，涵盖传染病和突发重大疾病，这才是消费者真正需要的保险。

对于个人来说，除了自己的健康之外，我们还要考虑个人责任问题。《中华人民共和国传染病防治法》第七十七条规定，“单位和个人违反本法规定，导致传染病传播、流行，给他人人身、财产造成损害的，应当依法承担民事责任”。

面对新冠肺炎疫情，我们已经看到一些人违反《传染病防治法》规定的报告责任案例，但是我们却没有看到保险公司相关的责任险产品。目前市场上仅有的几款个人责任险产品，法定传染病都属于除外责任（非常高兴看到一些保险公司的雇主责任保险扩展了新冠肺炎责任，这是保险公司承担社会责任的表现，而不是宣传赠送了多少保险）。

同样，我们看到美国房主保险（HO-3全保险，类似于“家庭财产保险+家庭责任保险”）的“责任险部分”也做了类似的规定，即“因传染病的传播，导致任何人身伤害或财产损失不在保险范围之内”。这基本上意味着，如果你（被保险人）通过传染病导致某人受伤（即生病），无论你是否知道自己生病，如果你被起诉，保险公司将不会为此承担任何责任。

因此，如果一个人感染了新冠肺炎后举办聚会，最终导致客人生病，那么这个人的房主保险不会涵盖他的行为所产生的任何责任。如果这个人是故意这么做的话，情况就更糟了：地球上几乎所有的保险单都不包括故意行为。

针对这种情况，我们看到美国一些公司推出了“个人伞形责任保险”，在“房主保险”基础上，扩展了因传染病引起的责任。针对传染病，国内外关于旅行保险的实践基本类似，一般旅行保险都有传染病导致的旅行取消费用和紧急医疗费用附加条款，消费者可以根据个人需求选择投保。

面对新冠肺炎，对于个人而言，保险不因新冠肺炎而起；同样，新冠肺炎也不会因保险而终。我们能做的就是“安神定志，清心静养”，因为“怒伤肝，悲胜怒；喜伤心，恐胜喜；思伤脾，怒胜思；忧伤肺，喜胜忧；恐伤肾，思胜恐”（《素问·阴阳别论》）。

保险可以帮助企业做什么

一、企业如何通过保险应对传染病

对于企业来说，面对未来的传染病和流行病，我们要思考如何通过保险化解这些风险，要思考如何通过保险解决营业中断和企业责任问题。

1918—1919年，所谓的西班牙流感大流行（Spanish Flu）在全世界造成至少5000万人死亡，约5亿人感染，感染人数约占当时全世界人口的1/3。其首次有记录的病例发生在美国，之所以被称为西班牙流感，是因为中立的西班牙没有在战时对媒体进行审查，所以西班牙媒体能够报道这场大流行。

虽然西班牙流感的破坏性在过去一百年是个例外，但规模较小的传染和传染病却不断发生（SARS、禽流感、猪流感、埃博拉、新冠肺炎等）。传染病暴发对于企业的影响，具体到保险方面，主要包括企业财产保险（营业中断险/利润损失险）和企业综合责任保险（商业综合责任保险）。

二、企业财产保险（附加营业中断险）

企业财产保险虽然具有很多扩展条款，但是标准的企业财产保险不承担因传染病暴发导致的损失。

（一）营业中断险（Business Interruption Coverage）

除了生命的悲剧性损失以外，传染病还可能造成巨大的经济损失，包括供应链中断损失、因员工和顾客感染传染病所导致的商业损失、因实施隔离政策所导致的经济损失。企业财产保险（财产一切险）通常包括营业中断险，但不幸的是，营业中断险一般不包括因传染病暴发导致的损失。

营业中断险又称“利润损失保险”，主要保障企业因物质财产遭受损失而导致企业营业受到干扰或暂时中断而遭受损失的风险。它是依附于财产保险或机器损坏险等险种的一种附加险。

（二）或有营业中断险（Contingent Business Interruption Coverage）

企业营业中断也可能增加第三者受灾原因造成的中断损失（或有营业中断业务），如供货人、电厂、水厂等。再次重申，或有营业中断险一般也不包括因传染病暴发导致的损失。

或有营业中断险又称意外营业中断险，是指承保因供应商等与被保险人有密切业务关系的厂商，发生营业中断保险责任范围内的损失，而使被保险人原料、零件、水、电、气等供应中断，或暂时停止接受产品，或进口通道堵塞，造成停产、减产或营业中断的经济损失的保险。

或有营业中断险与营业中断险不同，前者承保的不是被保险人本身出险遭受的直接经济损失，而是与其有密切业务关系的企业出险而间接产生的被保险人的经济损失。

（三）传染病是“污染物”吗

令人惊讶的是，一场传染病的暴发是否会造成财产损失，实际上还有待讨论。一些人认为，只要传染病出现在承保财产上，就已经存在直接损失。即使这样，我们发现大多数企业财产险都有污染除外责任条款，其中包括病毒、细菌和传染病。在这种情况下，由传染病引起的任何身体损害都不包括在内。

话虽如此，法院对污染除外的解释差异很大，因此只要提起诉讼，任何事情都可能发生。

（四）供应链保险（Supply Chain Insurance）

标准的企业财产险（财产基本险、财产综合险、财产一切险、营业中断险）并不是市场上唯一的产品。例如，有一种更为专业的保险，通常被称为“供应链风险保险”，只承保由于供应链中断而导致的营业中断，不要求有任何有形财产损失。有了这个保障，如果一家企业的供应商因为传染病暴发而关闭，企业就可以得到收入损失补偿，不管是否有财产损失。

（五）民事保险（Civil Authority Coverage）

保险公司以在保险单上进行批改或加特别约定（背书），扩展因传染病暴发造成的损失。例如，2014年埃博拉疫情暴发期间，美国保险服务所（ISO）发布了与埃博拉相关的企业财产保险扩展条款，其中包括因疫情政府下令关闭业务后提供营业中断保险。这将扩大传统营业中断险的民事责任范围，使之包括并非因财产受损而造成的损失（与营业中断险一样，传统的民事保险通常仅限于财产的实际损失或损害）。

例如，好莱坞电影一般都会购买民事保险，由保险公司承担电影遇到民事权利问题时的损失，比如抄袭、侵权等。

三、企业综合责任保险

标准的企业综合责任保险（商业综合责任保险）在其对人身伤害的定义中包括“传染病”。除非保险单上有其他特别约定，如果被保险人发现其对因意外导致传染病传播负有责任，则可以获得保险赔偿。例如，餐厅、酒店等场所因没有采取足够的预防措施，导致传染病在其场所内传播所应负的责任。

正如企业财产保险一样，责任保险通常也包括污染除外责任。污染是如何定义的以及法院对除外责任范围的解释有多广泛，都将影响到传染病暴发引起的责任是否包括在内。

针对新冠肺炎，我们看到一些保险公司的雇主责任保险扩展了新冠肺炎责任，这是保险公司承担社会责任的表现，而不是雇主责任保险的承保范围。

此外，企业综合责任保险还可能包括传染病引起的任何责任的除外责任，就像个人伞形责任保险中的除外责任一样。

四、环境保险

保险市场上还有一类环境保险（Environmental Insurance），其承保标准财产和责任保险所不承保的污染物风险。

环境保险（环境责任保险）又被称为绿色保险，其在各个国家的具体名称有所不同，如英国称之为环境损害责任保险（Environmental Impairment Liability Insurance）和属地清除责任保险（Own Sit Clean-up Insurance），美国称之为污染法律责任保险（Pollution Legal Liability Insurance），我国称之为环境污染责任保险（Environmental Pollution Liability Insurance），一般认为环境保险是以被保险人因玷污或污染水、土地或空气，依法应承担的赔偿责任作为保险对象的保险。当然，这种玷污和污染是有严格限制的，保险公司只对突然的、意外的污染事故承担保险责任，而将故意的、恶意的污染视为除外责任。

环境保险是指以被保险人因污染环境而应当承担的环境赔偿或治理责任为标的的责任保险，通常会为被保险人的人身伤害和财产损失责任，以及为清理和业务中断等提供保险。

环境保险是否扩展承保因传染病所造成的损失，取决于保险单及保险条款关于污染物的定义。如果环境保险扩展承保传染病，需要对污染物进行足够宽泛的定义，包括病毒或细菌等致病因子。

情况可能并非总是如此。例如，一些环境保险肯定为军团菌（一种广泛存在于自然界中的机会致病菌，能引起以发热和呼吸道症状为主的疾病）引起的损失提供保障，但仅此而已。所以，具体到环境保险，保险单的细节非常重要。

综上，我们看到标准的企业财产保险和企业综合责任保险都不包括因传染病暴发造成的损失。当然，这些保险都可以扩展承保传染病风险，所以针对传染病风险，保险单的具体约定和细节非常重要。另外，我们也看到了一些专业保险，如供应链风险保险、环境污染责任保险，同样需要关注这些保险是否包括因传染病导致的损失。

面对新冠肺炎疫情，保险能做什么？保险能做的，是不因传染病而起，而因传染病而立。对于企业而言，我们要清醒知道标准的企业财产保险、企业综合责任保险甚至环境污染责任保险都不承保传染病，针对这个问题，除了需要保险公司履行社会责任之外，我们更需要专业保险，而不仅仅是保险。

保险还需流行病巨灾债券

一、巨灾债券

通过前面的研究，我们发现“保险能做的，是不因传染病而起，而因传染病而立”，但是应对传染病和流行病需要金融和保险的支持。每一次传染病的大暴发或大流行，就是一次巨灾风险（Catastrophe），保险业要用管理巨灾风险的思路来应对传染病。

针对地震、洪涝、暴风雨（雪）、干旱、野外火灾、传染病等频发的高破坏性风险，保险公司除了通过再保险分散风险以外，还需要借助巨灾风险证券化建立巨灾风险融资体系。例如，针对传染病和流行病，可以发行流行病巨灾债券（Pandemic Catastrophe Bond，PCB）。

2014—2016年在西非出现的疫情是1976年首次发现埃博拉病毒以来发生的最大且最复杂的埃博拉疫情。疫情首先在几内亚发生，随后通过陆路边界传到塞拉利昂和利比里亚。2014—2016年的埃博拉疫情最终导致2.8万多例病例和1.1万人死亡，2018年埃博拉卷土重来。

疫情暴发促使世界银行（World Bank）开发了一种所谓的“流行病巨灾债券”，旨在为疫情得到迅速控制提供金融支持。

二、传统巨灾债券

与保险一样，巨灾债券（Catastrophe Bond）也是转移风险的一种方式，通常是针对自然灾害。

巨灾债券是将发行收益与指定的巨灾损失相联结的债券，将保险公司部分巨灾风险转移给债券投资者。在资本市场上，需要通过专门中间机构（SPV）来确保巨灾发生时保险公司可以得到及时的补偿，以及保障债券投资者获得与巨灾损失相联结的投资收益。其重要条件是有条件的支付，即所谓的赔偿性触发条件和指数性触发条件。

巨灾债券是指债券公开发行后，未来债券本金及债息的偿还与否，完全根据巨灾损失发生情况而定。即买卖双方通过资本市场债券发行的方式，一方支付债券本金作为债券发行的承购，另一方则约定按期支付高额的债息给另一方，并根据未来巨灾损失发生与否，作为后续付息与否及期末债券清偿与否的根据。

巨灾债券是一种新的风险分散工具，改变了以前只有再保险这一条途径的境况。当约定条件（巨灾）发生时，保险人可以不返还本息给债券持有人；当巨灾没有发生时，保险人就要按约定返还本息给投资人，而且该债券的利率高于市面上其他债券的利率。

三、流行病巨灾债券

流行病巨灾债券与传统巨灾债券类似。一个实体（如世界银行）出售债券，随着时间的推移向投资者支付利息。如果发生了某些触发事件，债券本金将迅速用于医疗救助，以控制传染病的蔓延。这样，受灾地区就不必等待援助资金的筹集和协调。

但流行病巨灾债券与传统巨灾债券也有些不同，传统巨灾债券触发条件通常基于保险损失（赔偿性触发条件），这在传染病暴发的情况下没有意义，因为保险损失的确定要滞后很长时间。

应对流行病时，没有时间做这种事情，资金需要迅速拨付到受灾地区。因此，如果能迅速确定一个触发条件，那么救助资金也就能迅速到位。

这就是为什么流行病巨灾债券通常是由患者数量或疾病传播速度触发（通过设置一个或多个参数触发）。触发条件通常是客观可验证的，例如在给定的时间内报告了多少病例。

四、为什么巨灾债券对抗击传染病有用

流行病巨灾债券应对传染病暴发最具有吸引力的一点是速度。

流行病巨灾债券不是由保险损失触发的，而是由疾病的实际、实时传播触发的。因此，与必须等到保险损失确认的条件相比，资金拨付可以快得多。这意味着可以为卫生机构、援助人员、遏制措施等提供及时的资金支持。

事实上，资金募集速度对于控制传染病至关重要。一种疾病被消灭在萌芽状态的速度越快，受感染的人就越少，疫情造成的损失也就越小。据报道，世界银行估计，如果受埃博拉疫情影响的西非国家能够更快地获得资金支持，那么2014—2016年的死亡总数可以下降90%。

五、世界银行流行病紧急融资基金

2016年，世界银行开发了流行病紧急融资基金（Pandemic Emergency Financing Facility，PEF），该基金创建了流行病巨灾债券（PCB），以为西非暴发下一场疾病提供资金支持。PEF由死亡人数、疾病传播速度和国际边界的疾病传播触发，为包括埃博拉在内的六种病毒感染提供保障。PEF计划得到了慕尼黑再保险公司（Munich Re）和瑞士再保险公司（Swiss Re）等再保险公司的支持。

世界银行首次推出了两只“流行病巨灾债券”，投资期限为3年，总面值为4.25亿美元，主要为应对全球暴发大型流行传染病所设计。有关数据显示，世界银行“流行病巨灾债券”利率：一只为6个月美元同业拆借利率（Six-month US Libor）加65BP，假设债券到期前全球出现大型流行传染病，例如SARS（触发条件包括疫情的传播程度、死亡人数、地域分布状况等），世界银行便会把债券本金转为抗疫资金，并赠予国际慈善组织及医疗救援机构；另一只为6个月美元同业拆借利率加111BP，资金主要用于抗击埃博拉等病毒感染。

回顾2014—2016年西非暴发的埃博拉疫情，全球各国政府及世界卫生组织（WHO）耗时数月筹集了70亿美元救助资金，因资金筹措较慢，救助工作效率较低，最后死亡人数高达1.1万人，经济损失高达330亿美元。由此可见，大规模流行性传染病的破坏力极强，不仅让人们身体饱受痛苦甚至死亡，若处理疫情方法不当，对全球经济、社会民生等都会有巨大影响。

综上，我们发现流行病巨灾债券通过资本市场把投资者的投资行为转为对其社会责任的一种价值型决策，这正是伦理金融（Ethical Finance）的体现。更重要的是，随着全球人口流动的加剧，食品安全、环境污染等问题丛生，传染病发生频率和严重性明显增加，为避免延误救助工作，可以通过流行病巨灾债券募集资金来抵御未来危机，对你和我来说，它就是个保险。

面对新冠肺炎疫情，保险能做什么？保险能做的，是不因传染病而起，而因传染病而立；但是，应对传染病和流行病需要金融和保险的支持。每一次传染病的大暴发或大流行，就是一次巨灾风险，保险业要用管理巨灾风险的思路来应对传染病风险。

第二章
抗击新冠疫情

出口信用保险的使命

一、统筹新冠疫情防控与信用保险发展

2020年2月23日，“统筹推进新冠肺炎疫情防控和经济社会发展工作部署会议”在北京召开，中共中央总书记、国家主席、中央军委主席习近平出席会议并发表重要讲话，提出“用好已有金融支持政策，适时出台新的政策措施”，“稳住外贸外资基本盘。要用足用好出口退税、出口信用保险等合规的外贸政策工具，保障外贸产业链、供应链畅通运转，抓好重大外资项目落地，扩大金融等服务业对外开放，继续优化营商环境，增强外商长期投资经营的信心”。

由此可见出口信用保险对于当前中国经济发展的重要性。国务院发展研究中心和中国出口信用保险公司联合发布的《中国出口信用保险公司政策性职能履行评估报告（2018）》显示，2018年中国出口信用保险公司（以下简称“中国信保”）出口信用保险拉动我国出口金额超过6400亿美元，占我国同期出口总额的25.9%；对GDP的贡献率为4.9%；拉动就业超过1500万人。

出口信用保险是世界贸易组织（WTO）补贴和反补贴协议原则上允许的支持出口的政策手段，是以国家财政为后盾，为企业在出口贸易、对外

投资和对外工程承包等经济活动中，由于境外的商业风险或政治风险而遭受的应收账款损失给予补偿的一种非营利性的政策性支持措施。

《中华人民共和国对外贸易法》第五十三条规定："国家通过进出口信贷、出口信用保险、出口退税及其他促进对外贸易的方式，发展对外贸易。"

海关总署公布的数据显示，2019年中国的进出口总额为31.55万亿元，同比增长3.4%。其中，出口额为17.23万亿元，增长5%；进口额为14.31万亿元，增长1.6%；贸易顺差为2.91万亿元，扩大25.4%。

国家统计局公布的数据显示，2019年，我国商品贸易总额占GDP总量（99万亿元）的35%，可见国际贸易对我国的经济影响还是比较大的。这仅是商品贸易的情况，如果加上服务贸易（2019年服务进出口总额为54152.90亿元），比例还会更高（37%）。同期，金融业增加值为7.71万亿元，约占GDP的7.8%，同比增速为7.2%。

可见，国际贸易对中国当前经济具有重大影响，金融业一定要"用好已有金融支持政策，适时出台新的政策措施"。显然，保险能做的，不是把保险置于金融，而是把保险置于对外贸易，所以出口信用保险要先行。

二、出口信用保险

谈到信用保险（信用险），传统就是指"出口信用保险"，一种"由国家财政支持的保险机构对本国出口商和银行在出口收汇、出口信贷等业务中所面临的商业风险和政治风险提供的政策性保险"。

《漫谈保险》一书中，笔者详细介绍了信用保险与进出口总额、出口总额等指标具有正相关关系。图2-1给出了信用险增长率与进出口总额增长率之间的关系，可以看出，信用险增长率与进出口总额增长率变化趋势基本一致，并在2015年之后基本相同。

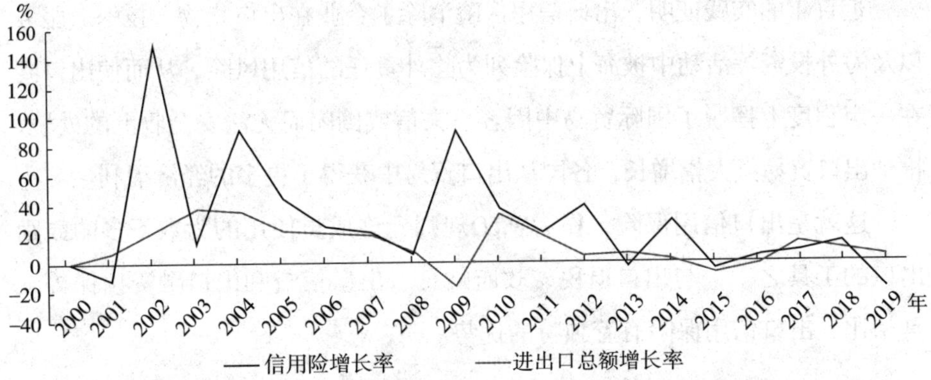

图 2-1 信用险增长率与进出口总额增长率之间的关系

说起信用险，就不能不谈政策性保险公司——中国出口信用保险公司。中国信保于2001年12月18日正式挂牌开始运营，标志着我国出口信用保险业进入了新的发展时期。这是我国参照国际惯例，在加入WTO的新形势下作出的重大举措。中国信保的成立，对我国按照国际通行做法，通过出口信用保险促进对外贸易发展，拉动国民经济持续增长，产生了积极而深远的影响。

图2-2给出了中国信保2004—2019年的信用险保费收入及占比，虽然占比从2004年的100%下降到2019年的74%，但仍处于垄断地位，发挥了不可替代的作用。

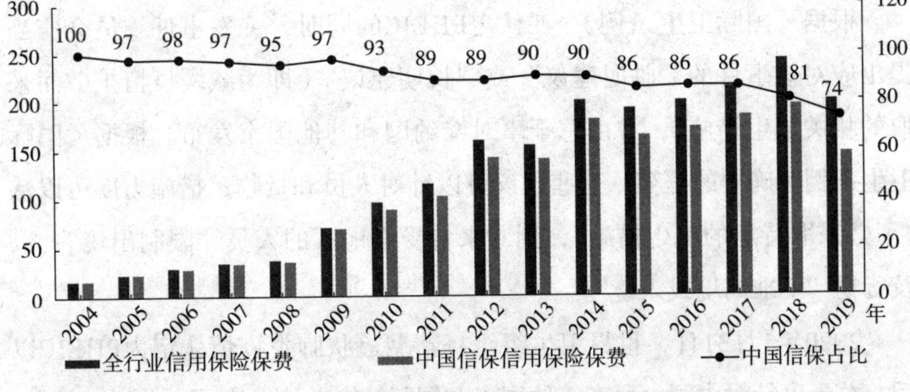

图 2-2 中国信保信用保险行业占比情况

近百年的实践证明，出口信用保险消除了企业在出口货物、技术、服务以及海外投资等活动中被海上保险列为除外责任的信用风险，从而使出口商在一定程度上摆脱了国际贸易中因客户失信或倒闭而无法安全收汇的处境，推动出口贸易额大幅增长，各国从出口贸易中获得了更多的经济福利。

这就是出口信用保险，作为WTO规则允许成员使用的为数不多的鼓励出口的工具之一，与出口退税、政府贴息、出口信贷和出口融资担保等工具相比，出口信用保险有着独特的优势。

三、新冠肺炎疫情对国际贸易的影响

2020年1月30日北京时间晚10点，世界卫生组织就中国发生的新型冠状病毒疫情再次召集突发事件委员会会议；1月31日北京时间凌晨2点，世界卫生组织向全球通报“新冠肺炎疫情构成国际关注的突发公共卫生事件（PHEIC）”。

这一措施源自2005年版的《国际卫生条例》，中国是该条例的缔约国之一。根据《国际卫生条例》，PHEIC是指满足以下两个条件的“不同寻常的事件”：①通过疾病的国际传播构成对其他国家的公共卫生风险；②可能需要采取协调一致的国际应对措施。

根据《国际卫生条例》，在认定PHEIC的同时，突发事件委员会应当提出应对该事件的“临时建议”或“长期建议”（即为减缓疫情扩散而采取的相关卫生措施），并由总干事对缔约国和其他国家发布。根据《国际卫生条例》确立的框架，这些建议可以针对人员和货物，措施力度可以从“不必采取特定的卫生措施”，到对来自受染地区的人员“限制出境”，以及货物“不准离境或入境”。

2020年1月31日，世界卫生组织将新型冠状肺炎疫情认定为PHEIC以后，总干事针对中国、所有缔约国以及国际社会分别公布了“临时建议”。

"临时建议"没有直接针对货物贸易采取任何限制措施，而且世界卫生组织极力避免"临时建议"对国际贸易和人员流动造成过度干扰。其中，拒绝人员和货物入出境或延误入出境超过24小时的缔约国必须及时向世界卫生组织报备的举措，更是有利于保护中国和中国出口企业的合法权益。事实上，从以往的实践来看，极少有国家因为疫情而对进口货物采取"禁止入境"的极端措施。

尽管此次公布的"临时建议"本身并不包含可能严重限制中国出口贸易的措施，但是关于PHEIC的认定，仍可能对国际舆论和大众心理产生引导作用，并可能由此产生企业层面的各种合同纠纷。

PHEIC的认定，将使更多国家认识到疫情的风险，部分国家可能人为设置贸易壁垒，增加我国产品的出口难度。PHEIC的认定对于进口贸易影响稍弱，但疫情会影响到出口贸易的物流时效与仓储环境。由于疫情可能导致航班变更、船期变更以及港口、机场等交货地点的变更，陆运流程涉及隔断消毒等程序，出口企业要随时协调甚至变更物流与仓储方案。同时受疫情影响，出口环节涉及的物流、报关、付汇相关部门企业工作时间也可能受到限制，外贸企业需要提前沟通规划，做好相关安排，避免由此带来的损失。

自疫情暴发以来，出口企业面临复工难、运输难、交付难、接单难、融资难等诸多难题，正常经营受到极大挑战。商务部委托中国信保针对外贸企业运营情况的最新问卷调查显示，绝大部分外贸企业存在无法按期出运、收汇的问题。

四、出口信用保险的使命

2020年2月19日，习近平总书记主持召开中央政治局常委会会议，听取疫情防控工作汇报，研究统筹做好疫情防控和经济社会发展工作，提到

“要支持出口重点企业尽快复工复产，发挥好出口信用保险作用”，决定将有关意见提请中央政治局会议审议。

2020年2月21日，中共中央政治局召开会议，研究新冠肺炎疫情防控工作，部署统筹做好疫情防控和经济社会发展工作，提出“要支持出口重点企业尽快复工复产，发挥好出口信用保险作用”。

2020年2月23日，“统筹推进新冠肺炎疫情防控和经济社会发展工作部署会议”在北京召开，中共中央总书记、国家主席、中央军委主席习近平出席会议并发表重要讲话，提出“稳住外贸外资基本盘。要用足用好出口退税、出口信用保险等合规的外贸政策工具，保障外贸产业链、供应链畅通运转，抓好重大外资项目落地，扩大金融等服务业对外开放，继续优化营商环境，增强外商长期投资经营的信心”。

2020年2月21日，商务部、中国出口信用保险公司联合印发《关于做好2020年短期出口信用保险相关工作，全力支持外贸企业应对新冠肺炎疫情影响的通知》（以下简称《短期出口信用保险通知》），提出要深入贯彻落实习近平总书记重要指示批示精神和中央政治局常委会关于支持外贸企业抓紧复工生产，加大贸易融资支持，充分发挥出口信用保险作用的决策部署，全力支持外贸企业应对新冠肺炎疫情。

《短期出口信用保险通知》指出，要提高站位，将短期险作为应对疫情影响、稳外贸工作的有力抓手，引导企业用好用足出口信用保险政策工具。要进一步扩大短期险覆盖面，出台有针对性的专业服务，提高承保效率，创新承保模式，帮助企业加强出口风险管理，减少企业损失。

《短期出口信用保险通知》指出，要压实责任，加大对受疫情影响企业的支持力度。要统筹做好疫情防控和商务发展工作，结合本地实际出台支持政策。建立受疫情影响企业需求快速反应机制，为受疫情影响较大的企业提供重点支持服务，应保尽保，加强对订单被取消等风险的保障，开辟理赔绿色通道，应赔尽赔、能赔快赔。

《短期出口信用保险通知》指出，要加大对中小微外贸企业的支持，发挥好“小微统保平台”等作用，加大对暂时遇到困难但有订单、有市场、有信用企业的支持力度，进一步降低保费费率，简化报损、索赔程序，对受疫情影响未及时缴纳保费的出口企业，合理缓交保费，在定损核赔时予以酌情处理。要加强对外贸企业的融资支持，发挥财政资金引导作用，完善“政府+银行+信保”合作机制，扩大保单融资规模。

综上可见，出口信用保险对支持外贸企业应对新冠肺炎疫情的重要性，其已成为化解疫情对外贸企业影响的有力抓手。

因此，《短期出口信用保险通知》发布后全国上下积极完善“政府+银行+信保”模式，正在进一步扩大短期出口信用保险覆盖面，正在创新出口信用保险承保模式，正在提高出口信用保险承保效率。

2020年2月14日，中国银保监会下发了《关于进一步做好疫情防控金融服务的通知》，虽然强调了“加大出口信用保险等业务拓展力度”，但是关于“出口信用保险”的重要性强调得不够，关于“出口信用保险”的拓展举措强调得不够。

2014年，财政部下发《关于引入商业保险公司开展短期出口信用保险业务试点有关问题的通知》，准许人保、大地、平安、太平洋试点经营短期出口信用保险业务；自此，短期出口信用保险形成“1+4”的格局。为此，建议除了发挥“1+4”的作用之外，中国银保监会要积极调动其他83家财险公司参与到抗击新冠肺炎疫情的战役中来，扩大出口信用保险的覆盖面。

对外贸易对我国GDP高速增长发挥了巨大的作用，它与投资、消费一起成为拉动中国经济发展的最主要力量。当前，因为新冠肺炎疫情，外贸企业遭受了巨大的冲击，作为化解疫情对外贸企业影响有力抓手的出口信用保险应承担起其历史使命。

信用险，政策性保险主导的一个险种，从诞生之日就被打上了“贵族”的烙印。

抗击新冠疫情，保险业要为复工复产和实体经济发展提供更精准的保险服务。出口信用险必将承担起抗击疫情的历史使命！同时，我们也希望看到更多的“贵族”加入这场保险业的战役，因为“英雄，永不独行！”

抗击新冠肺炎疫情，保险能做什么？保险能做的，不是把保险置于金融，而是把保险置于对外贸易；关键是用好已有保险支持政策，适时出台新的政策措施；重点是用足用好出口信用保险等合规的外贸政策工具，保障外贸产业链、供应链畅通运转。

物流保险的使命

一、统筹新冠疫情防控与物流保险发展

2020年2月23日，在“统筹推进新冠肺炎疫情防控和经济社会发展工作部署会议”上，习近平总书记指出，“要密切监测市场供需动态，积极组织蔬菜和畜禽等生产，畅通运输通道和物流配送”，“要落实分区分级精准防控策略，打通人流、物流堵点，放开货运物流限制，推动产业链各环节协同复工复产”。

由此可见物流行业对于当前中国经济社会发展的重要性。物流业是国家生产性服务业的重要组成部分，是支撑国民经济发展的基础性、战略性产业，也是融合运输业、仓储业、货代业和信息业等多种产业的复合型、先导性产业。

面对疫情，物流行业企业冲锋在前，我们看到了中国邮政、京东、顺丰、德邦、中通、苏宁等物流企业迎难而上，构筑起抗击疫情物资物流保

障的坚强堡垒。数以万计的一线物流企业和千万一线物流人投身“战疫”，提供抗击疫情物资和生活用品物流保障服务。

物流行业为抗击疫情做出了非常大的贡献，物流行业是经济社会发展的基石。我国当前正处于物流业高速发展时期，根据国家统计局公布的数据，全国社会物流总额由2009年的96.65万亿元增长至2019年的298万亿元，社会物流总费用由2009年的6.09万亿元增长至2019年的14.6万亿元。中国产业调研网发布的《中国物流行业调查分析及发展趋势预测报告（2016—2022年）》显示，2020年物流行业市场规模将接近360万亿元。

根据中国物流与采购联合会发布的最新统计数据，我国物流岗位从业人员已经超过5000万人，已经占到全国就业人员的6.5%，物流行业成为从业人员增长最快的行业之一。同时，中国物流与采购联合会发布的《2017年中国电商物流与快递从业人员调查报告》显示，物流与快递从业人员的保险支出基本为零，但其面临的意外、伤残、疾病风险却逐年攀升。

2019年，社会物流总费用预计共14.6万亿元，占2019年GDP（99万亿元）的比例约为14.6%，略低于2018年的14.8%；同期，保险业实现保费收入共4.3万亿元，占2019年GDP的比例（保险深度）约为4.3%。

经济的发展是保险业发展的基础和条件，物流业在促进经济发展的同时，也为保险业的发展提供了巨大的空间。这些都说明了保险业作为现代金融业的三大支柱之一，需要在物流产业发展中发挥重要作用，为我国物流产业发展提供必要的战略服务支持。

二、物流保险

何谓物流保险呢？我们先来了解什么是物流，物流是指物品从供应地向接收地的实体流动过程，根据实际需要，将运输、储存、装卸、包装、流通加工、配送、信息处理等基本功能有机结合。

物流保险，从宏观上来讲，是一切与物流活动相关联的保险，是指在物品从供应地向接收地的实体流动过程中对财产、货物运输、机器损坏、车辆及其他运输工具安全、人身安全、雇员忠诚的保证等一系列与物流活动发生关联的保险内容，其中还包括可预见的和不可预见的自然灾害等。

物流保险更多的是指货运险、物流责任险等险种。《漫谈保险》一书中，笔者详细介绍了货运险与经济社会发展的关系。图2–3给出了货运险增长率与进出口总额增长率之间的关系，可以看出，货运险增长率与进出口总额增长率变化趋势基本一致。

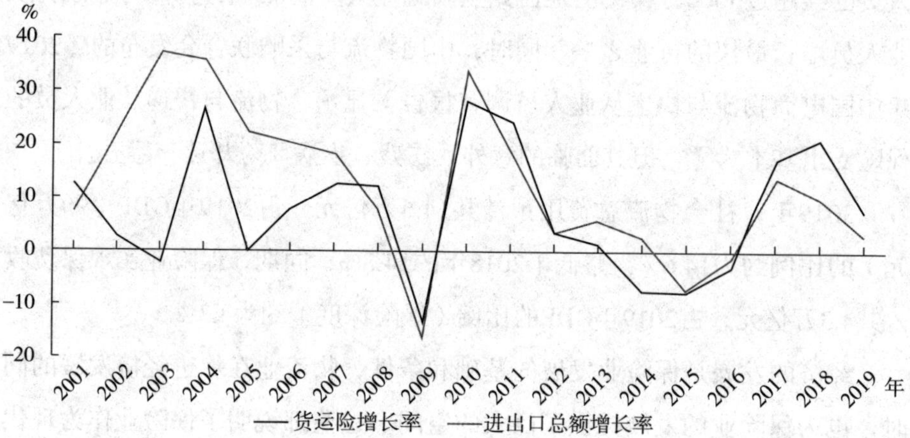

图 2–3　货运险增长率与进出口总额增长率之间的关系

近年来，尽管我国物流业与保险业在各自领域的发展上均取得了较为可喜的成绩，但是从这两种产业的发展现状来看，我国物流业正面临着社会物流成本居高难下、社会物流供需不平衡、社会物流整体风险防范能力不足等诸多问题；而保险业对物流业的服务支持力度更是远远不足，与现代保险服务业的水平还有很大差距。

究其根源，主要是由于保险业与物流业此前受传统业态发展模式的限制，缺少有效的融合机制，内外驱动力不足，无法协调发展。

三、新冠肺炎疫情对物流业的影响

因运输内容、服务对象及应用场景各不相同，疫情给物流业各细分板块带来的影响差异显著。贝恩公司（Bain & Company）发布的《制造及物流业的战“疫”之策》以及德勤发布的《科技抗疫，协同制胜——新冠疫情下物流企业应对之策》等报告显示：

（1）快递行业：2003年，我国暴发非典型肺炎时，中国电商尚处于起步阶段，快递行业基数较小（2002年中国快递量仅为1.4亿件），存量业务短期受负面影响小。因此，SARS的发生，对快递业的负面影响有限。而2019年，我国快递业务量达635.2亿件，是2003年的370倍，我国快递业已经具备较大的存量市场。

短期内体量将有所缩减，但中长期整体业务量呈现稳步上升的趋势。近1~2个月，快递业整体仍处于恢复产能阶段。依据国家邮政局计划，至2月中旬快递业产能已经恢复至正常水平的四成以上，并随着疫情的形势变化进一步提升。长期来看，疫情将进一步强化线上购买的消费习惯，作为电商物流的基础设施，快递业的长期需求增长可期。

（2）社区配送、冷链行业：受益于疫情催生的消费习惯变化，社区配送和冷链行业迎来新的发展机遇。小区封闭式管理促进了线上消费，尤其是生鲜品类线上消费，导致社区配送需求猛增。例如，部分生鲜电商的销量较往年实现了3倍的增长。我们认为，在疫情结束后，消费习惯的改变将得以保持，从而带动社区配送持续增长。此外，线上生鲜消费的增长也将反推整个物流业加大对冷链运输、仓储等方面的投入，冷链行业有望继续保持快速发展。

（3）整车、零担行业：根据G7发布的春运期间整车、零担物流流量同期对比数据，受疫情影响，零担基本处在“瘫痪”状态，整车相对较好，但恢复进度缓慢。该行业在短期和长期都将承受较大压力。短期内，面临部分交通封闭、开工延迟的影响，零担运输正陷入收入断档的困境。而长期来看，在疫情冲击下，其主要客户群体——中小企业面临萎缩或更大的资金链断裂风险，持续经营能力遭受严峻考验，而这部分萎缩需求能否在2020年内被大企业完全替代，依然存在很大不确定性。

新冠肺炎疫情对物流业影响有多大？物流企业如何抵御风险？如何发挥物流保险的作用？这些问题已经摆在我们面前，这不仅是物流保险的使命，更是保险业需要思考的问题。

四、物流保险的使命

党的十八大以来，中央部署了优化经济发展空间格局的新战略，即“一带一路”、长江经济带、京津冀协同发展三大区域性经济发展战略。三大战略对物流业发展提出了明确要求，即按照三大战略的国际区域层次、国内区域层次、城市群区域层次，推动物流业一体化发展，密切物流业发展与产业布局的关系，打造通道化、枢纽化物流网络。“物流”一词更是连续6年出现在政府工作报告中。这些都充分说明我国正在加大力度推进国家物流枢纽布局建设，多措并举发展“通道+枢纽+网络”的现代物流体系。

在保险业对物流业的服务支持上，2014年印发的《国务院关于加快发展现代保险服务业的若干意见》中提出，“要推动保险服务经济结构调整。积极发展文化产业保险、物流保险，探索演艺、会展责任险等新兴保险业务，促进第三产业发展”。这是国内首次在中央文件中提及“物流保险”的概念。2016年印发的《中国保险业发展“十三五”规划纲要》中再一次强调，要“积极发展文化产业保险、物流保险，探索演艺、会展责任险等新兴保险业务，促进第三产业发展”。

这些都说明了保险业作为现代金融业的三大支柱之一，需要在物流产业发展中发挥重要作用，为我国物流经济发展提供必要的战略服务支持。同时也表明，我国各个有关部门已经开始紧密关注保险的社会保障价值，尤其是在物流领域。

我国物流费用主要由交通费用、保管费用和其他管理费用三部分组成。根据国家发展改革委、中国物流与采购联合会发布的《2019年全国物流运行情况通报》，2019年我国物流费用为14.6万亿元。其中交通运输费用为7.7万亿元，占比52.74%；保管费用为5.0万亿元，占比34.25%；管理费用为1.9万亿元，占比13.01%。

在管理费用（含保管费用）组成中，据不完全统计，全国每年因装卸、运输造成的损失超1000亿元，因包装造成的损失超300亿元，因保管不善造成的损失超100亿元。而在物流作业的过程中，运输、仓储、包装、搬运装卸、流通加工、配送以及相关的物流信息等环节都会涉及保险问题，风险存在于链条中的各个环节。

可见，我国物流业在迅速发展的同时，也埋下了许多风险隐患，并且自身抗风险的能力也有待提高。这就需要保险业加大对物流产业的关注，推进物流保险的发展，发挥保险的风险管理功能，助力物流业的健康发展。

目前，新冠肺炎疫情的阻击战仍处在关键时期，但这正是黎明前的黑暗。随着统筹推进新冠肺炎疫情防控和经济社会发展，物流行业正在积极复工复产，此时保险业要积极提供短期物流保险并布局物流保险的未来。

抗击新冠肺炎疫情，保险能做什么？保险能做的，不是把保险置于金融，而是把保险置于物流；关键是用好已有保险支持政策，适时出台新的政策措施；重点是用足用好物流保险等保险产品，保障物流的畅通、高效、安全运转。

复工复产保险的使命

一、统筹新冠疫情防控与复工复产保险发展

2020年2月23日，在“统筹推进新冠肺炎疫情防控和经济社会发展工作部署会议”上，习近平总书记对复工复产提出八项要求。推动有序复工复产，是中央统筹疫情防控和经济社会发展作出的重要部署。从中央到地方，均出台了诸多硬核政策助力企业复工，但各地复工仍面临种种障碍，不少地方有效复工率仍然过低。

据报道，截至2020年2月14日，全国平均复工率仅为42%；截至2月24日，全国规模以上工业企业复工率逐步提高，但是全国平均复工率仍不容乐观。正如曾刚教授在《从全球产业链视角看尽快复工复产的重要性》一文所言，“防疫物品不足、员工到岗率低、物流不畅等复工堵点的背后，是中国百万亿GDP的经济规模高度依赖于大规模人员迁移、高效的市场配置和广泛的国家间、区域间、产业间、企业间及个体间的密切协作”。

当下，疫情防控和复工复产缺一不可，且都不轻松。疫情防控关乎生命，复工复产关系生计。中国是全世界唯一拥有联合国产业分类当中全部工业门类的国家，在世界500多种主要工业产品当中，中国有220多种工业产品的产量居全球第一。在“战疫”之下，只有切实做好企业复工复产的制度环境建设工作，才能确保我国在全球产业链中的地位不变，从而稳定维系全球的经济发展。

推动有序复工复产对于当前中国经济发展的重要性不言而喻，但是全国平均复工率却不容乐观，主要是因为“复工复产风险”没有缓释机制。最近网上流传一个段子，其内容是分别从地方领导、企业老板及职员三方的利益取舍来分析各自复工与否的选择，结果“聪明”的领导会选择不复工，而“聪明”的老板和员工都会选择复工。

针对“复工复产风险”，保险业要积极行动起来，创新研发“复工复产保险”；降低“复工复产风险”，更降低地方政府领导推动复工复产的政治风险；做好复工复产的金融服务工作，妥善保障企业复工复产过程中出现的新风险。

新冠肺炎疫情不可避免会对经济社会造成较大冲击。越是在这个时候，保险业越要用全面、辩证、长远的眼光看待“复工复产风险”，越要用创新、发展、负责任的思路推出“复工复产保险”。

二、复工复产风险

2020年2月22日，国务院应对新型冠状病毒感染肺炎疫情联防联控机制下发《企事业单位复工复产疫情防控措施指南》，对企事业单位如何复工复产提出了具体的操作指南；基于此，各地政府针对复工复产制定了多项风险提示。

例如，北京市应急管理局在下发的《关于企业复工复产安全风险管控提示》中提到，在当前疫情形势下，企业复工复产新增风险主要包括（见图2-4）：

（1）人员管控风险，比如职工带病返岗，排查不到位；返京职工未按要求实施隔离；外来人员带病，未进行体温检测。

（2）工作场所人员聚集带来的疫情传播与扩散风险，比如上下班时间出入生产场所人员聚集，生产现场人员密度大，间距不满足疫情防控要求。

（3）生活场所人员聚集带来的疫情传播与扩散风险，比如食堂人员流动大，用餐聚集。

（4）其他风险，比如新增的防疫物资酒精、消毒剂等使用问题，储存过程中的燃烧、氧化、腐蚀等风险；以及通风、消毒等生产环境变化导致的风险等。

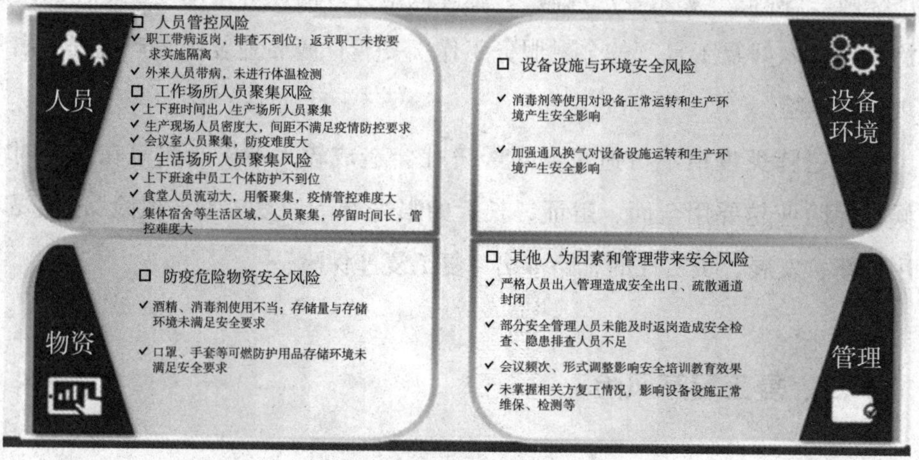

图 2-4　新冠疫情导致的新增安全风险

资料来源：北京市应急管理局网站。

企业急需合适的保险产品覆盖这些新增的“复工复产风险”，针对这些问题，保险公司应积极研究推出“短期复工复产保险”，降低企业复工复产的不确定性，提高企业复工复产的积极性。

三、复工复产保险

当前随着新冠肺炎疫情防控进入新阶段，为保持经济平稳运行，各级政府部门在做好防控工作的前提下，正全力支持和组织推动各类生产企业复工复产，逐步科学有序地恢复生活秩序。如何发挥包括寿险及非寿险在内的各项保险自身内在功能及其相关资金保障工作显得更为重要。

复工复产保险，是指专门针对新冠肺炎防疫及逐步复工复产期间可能面临的风险的保险。

目前，保险公司推出了五花八门的复工复产保险，如海南银保监局协同多部门，与海南人保财险、太保财险、平安财险等保险公司设计出“复工复产综合保险”，重点保障企业因政府疫情防控要求进行封闭或隔离所导致的在产品损失、员工工资及隔离费用的支出。

再如宁波推出了“政策性小微企业复工防疫保险”，而北京则通过延长安全责任保险保障期限的方式助力参保企业疫情防控……

四、复工复产保险的使命

面对新冠肺炎疫情，为了保障企业有序复工复产，各地政府纷纷出台扶持政策，创新“政府+保险公司+复工复产保险”合作机制，保险公司也积极推出了各项举措，保险在“复产复工风险”防范中的风险分担和保障作用开始凸显。

2020年2月14日，中国银保监会下发《关于进一步做好疫情防控金融服务的通知》，提出“做好金融服务，支持企业复工复产”，“鼓励银行保险机构积极拓展服务领域，在支付结算、融资规划、产销支持等更多领域，发挥机构自身优势，提供特色产品、专业咨询、财务管理、信息科技支持等增值服务”。

相比于银行提供资金扶持，保险公司需要发挥风险管理的专业优势，创新发展短期复工复产保险；类似中国出口信用保险公司推出的“短期出口信用保险”，通过短期出口信用保险创新“政府+银行+信保”合作机制。

2020年2月12日，宁波出台《关于发挥保险社会治理功能促进我市防疫情促复产的实施意见》；2月19日，宁波又推出专门帮扶小微企业的政策性复工防疫保险。

2020年2月17日，海南银保监局引领辖内保险业推出“复工复产企业疫情防控综合保险”。

2020年2月12日，北京市应急管理局联合市金融局、北京银保监局共同出台六项措施，助力北京安全生产责任保险参保企业共抗疫情。2月18

日，北京安责险的六家保险服务机构共同发布了《北京安责险支持参保企业应对新冠肺炎疫情若干措施的社会公告》。

…………

最近，我们看到各地政府陆续推出“政府+保险公司+复工复产保险”合作机制，各家保险公司陆续创新复工复产保险，如“企业防疫险”或“复工复产险”等，这些产品有助于为企业复工复产提供保障，降低企业复工复产风险损失，使企业安心复工复产。同时，作为政策性保险，有效发挥财政资金的杠杆作用，减轻企业在疫情影响下的成本压力，助推稳企业、稳经济、稳发展。

同时，我们看到各地政府推出的“政府+保险公司+复工复产保险”合作机制五花八门，各家保险公司推出的复工复产保险也是五花八门。显然，无论是合作机制还是保险产品，对于应对当前复工复产风险还存在一定的缺口，或者说实质作用有限。

针对这些问题，建议保险监管部门或行业组织借鉴“短期出口信用保险”的一些举措（2020年2月21日商务部和中国出口信用保险公司联合印发了《关于做好2020年短期出口信用保险相关工作，全力支持外贸企业应对新冠肺炎疫情影响的通知》），推出复工复产保险示范条款，创新“政府+保险公司+复工复产保险”合作机制。

当前，复工复产过程中，特别是中小企业、小微企业还面临着很多问题，比如返岗工人不足、交通物流不畅、产业链配套难等，保险业要积极地想办法，配合各地政府帮助企业解决这些难题。

2020年2月24日，国务院联防联控机制召开新闻发布会，介绍了为疫情防控、复工复产和实体经济发展提供精准金融服务的有关情况；但是关于保险如何助力复工复产却少有提及。

银保监会政策研究局吉昱华副局长在答记者问时，提到“目前财产保险公司与疫情相关的理赔是2460万元，其中给一线医护人员的理赔是657

万元。人身保险公司共赔付与疫情相关的出险客户795人次，赔付金额共5174万元，其中属于赠险项目下的赔付为3320万元，占比64%。涉及一线医护人员共338人次，总赔付金额共3078万元”。

从现场记者提问来看，大家更关注的不是上面这些数字，而是捐赠保险是否合规以及监管部门对于抗击疫情保险产品的导向问题。

保险业如何为疫情防控、复工复产和实体经济发展提供精准保险服务？这个问题关系“保险在国家金融体系中的定位”，更关系“为全社会织牢保险保障的安全网，做负责任的保险、做有温度的保险、做讲大局的保险”。

抗击新冠肺炎疫情，我们需要深刻领会“新冠肺炎疫情不可避免会对经济社会造成较大冲击。越是在这个时候，越要用全面、辩证、长远的眼光看待我国发展，越要增强信心、坚定信心。综合来看，我国经济长期向好的基本面没有改变，疫情的冲击是短期的、总体上是可控的”这句话的意义。

抗击新冠肺炎疫情，保险能做什么？保险能做的，不是把保险置于金融，而是把保险置于复工复产；关键是用好已有保险支持政策，适时出台新的政策措施；重点是创新“政府+保险公司+复工复产保险”合作机制，借助短期复工复产保险助力企业应对复工复产风险。

农业保险的使命

一、统筹新冠疫情防控与农业保险发展

2020年2月23日，在统筹推进新冠肺炎疫情防控和经济社会发展工作部署会议上，习近平总书记对复工复产提出八大要求，要求不失时机抓好

春季农业生产，指出“要抓紧解决影响春耕备耕的突出问题，组织好农资生产、流通、供应，确保农业生产不误农时”。

2020年2月25日，全国春季农业生产工作电视电话会议在北京召开，会上传达学习了习近平总书记重要指示和李克强总理批示，强调要把农业基础打得更牢，把“三农”领域短板补得更实，为打赢疫情防控阻击战，实现全年经济社会发展目标提供有力支撑。

2020年是全面建成小康社会目标实现之年，是全面打赢脱贫攻坚战的收官之年。面对新冠肺炎疫情的影响，如何做好2020年“三农”工作对于确保经济社会大局稳定具有特殊且重要的意义。

随着复工复产不断深入，各地政府正在积极研究如何克服当前困难，降低新冠肺炎疫情的影响，部署统筹推进疫情防控和春季农业生产。

农业保险是保险业支持“三农”发展的重要抓手，保险业要立足新冠肺炎疫情防控和农业农村经济发展同步推进农业保险的改革，支持农村抗疫情、渡难关、保供给、保增收、保小康。

保险业要贯彻落实《中共中央 国务院关于抓好“三农”领域重点工作确保如期实现全面小康的意见》，紧扣国家打赢脱贫攻坚战和补上全面小康“三农”短板重点任务，积极推进农业保险高质量发展，积极参与、主动作为，深入推进农业保险“扩面、增品、提标”，探索优化农业保险运行机制，确保农民买得着、买得起、保得到。

“越是面对风险挑战，越要稳住农业，越要确保粮食和重要副食品安全”。这是当前“三农”工作的要求，也是保险业做好“三农”保险的要求。

二、农业保险

农业保险是专为农业生产者在从事种植业、林业、畜牧业和渔业生产过程中，对遭受自然灾害、意外事故疫病、疾病等保险事故所造成的经济损失提供保障的一种保险。

中国农业保险制度经过几十年的曲折探索，从2007年中央财政农业保险保费补贴试点开始，进入了快速发展期。《漫谈保险》一书中，笔者详细介绍了农业保险与经济社会发展的关系。图2-5给出了2010—2019年农业保费增长率与农业（农林牧渔业）总产值增长率之间的关系，可以看出，农业保费增长率一直高于农业总产值增长率，这主要得益于国家对于农业保险的扶持政策。

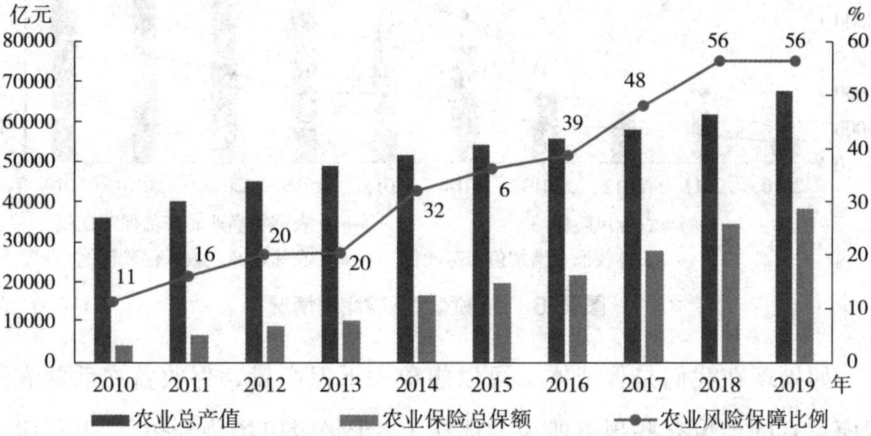

图 2-5　农业保费增长率和农业总产值增长率情况

我国农业保险的发展脉络是保成本、保产量、保收益。为了研判中国农业保险的未来，我们需要明确这几个指标背后的逻辑。保成本接近于保农林牧渔业投入，保产量接近于保农林牧渔业总产值，保收益接近于保农林牧渔业增加值。

2019年，农林牧渔业总产值为12.40万亿元，农林牧渔业增加值为7.66万亿元，可计算得出农林牧渔业总成本为5.03万亿元；农林牧渔业投入占比41%，农林牧渔业增加值占比59%。

图2-6给出了2010—2019年农业风险保障、农林牧渔业总产值保障比例（农业风险保障/农林牧渔业总产值）、农林牧渔业增加值保障比例、农

林牧渔业投入保障比例数据，从图中可以看出，农林牧渔业投入保障比例从2010年的14%增加到2019年的72%，农林牧渔业增加值保障比例从2010年的10%增加到2019年的49%，农林牧渔业总产值保障比例从2010年的6%增加到2019年的29%。

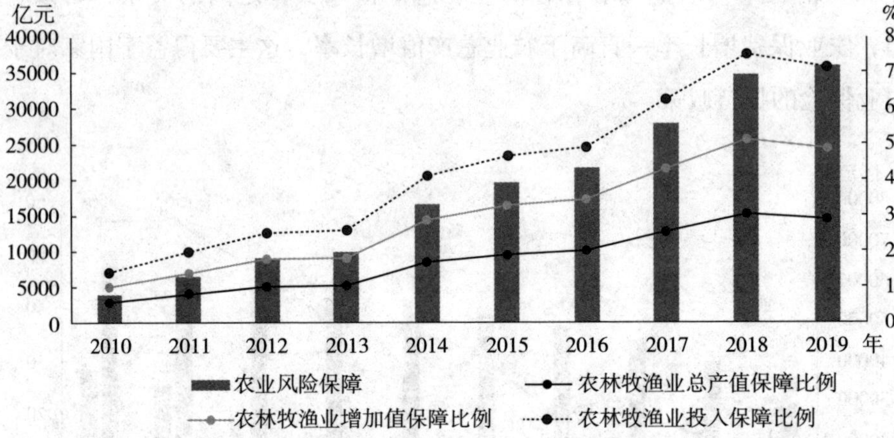

图 2-6　农业风险保障比例情况

如果现在我们是保成本，可以想象一下保产量、保收益之后的农险规模。真的会像有些报道所说的那样（“千亿级市场待开拓”“万亿级市场诱人”）吗？

2019年农林牧渔业投入保障比例已经达到72%，考虑到目前农业保险覆盖面不足70%[1]，显然已经承保农险的农林牧渔业投入已经实现了成本的全覆盖，并且是超额覆盖。是我们的数据出了问题，还是有其他原因？百思不得其解。

2018年8月28日，财政部、农业农村部、银保监会共同印发《关于开展三大粮食作物完全成本保险和收入保险试点工作的通知》（财金〔2018〕93号），推动保障水平在目前种子、化肥等物化成本和地租成本的基础上，进一步增加劳动力成本至覆盖全部农业生产成本或直接开展收入保险，切

① 数据来源于2019年10月财政部下发的《关于加快农业保险高质量发展的指导意见》。

实促进农业保险转型升级，保障农户种粮积极性。

如果按照该文件给出的风险保障水平计算，预计试点结束，我国农业投资风险保障水平将超过100%，农业增加值风险保障水平将接近100%，农业总产值风险保障水平将超过50%。

风险保障水平是衡量农业保险功效的主要标准，是农业保险政策效果的集中体现，是反映农业保险“三农”服务能力、现代农业发展护航能力和参与国家农业农村治理能力的一个核心指标。正因如此，党中央、国务院对此问题高度重视，在2016年、2017年中央一号文件等多个政策文件中明确提出要不断提高农业保险风险保障水平。

2019年2月11日，中国人民银行、银保监会、证监会、财政部、农业农村部联合印发《关于金融服务乡村振兴的指导意见》，明确提出组建中国农业再保险公司。组建一个农业再保险公司显然不能解决当前农险存在的问题，可能会是一种资源浪费。因为目前全国各地的农业保险普遍依赖于行政的强力推动，虽然降低了农业保险的经营成本，但这种低成本很大程度上是以较大的违规为代价的，已经对农业保险声誉造成了严重的伤害，注定难以持续。

保险公司的关注点主要在政府补贴上，而忽视自身能力建设，经营管理不规范、虚假承保理赔等问题比较突出。甚至在一些地方，一定程度上存在“保费是垫出来的、赔款是谈出来的、财政补贴是套出来的”现象，已经背离了农业保险的政策目标。

保险公司要真正深耕农险市场，提高业务的可持续性，关键是在提高自身产品创新能力、风险控制能力上下足功夫。即便可以说农业保险解决了农民几千年“靠天吃饭”的局面，但是保险公司经营农险不能“靠天吃饭”。

关于这个问题我不再深究，显然“保成本、保产量、保收益”不是中国农业保险的未来。因为这不是高质量发展的农业保险，保险业在深入推进农业保险“扩面、增品、提标”的同时要探索优化农业保险运行机制，确保农民买得着、买得起、保得到。

三、新冠肺炎疫情对农业的影响

农业风险是人们在从事农业生产和经营过程中所遭受的因不可抗力导致的不确定事件。农业区别于其他行业的特点是农业的主要活动都是在室外进行的，这就决定了农业的生产、经营活动更直接和紧密地依赖于自然界的力量，也最易受自然界的影响，在人类拥有的知识技术手段还未能更好地克服自然界的影响时，农业已成为自然风险最大最集中的行业。

新冠肺炎疫情暴发以来，农业生产遇到一些新情况、新问题和新风险，农产品生产、运输、销售等环节受阻，出现饲料进场难、雏禽上市难、蔬菜进城难、卖鱼难、农资下乡难、农业企业用工难等问题。

针对当前新冠肺炎疫情对“菜篮子”产品运销、畜禽生产、农民就业增收等方面的影响，保险业要充分认识估计、准确分析研判疫情影响，创新农业风险管理和农业保险产品，积极帮助农民有效应对，不误农时抓好春季农业生产，努力把疫情对农业农村的影响降到最低。

四、农业保险的使命

2020年2月14日，中国银保监会下发《关于进一步做好疫情防控金融服务的通知》，提出“支持保险机构稳步拓展农业保险品种，扩大农业保险覆盖面，稳定农业种养殖户和农民生产经营预期”。同日，财政部办公厅、农业农村部办公厅联合发布了《关于切实支持做好新冠肺炎疫情防控期间农产品稳产保供工作的通知》，部署了六项有针对性的财政支持政策和管理措施。

2020年2月20日，农业农村部官网公布了“2020年农业农村部计划财务司工作要点”，指出提高农业保险服务能力，推动完善农业保险大灾风险分散机制实施办法、农业保险协办业务管理办法，推动启动修订农业保险条例。

2020年2月24日，江苏省财政厅、省农业农村厅、江苏银保监局、省地方金融监管局联合印发了《关于做好新冠肺炎疫情防控期间农业保险工作的通知》，提出“积极稳妥做好农业保险承保协议到期衔接工作，合理应用信息技术手段做好承保理赔工作；加大农业保险保费补贴政策惠农力度”。

…………

我们也看到各地政府都在加大农业保险投入，扩大农业保险覆盖面，在防控新冠肺炎疫情的同时，积极帮助农民积极应对自然灾害风险和市场价格波动风险。同时，各地也正在结合农业保险推进情况，配合保险公司探索农业保险与农业贷款的融合，加大春耕春种金融支持，满足农村地区基础金融服务需求。

毫无疑问，疫情对农业的影响是显著的，无论在生产端、流通端还是销售端，为更好发挥农业保险政策在新冠肺炎疫情防控期间“抗疫情、渡难关、保供给、保增收、保小康”的作用，保险业都要进一步优化农业保险运作方式：一是突出“降”，降低保险成本，助农民春耕生产；二是突出“管”，强化保险风险管理，促农民春耕生产；三是突出“新”，提高保险科技水平，优化农民春耕生产。

保险业要充分发挥农业保险、民生综合保险保障功能，通过创新农业保险运作方式配合各地政府统筹推进农业农村各项重点工作，为打赢疫情防控阻击战、保持经济社会大局稳定提供有力支撑。

抗击新冠肺炎疫情，保险能做什么？保险能做的，不是把保险置于金融，而是把保险置于农业；关键是用好已有保险支持政策，适时出台新的政策措施；重点是积极推进农业保险高质量发展，积极参与、主动作为，深入推进农业保险“扩面、增品、提标”，探索优化农业保险运行机制，确保农民买得着、买得起、保得到。

生命科学保险的使命

一、统筹新冠疫情防控与生命科学保险发展

2020年2月21日，国务院联防联控机制举行新闻发布会，科技部、国家卫健委、国家药监局相关负责人介绍了新冠肺炎药物及疫苗科研攻关情况。

2020年2月23日，在统筹推进新冠肺炎疫情防控和经济社会发展工作部署会议上，习近平总书记要求“加大药品和疫苗研发力度，及时总结推广有效诊疗方案”，“加强抗病毒药物及疫苗研发国际合作”。

自2020年1月16日国家卫生健康委员会发布《新型冠状病毒感染的肺炎诊疗方案》（以下简称《诊疗方案》），截至2020年3月5日已经更新到第七版，从诊断标准、临床分型、鉴别诊断乃至重症和轻症的诊疗方案上，都已经出台了更详细的指导办法。

另外，新冠肺炎疫苗正按照5条技术路线同步研发，部分已进入动物试验阶段。预计最快2020年4月或5月可以有部分疫苗进入临床试验，或在特定条件下争取应急使用。

总体来看，新型冠状病毒肺炎的治疗，尚处于不断摸索的阶段，需要更多的临床试验来证明药物的有效性和安全性，也期待有更有效的、更安全的药物被发现、被证实。目前，为了寻找对新型冠状病毒肺炎有效的药物，越来越多的药物正被纳入研究领域。

新型冠状病毒肺炎药物及疫苗研发都需要充分评估相应的风险，只有在确保药物及疫苗安全有效的前提下，才能应用于治疗方案和接种

预防。

疫苗作为一种应用于健康人的特殊产品，对其安全性的要求是第一位的，疫苗研发必须遵循科学规律以及严格的管理规范。

疫苗能保护大众，尤其是能使广大儿童免于严重疾病，但是在少数情况下，某些疫苗又会造成危害、酿成悲剧。针对疫苗的两难困境，通常的做法是借助生命科学保险平衡多数人的利益和少数人的风险。

二、生命科学保险

生命科学是以生命为研究对象的科学。基于对生命现象观察和实验的庞大的生命科学体系，既研究各种生命活动的现象和本质，又研究生物之间、生物与环境之间的相互关系，以及生命科学原理和技术在人类经济、社会活动中的应用。

相应地，生命科学保险是指一切与生命科学相关联的保险。我们熟知的生命科学保险主要包括药物临床试验责任保险（Clinical Trial Insurance）和疫苗临床试验责任保险（Vaccinium Trial Insurance）。

临床试验责任保险是指保险公司承保的经过批准的药物或疫苗临床试验，在临床试验过程中出现了因试验药物或疫苗发生的不良反应或严重不良反应，造成受试者人身伤亡，依《知情同意书》约定，应由被保险人负损害补偿责任，且在保险期间内提出补偿请求时，由保险公司在保险金额范围内对被保险人负赔偿责任的保险。

临床试验责任保险起源于西方医疗发达国家，主要用于分摊在药物或疫苗临床试验进行过程中，受试者出现不良反应后引起的一系列风险。

我国《药物临床试验质量管理规范》第四十三条明确提出：申办者应对参加临床试验的受试者提供保险，对于发生与试验相关的损害或死亡的受试者承担治疗的费用及相应的经济补偿。申办者应向研究者提供法律上与经济上的担保，但由医疗事故所致者除外。

另外，我国《疫苗临床试验技术指导原则》提出：伦理委员会的基本任务是审查疫苗研究建议书及其支持文件，应特别关注方案中的知情同意过程、文件和方案的可行性和适用性。如受试者因参加临床试验而受到损害或发生死亡时如何给予治疗或补偿以及相应的保险措施。

《中华人民共和国疫苗管理法》于2019年12月1日正式施行，除对疫苗研制、生产、流通和预防接种及其监督管理活动进行了详细规范外，还提到实行疫苗责任强制保险制度，要求疫苗上市许可持有人应当按照规定投保疫苗责任强制保险。

除上述传统的临床试验责任保险以外，生命科学保险还包括针对制药公司（处方药、非处方药和膳食补充剂制造商）、医疗器械公司（医疗器械及药物和医疗设备实验仪器的制造商）、药物开发公司（开发基因疗法、蛋白质疗法和分子层面疗法的生物科技研发公司，以及这些公司的合作研究机构、合作制造机构、人体临床试验机构）等生命科学相关领域的保险业务。

三、疫苗的风险

疫苗需要通过临床前试验、Ⅰ期临床试验、Ⅱ期临床试验、Ⅲ期临床试验证明安全有效才能上市，因此开发一种疫苗需要耗费大量的财力和人力。尤其是大规模Ⅲ期临床试验，往往需要上万名受试者，持续3~5年时间，花费1.5亿~5亿美元，而且要承受失败的风险。

2018年3月，登革疫苗（Dengvaxia）在菲律宾相继出现了5例接种儿童死亡案例，菲律宾政府紧急叫停疫苗接种，这让原本就饱受争议的登革疫苗又掀起了新一轮风波。

登革疫苗是世界上首个批准上市的登革疫苗，该疫苗由赛诺菲巴斯德公司（Sanofi）经过近20年时间、耗资1亿欧元研发成功。它是一种由登革病毒组分和黄热病毒17D疫苗嵌合而成的四价减毒活疫苗。自2015年底在巴西、菲律宾等登革流行区域批准上市后，目前已在全球19个国家投入接种。

2018年5月，世界卫生组织的免疫专家战略顾问组（SAGE）转变了立场。他们建议，只有经检测确认之前感染过登革热的儿童，才可以接种Dengvaxia。但由于对登革热还无法做现场即时血液检测（Point-of-care Blood Test），这种疫苗的未来悬而未决。

2004年，我国科研人员研发出了SARS病毒的灭活疫苗，仅完成了Ⅰ期临床试验，随着SARS疫情的结束，该疫苗研发也宣告结束。

虽然新冠肺炎疫苗正按照5条技术路线同步研发，但是其面临的风险却是未知的，因为对于疫苗来说，“想要预防的疾病有多严重？引起的副作用可否治疗？”都是需要考虑的重要因素。此外还有伦理、公共认知和政治方面的因素。

2020年2月15日，在国务院联防联控机制举行的新闻发布会上，中国科学院微生物研究所研究员严景华称，“目前全世界还没有一个新冠肺炎疫苗，其安全性缺乏风险评估，这是挑战，归纳一点就是，疫苗安全是重中之重”。

因此，按照《中华人民共和国疫苗管理法》规定，新冠肺炎疫苗上市前必须投保疫苗责任强制保险。

四、生命科学保险的使命

2020年2月14日，银保监会下发《关于进一步做好疫情防控金融服务的通知》，提出“紧紧围绕疫情防控需求，全力做好治疗药物、疫苗研发等卫生医疗重点领域，以及重要物资生产、运输物流等相关企业的融资支持”。

自新冠肺炎疫情暴发以来，新药研发成为亟须解决的关键问题。为保障新药包括疫苗等尽快研制，降低研发风险，我们看到一些保险公司已经在行动。

安达保险（CHUBB）作为全球生命科学行业保险的领军者以及中国本土行业的积极推动者，向国内医药研发企业及机构直接捐赠总承保限额为1亿元（每个企业捐赠限额不超过300万元）且不设免赔额的“人体临床试验保险”保障，在药物研发初期的关键时刻，充分发挥商业责任保险的保障功能。

中国太保深耕生命科学保险细分领域，推出的生命科学保险系列产品涵盖药物（品）及医疗器械的研发、临床试验、生产及上市流通后的全流程风险保障。此前，中国太保产险作为唯一的保险行业代表，在武汉国家生物产业基地成立了“生命科学保险创新孵化中心”，为生物医药企业打造了信息交互和风险管理的平台。作为唯一与工信部签署战略合作协议的保险机构，中国太保日前为首批7家重点物资企业的复工复产提供涵盖安全生产、新冠肺炎感染的风险保障计划，总保额超2亿元。

我们看到更多的保险公司正在积极创新与新冠肺炎治疗或疫苗相关的生命科学保险，为打赢疫情防控阻击战贡献保险力量。

同时，我们也看到随着抗新冠药物和疫苗研究工作的不断展开，风险敞口越来越大，保险发挥的作用却越来越小。

生命中不能承受的疫苗之“殇”，我们已经经历了太多，成了我们无法容忍的悲痛；所以，对待新冠肺炎疫苗，保险能否担当历史使命？显然，除了保险创新之外，还要创新“政府+保险+医疗机构”合作机制。

美国国会于1986年通过《国家儿童疫苗伤害法案》，从每支疫苗的销售收入中，提取0.75美元税费，成立疫苗伤害赔偿信托基金，用来赔偿不良反应伤害，最高赔付可达25万美元。截至2018年7月1日，美国政府已对6085人进行了赔偿，赔偿金高达39亿美元。

保险公司为了承担起这个历史使命，要重点围绕新冠肺炎药物治疗、疫苗研发、临床治疗、防控装备研发与应用、疫情监测体系、检测新技术、疾病流行规律、疫情重大风险防控治理体系等方向开展生命科学保险研究，研究开发生命科学保险产品，创新设计生命科学保险“政府+保险+医疗机构”合作机制。

抗击新冠肺炎疫情，保险能做什么？保险能做的，不是把保险置于金融，而是把保险置于生命科学；关键是用好已有保险支持政策，适时出台新的政策措施；重点围绕新冠肺炎药物治疗、疫苗研发、临床治疗、防控装备研发与应用、疫情监测体系、检测新技术、疾病流行规律、疫情重大风险防控治理体系等方向开展生命科学保险研究。

第二篇

后疫情时代

新冠肺炎疫情在全世界拉响了警报，全球的政治领导人面临多重而艰巨的挑战，问题的复杂性、严峻性已经超出了他们的预期。新冠肺炎疫情，我们以为是“黑天鹅”，结果却是“灰犀牛”。新冠肺炎疫情将会带来哪些改变？第二篇从“后疫情时代”这个维度进行了分析，10篇文章的内容概要如下：

在超级不确定性时代，认知保险的价值。后疫情时代，更是超级不确定性时代。保险能做什么？虽然保险产品琳琅满目，但是保险从本质上来说就是一种风险管理手段。不确定性在自我进化，可供选择的风险管理技术却没有自我进化。我们不用神化保险的功能，也不用异化保险的功能，保险作为风险融资的重要手段，可以切切实实地帮人们应对未来的不确定性。

保险业如何应对超级不确定性。不确定性可以自我进化，在人们解决不确定性过程中，不确定性很可能不是减缓而是加剧……保险业何以解忧？唯有自我进化！因为“不适者生存，适者灭亡”，唯有不适者（自我进化），才会为了生存而战。

中国寿险业的“新世界”。寿险业的“新世界”需要我们进行抉择：资产驱动、负债驱动、资产负债驱动？代理人驱动、银行驱动、互联网驱动？风险驱动、健康驱动、财富驱动？

中国产险业的“大时代”。后疫情时代，保险业正处“三个时代”叠加的“大时代”。所谓“道生一,一生二,二生三,三生万物”，三个时代叠加下的保险业如何面对“万物节点、万物感知、万物智能、万物互联”的“新世界”？又如何学道、明道、悟道、修道、得道？产险业作为现代保险业的起源，肩负寻找“道”的使命，因为“道”是宇宙万物的本原。

中国健康险的“创世纪”。依托健康风险、健康数据、健康科技、健康服务、健康生态、健康沟通、健康运营、健康创新、健康科学、健康保险等十条故事主线，我们一定能讲好健康保险2万亿元的故事。

中国意外险的“大变革”。面对“2019年人均意外险保单件数共9.67件、人均意外险保额共201.76万元、意外险赔付率低于30%”这样的数据，意外险的改革迫在眉睫。意外险改革后的市场空间可期，预计2025年将达到3200亿元，实现意外险保障倍数达到15的目标。

中国商业养老保险的“新范式”。2019年末，经测算，个人商业养老保险存量约为5000亿元，显然不是“微乎其微”；但是要实现2025年6万亿元养老保险责任准备金也并非易事。为了完成6万亿元的新使命，中国商业养老保险需要“新范式”。

中国保险科技的“新春天”。综观全球，保险业对数字化转型的态度，正从最初的焦虑趋向乐观，正在“化危为机”；但对于大多数中国保险业CEO而言，现在还谈不上“由悲到喜”，相反，疫情导致他们处于“由悲到哀”的焦虑状态。疫情倒逼保险业数字化转型，这对于保险科技企业而言是莫大的利好，保险科技企业要拥抱新春天，不负新时代。

中国网络互助的“新使命”。《中共中央　国务院关于深化医疗保障制度改革的意见》提出，“到2030年，全面建成以基本医疗保险为主体，医疗救助为托底，补充医疗保险、商业健康保险、慈善捐赠、医疗互助共同发展的医疗保障制度体系”，第一次明确了网络互助在国家医疗保障制度体系中的定位。为此，建议完善大病保险筹资机制，宜以网络互助制度试点为突破口。

中国保险业的“新愿景”。后疫情时代，是超级不确定性时代，是知识经济智能进化时代。基于此，面向2025年，中国保险业的“新愿景”渐入佳境，中国保险业的“2025”、中国保险业的“十大趋势”“十大属性”“十大空间”等徐徐拉开了帷幕。我们不身临其境，怎能感受到它的魔力？

第三章 后疫情时代（一）

在超级不确定性时代，认知保险的价值

一、新冠肺炎疫情改变了什么

2020年2月28日，世界卫生组织总干事谭德塞宣布将新冠肺炎疫情全球风险级别由此前的“高”上调为“非常高”。截至5月31日，新冠肺炎已影响全球215个国家和地区，全球累计确诊新冠肺炎病例6014117例，累计死亡367627例；中国累计确诊新冠肺炎病例83017例，累计死亡4634例。

新冠肺炎疫情在全世界拉响了警报，全球的政治领导人面临多重而艰巨的挑战，问题的复杂性、严峻性已经超出了他们的预期。新冠肺炎疫情，我们以为是“黑天鹅”，结果却是“灰犀牛”。

如果我们都认为我们被突如其来的、无法预测的“黑天鹅”事件攻击了，我们今天遇到的不幸只是因为运气不好而已，那么我们真的是辜负了这一场危机，辜负了举国上下向死而生的付出。

疫情、天灾、战争等“黑天鹅”和“灰犀牛”事件随着人类社会的纵深发展将会变得越发难以确定；我们需要思考，面对未知的“黑天鹅”或“灰犀牛”事件，我们需要做出哪些改变。

为了促进科技与经济的高速发展，人类付出了巨大的努力，同时也付出了巨大的代价。大自然在不停反噬，我们就像是打开了潘多拉的盒子，却始终没有一丝敬畏。

人类自己打开了潘多拉的盒子，现在自己在默默地忍受后果。后疫情时代，我们需要对此做深刻的反省，反省新冠肺炎疫情改变了什么，反省我们如何应对未来的超级不确定性。

当未来依旧被迷雾所笼罩时，我们要从过去的不确定性中发现规律，需要看得更远，更需要未雨绸缪。

二、超级不确定性时代

2020年才刚刚开始，多只“黑天鹅”已经来了。不来则已，一来就扎堆飞来。截至目前，最大的“黑天鹅”事件就是“新型冠状病毒”。

2020年2月28日，美国股市收盘普遍走低，创下2008年10月以来的最大单周跌幅，原因是投资者越来越担心新冠肺炎疫情的蔓延可能对全球经济和供应链造成严重损害。

新冠肺炎疫情正在从“黑天鹅”转为“灰犀牛”，会不会是全球经济危机的导火索？一切都处于不确定中。

此时，我们比较2020年和2019年的不确定性，显然应该羡慕2019年的不确定性。

2018年末，笔者写了《2018，不能翻盘，但能复盘，为了2019》《在隆冬，我终于知道，我身上有一个不可战胜的夏天》《我愿做屋内唯一了解寒夜的人》，尝试探讨“不确定性”。

正如陈春花教授所说的那样，“这一系列的震动，已经无法用‘不定性’来描述，而是更加复杂性与多变性”。

也正如笔者2017年在《金融科技：框架与实践》一书开篇所描述的那

样，“事实上，我们现在所处的‘不确定时代’，其实已经是‘超级不确定时代’（the Age of Super Uncertainty），整个时代出现了系统的不确定性（Systematic Uncertainty）”。

2019年，我们已经开始习惯接受“不确定性”所带来的一切挑战：中美的冲突，全球格局的动荡，数字技术嵌入给各个行业带来的波动，人工智能从想象到现实，中国驱动经济发展的新格局。

2020年，我们正在思考“如何理解2020年全球环境的变局？如何理解数字化生存的底层逻辑？如何界定企业发展的责任？以何种认知迎接2020年？”，却发现多只“黑天鹅”已经来到我们的面前。

“当未来被迷雾笼罩时，前方既有风险也有机遇。我们最好谨慎前行，而不是坐等迷雾散去，因为不确定性可能会一直延续。”所以，我们需要思考，面对未来的超级不确定性，我们能做什么。

面对不确定性，我们会不由想起墨菲定律（Murphy's Law）：如果有两种或两种以上的方式去做某件事情，而其中一种选择方式将导致灾难，则必定有人会做出这种选择。根本内容是：如果事情有变坏的可能，不管这种可能性有多小，它总会发生。

“墨菲定律”主要内容有四个方面：任何事都没有表面看起来那么简单；所有的事都会比你预计的时间长；会出错的事总会出错；如果你担心某种情况发生，那么它就更有可能发生。

“墨菲定律”说明了凡是可能出错的事都有很大概率会出错；任何一个事件，只要具有大于零的概率，就不能够假设它不会发生。

既然“墨菲定律”是一种客观存在，我们就要正视不确定性，我们就要积极应对不确定性，我们就要建设我们面对不确定性的心态，尽量避免因为不确定性导致悲剧发生。

“超级不确定时代”的特征是：包括经济、政治、社会、科学技术在内的客观存在的不确定性；包括有限理性在内的主观不确定性；执行、推进的过程中发生的不确定性；博弈的不确定性。此外，不确定性可以自我进化，人们在解决不确定性过程中，不确定性很可能不是减缓而是加剧……

所以，后疫情时代，我们要认识到，我们所处的“不确定时代”，其实已经是“超级不确定时代”。

三、后疫情时代，保险能做什么

何谓不确定性？海森堡和加尔布雷斯相隔半个世纪，分别从量子力学原理、经济思想史及其背后的经济史的角度提出了“不确定性”问题，启发人们用“不确定性”的思维方式去思考自然界和经济社会。

（1）不确定性是风险的表现。风险是指结果（损失）的不确定性，不管是消极还是积极。不确定性是指是否发生不确定以及发生的时间不确定；发生的空间不确定，即在什么地点发生不确定；发生的过程和结果不确定，即损失程度不确定。

（2）风险的客观存在需要管理。风险管理包括损失发生前的损失预防和损失发生时的损失减少（损失控制）以及损失发生后的损失索赔（风险融资）。图3-1给出了处理意外损失事故时可供选择的风险管理技术。

风险控制（Risk Control）是减少损失频率和损失程度或使损失变得更具有可预见性的一种自觉的作为或者不作为的决策。

风险融资（Risk Finance）是筹集资金以补偿损失或抵消可能的现金流波动的自觉的作为或不作为的决定。

风险融资技术分为两类：转移和自留。转移包括通过保险和非保险方式将损失的财务后果转移给另一方。非保险方式通常包括免责协议和套期保值。

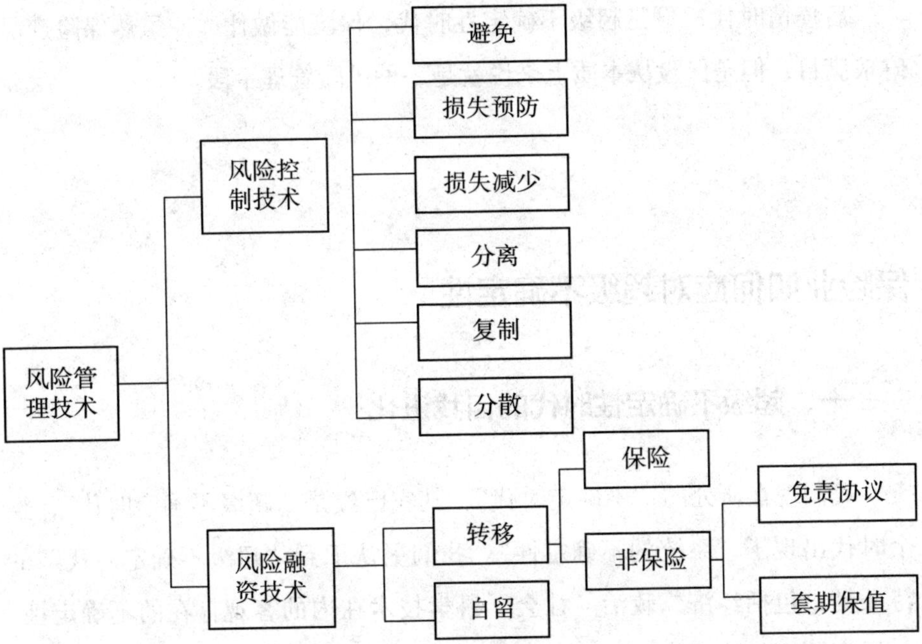

图 3-1　常见的风险管理技术

（3）保险是一种将约定的损失风险的潜在财务后果从被保险人转移给保险人的风险融资技术。保险投保人以较小的确定的财务成本，即保费，来替代一个较大的不确定财产损失的可能性，它由保险人偿付。保险虽然只是风险融资的一个方法，但它是风险管理方案极其重要的组成部分。

（4）保险从本质上讲是一种资金化的风险转移。通过收取保费，保险人同意向被保险人赔偿保险合同所承保的所有损失，也同意提供必需的服务，比如索赔处理和责任索赔辩护。

后疫情时代，面对未来的超级不确定性，我们不用神化保险的功能，也不用异化保险的功能，因为保险作为风险融资的重要手段，可以切切实实地应对未来的不确定性。

不确定性在自我进化，可供选择的风险管理技术却没有自我进化；当下，保险还是应对超级不确定性时代的重要工具。

后疫情时代，更是超级不确定性时代，保险能做什么？虽然保险产品琳琅满目，但是保险从本质上来说就是一种风险管理手段。

保险业如何应对超级不确定性

一、超级不确定性时代的自我进化

我们现在所处的“不确定时代”，其实已经是“超级不确定时代”，整个时代出现了“系统的不确定性”。我们更认识到“超级不确定时代”的特征是：包括经济、政治、社会、科学技术在内的客观存在的不确定性；包括有限理性在内的主观不确定性；执行、推进的过程中发生的不确定性；博弈的不确定性。此外，不确定性可以自我进化，人们在解决不确定性过程中，不确定性很可能不是减缓而是加剧……

何谓自我进化（Self-evolution）？我们先来了解“自我”（Self）和“进化”（Evolution）这两个概念。

（1）自我，亦称自我意识或自我概念，是指个体对自己存在状态的认知，是个体对其社会角色进行自我评价的结果。

（2）进化，又称演化，在生物学中是指种群里的遗传性状在世代之间的变化。

何谓自我进化？人脑与肢体的差异以及进化的不同步性，使人类自我进化过程中出现了一对矛盾：需求多样性、前瞻性与人靠肢体能力实现自我之间不同步。为了解决这一矛盾，工具与社会相应地产生了。

我们都明白“一个人真正的成长，就是不断自我进化”，这也是《原则》这本书最核心的思想。自我进化并不是一件轻松的事情，它有非常多的障碍，其中最大的障碍就是“自我”（Ego）。

所以，不确定性自我进化的结果是超级不确定性。《不确定性的时代》（约翰·肯尼斯·加尔布雷斯在书中讲述在过去两百年间，世界从充满确定性到游移难定）是1977年的著作，讲述的是那个时代的不确定性；但如果加尔布雷斯在2020年写作这本书，他可能会将20世纪70年代称为“确定的时代”。

不确定性在自我进化，保险作为一种应对不确定性的风险管理技术是否也在自我进化？中国保险业正站在“自我进化”的十字路口，未来的发展正面临重大抉择。这不是在拷问不确定性，而是在反思中国保险业。

二、超级不确定性时代的金融监管

金融监管是政府通过特定的机构如中央银行、证券交易委员会等对金融交易行为主体作的某种限制或规定，是一种具有特定内涵和特征的政府规制行为。这是金融监管的教科书定义。

金融监管要面对很多不确定性；相应地，金融监管的本质就是应对金融活动不确定性，更要预见性地应对不确定性的自我进化。

应对不确定性已经很难，预见性地应对自我进化后的不确定性几乎不可能。格林斯潘在退任后曾反思，我们能够避免金融危机吗？他的答案是不能，因为这是人性使然。在金融市场的繁荣时期，人们总想要更多的机会和更大的繁荣，从而引发泡沫与金融危机。

所谓“人性使然”，就是“自我”。自我的结果就是不确定性的自我进化，如果不对不确定性自我进化施加干预，金融危机必然会发生。

金融活动不确定性的自我进化，就是金融危机背后的故事及其根源。

既然沿着旧地图，找不到新大陆，我们不妨借鉴《原则》这本书提出的一个很好的解决方法——激进的开放，即多样化听取意见，实践极度开放。《原则》提到，封闭的人时常打断别人发言，开放的人则善于倾听和引导对方发言；封闭的人常说“我可能错了，但是我认为……”，开放的人知道何时陈述，何时提问；封闭的人不喜欢被挑战，开放的人永远保持好奇。

针对金融活动不确定性的自我进化，从金融监管的角度而言，如何面向超级不确定性时代的答案就是：极度开放和极度透明。

三、超级不确定性时代的保险发展

《原则》一书中有一句话非常精彩，“要么进化，要么去死；进化是宇宙中最强大的力量；它是唯一永恒的事情，它驱动着所有的一切”。不确定性在自我进化，但是我们发现可供选择的风险管理技术却没有自我进化。这是当前中国保险业面向未来需要思考并作出抉择的重要问题。

（一）问题 1：保险发展

人们在解决不确定性过程中，不确定性很可能不是减缓而是加剧……这句话同样适用于保险发展，大多数发展政策都是为了应对保险活动的不确定性，不可避免地会出现加剧不确定性进化的因素，包括环境的变化、政策的局限性、监管的博弈等。

面向超级不确定性时代，我们需要思考保险是作为一种风险管理技术存在的，“存在即合理”。黑格尔认为，宇宙的本原是绝对精神，它自在地具备着一切，然后外化出自然界、人类社会、精神科学，最后在更高的层次上回归自身。因此，凡是在这个发展轨迹上的就是合乎理性的，也就是必然会出现的、现实的。

（二）问题 2：寿险市场

对于寿险业，无论是资产驱动还是负债驱动，说白了背后都是“人口驱动”（保险密度）和“财富驱动”（保险深度）。我们发现进入2019年，“人口驱动”的“动能”正在“变向”，“财富驱动”的“动能”正在“衰减”。

因为人口老龄化（超过65岁的人口到2035年预计将超过3亿）、长寿风险（每三年中国居民平均寿命增加一岁）以及城市化进程和西式的生活方式（慢性病发病率上升）等，人口驱动的“动能”正在“变向”。

因为GDP增幅的放缓（人均可支配收入增幅放缓）、资产价格回归理性（资产缩水）以及社会养老医疗体制的变革等，财富驱动的“动能”正在“衰减”。

面向超级不确定性时代，寿险业未来的发展路径大概分为三步：第一步，从“人口驱动保险”迈向“保险驱动健康”；第二步，从“财富驱动保险”迈向“保险驱动财富”；第三步，借助“创新驱动”降低“人口驱动”的风险和“财富驱动”的波动。

（三）问题3：产险市场

产险之所以寂静，是因为我们过度依赖车险，导致产险生态体系已经被破坏，最终给产险公司带来不堪重负的“灾难”，我们用费用来驱动车险的发展，我们用遏制费用来驱动产险的发展，这无异于饮鸩止渴。

面向超级不确定性时代，对于产险市场而言，找到自己的生存法则，找到属于自己的溢价点，或许是提前结束这个“冬天”最好的办法。所谓“溢价点”，就是“头部占位”或“山头效应”。大“山头”大增长，小“山头”小增长，无“山头”不增长。

（四）问题4：中介市场

保险知识经济智能进化时代，我们不能替代消费者进行思考。如果我们思考得太多，难免变成了“虚伪”，甚至变成了“动机不纯”。我们替消费者思考太多的历史，导致保险演变成“保险概念”，保险急需回归“保险专业”。

面向超级不确定性时代，不妨重新读读笔者写的《知识经济智能进化时代的保险》，随着消费者保险认知的进化，保险中介业要保持持续不断的成长，唯有自我进化。

（五）问题 5：健康险市场

健康险最好的时代，注定也是最坏的时代！因为“二八定律”，健康险注定对于一些公司是“最坏的时代”；同时，我们也看到健康险的“长尾效应”，注定对于一些公司是“最好的时代”。

面向超级不确定性时代，2025年健康险年化保费2万亿元的市场是机遇更是挑战，因为我们面对的是健康风险的不确定性。

（六）问题 6：养老险市场

养老险成为整个社会养老产业链的一个节点，在这个链条里进行资源的配置，逐步实现养老产业链协同。在这个阶段，养老险可以围绕养老产业的配置和连接功能构建自己的生态，并让自己的生态融入整个“中国养老”大生态。

面向超级不确定性时代，2025年为参保人积累6万亿元养老保险责任准备金的市场是机遇更是挑战，因为我们面对的是保险投资和长寿风险的不确定性。

（七）问题 7：保险投资

2020年，是中国资本市场建立30周年，迎战2020年资本市场，我们要思考：“经济变好了吗？没有。拼命印钱了吗？不好说。经济转型升级顺利吗？被打乱。外部形势友好吗？一言难尽……”虽然2019年中央经济工作会议已经定调“稳”，却飞出了新冠肺炎这个“黑天鹅”，可能还不止这一只。

面向超级不确定性时代，在过去的10年，城市化加上过度举债，使得实物资产尤其是房地产成为中国资产配置的最大赢家。未来无论是都市圈的发展还是适度储蓄的回归，都意味着房价或从全面上涨转入结构性行情。新经济或将继续取代旧经济，居民或将减少举债增加储蓄，而金融资产或将优于实物资产。

（八）问题 8：保险改革

任泽平在《不要放过任何一次危机》一文中提到，近年中国在整顿吏治、治理雾霾、金融去杠杆、精准扶贫、对外开放等方面踏石留印，久久为功，政绩卓著。

同时，经济社会领域“疫”情频发，经济持续10年下行，先后遭遇2015年股灾，2018年中美贸易摩擦，2019年民营经济离场论、猪肉价大涨，2020年新冠疫情等重大挑战。暴露出一些政策“一刀切”层层加码、误伤民企中小企业、部分领域改革进程缓慢、民生投入不足、科技创新短板、舆论监督缺位、社会治理无序等问题。

这些问题具体到保险，同样值得深思。需提升保险业深层次体制机制改革的紧迫性，避免到处救火。面向超级不确定性时代，只有进一步深化保险业改革开放，才能通过市场活力来缓冲这些冲击，通过新的利益连接来消灭这些“黑天鹅”或“灰犀牛”。

（九）问题 9：保险定位

在国家层面，保险定位已经上升到“国家现代治理体系”“国家安全网”的高度，我们需要认真思考新保险的内涵。面对新冠肺炎的“黑天鹅”，保险到底做了什么？面对信贷风险的“灰犀牛”，保险如何助力金融体系安全？面对自然灾害的“黑天鹅”，巨灾保险能做什么……

面向超级不确定性时代，新保险不是简单的“互联网保险”，也不是简单的“金融科技赋能的保险”，而是“基于‘新科技+新经济+新社会+新思想’的保险”。

（十）问题 10：保险研究

谈到保险研究，200年来我们最大的研究范式就是“西学中用”，唯独缺少中国特色的保险研究范式。范式（Paradigm）的概念和理论由美国著名科学哲学家托马斯·库恩（Thomas Kuhn）提出，并在《科学革命的结构》（*The Structure of Scientific Revolutions*）中对其进行了系统阐述。

面向超级不确定性时代，我们需要重新思考中国保险业的研究范式并进行总结：一是中国保险业的哲学范式或元范式，即中国保险业的信念或者说形而上学思辨；二是中国保险业的社会学范式，即中国保险业的科学习惯、学术传统、科学成就等；三是中国保险业的人工范式或构造范式，即中国保险业依靠本身成功示范的工具、解疑难的方法等。

后疫情时代，保险业如何应对超级不确定性？这个问题的提出旨在为我们提供一种全新的视角，帮助我们面对“黑天鹅”或“灰犀牛”的挑战，并且突破自我设限的保险思维框架，重新审视当下保险业的境遇，将超级不确定性变为不确定性，将不确定性变为确定性，化挑战为机遇。

后疫情时代，更是超级不确定性时代。不确定性可以自我进化，人们在解决不确定性过程中，不确定性很可能不是减缓而是加剧……保险业何以解忧？唯有自我进化！正如德国哲学家马克斯·舍勒所说，“不适者生存，适者灭亡”。适者，通常是那些故步自封、不愿意接受新鲜事物和改变的人。唯有不适者（自我进化），才会为了生存而战。超级不确定性时代，自我进化者胜！

中国寿险业的“新世界”

一、后疫情时代，寿险业的“新世界”

我在《回顾中展望保险业，2020年之大时代》一文中顺着“新时代—大时代—新问题—新保险”的思路提出寿险业要学会面对这个“新世界”。

“新世界”思考于疫情之前，疫情带来的悠长假期里，我看了一部电视剧《新世界》，它非常冗长、拖沓，我看了几集就放弃了，没有看到

"旧世界走向新世界"，没有看到故事中的人物"如何面对一个新世界"。

《新世界》讲述了从象征旧世界的民国政府到象征新世界的新中国的跨越，讲述了金海、铁林、徐天三兄弟的命运转变，揭示了三个"世界"的沧桑巨变：皇权专制下的旧世界、军阀割据的旧世界和解放之后的新世界。

随着疫情好转，我开始思考"后疫情时代的保险业"，又想起了电视剧《新世界》。疫情过后也许就是一个"新世界"，中国经济转型之后也许就是一个"新世界"，中国寿险业高质量发展之后也许就是一个"新世界"。

《新世界》让人感受到：在一个时代的转折点，每一个人的选择都需要基于对时代变化趋势的判断，无论是看空还是看多，看远还是看近，看域外还是看域内，我们都要做出抉择，抉择我们认为的"新世界"。

寿险业"新世界"的背后是"新科技—新经济—新社会—新保险"。顺着新科技、新经济、新社会、新思想脉络，面对进行中的中国经济转型（新经济）和伴随形成的社会形态（新社会），以及浮现出的未来星球（新科技）和奇妙中的不确定性（新风险），我们需要厘清岔路中的文明路径选择（新文明）和思想中的未来旅程（新思想），只有这样才能逐步理解"新世界"下寿险的新商业模式、新商业逻辑、新商业文明。

后疫情时代，尽管寿险业的"新世界"仍笼罩在迷雾中，但在我们脑海中已经开始浮现出其整体的轮廓。我们是否可以松口气了？在开启寿险业的"新世界"之前，我们先来探讨几个问题。这几个问题没有厘清之前，我们无法做出抉择。

二、低利率环境下，寿险公司如何生存

2020年3月3日晚11点（北京时间），美联储将基准利率下调50BP，将超额准备金率（IOER）下调50BP至1.1%。随后，美联储主席鲍威尔召开记者招待会，强调此次降息获得联邦公开市场委员会（FOMC）的一致同

意，而且成员一致表示：未来将密切监察经济发展及其对经济前景的影响，并会运用相关工具，采取适当行动支持经济。

美联储紧急降息，超出预期，又属意料之内。新冠肺炎疫情对于全球主要经济体而言，都是一次大考，美欧日的内在经济问题在新冠肺炎疫情面前暴露，新一轮全球宽松浪潮呼啸而至，中国人民银行继续降息降准可能也为时不远了。

从美欧日上市保险公司股价走势可以看出，负利率对保险系统的负面影响是非常大的。此时，中国寿险业将经受低利率的挑战。

中国寿险市场历来对保障内容关注度不高，投资收益更受礼遇。寿险市场的快速发展是在经济高速增长时期，且伴随着高利率。当经济增长速度减缓时，通常伴随着低利率，就导致此前签订的含保证收益保单产生利差损。所以，当前中国寿险业利差损问题已经不可避免，合理的投资结构可减轻其影响。

过去三十年，发达国家基本都经历了经济发展减速、长期利率明显下降的过程，各国寿险行业也都曾受到利差损问题的困扰。回顾全球寿险行业发展历程，所有被迫倒闭的寿险公司都无一例外地受到了利差损问题的困扰，例如在日本，20世纪末以及21世纪初，7家寿险公司都是因为严重利差损而不得不宣告倒闭。

低利率环境下，寿险公司如何生存？对于存量业务，也许只有保持“合理的投资结构”这一办法，并且要关注现金流和流动性。对于新增业务，也许要考虑“不破不立”这一条建议，并且要关注现金流和流动性。

三、超级不确定性下，寿险公司如何生存

新冠肺炎会在多大程度上影响全球经济？尽管现在还说不清，但其发展态势已引发全球市场担忧。最近一段时间，中国以外地区确诊病例迅速

上升，尤其是“无接触感染源”的病例越来越多，给全球经济增长蒙上了巨大的“不确定”阴影。

2020年3月2日，经济合作与发展组织（OECD）发布最新世界经济展望报告，将2020年全球经济增速预期从2.9%下调至2.4%。6月10日，OECD发布最新世界经济展望报告，再次下调全球经济预期，预计2020年全球经济将出现6%的下降，如果新冠肺炎疫情出现第二次暴发，将下降7.6%。OECD首席经济学家劳伦斯·布恩（Laurence Boone）警告称，在新冠肺炎疫情全球暴发风险下，世界经济处于自2008年金融危机以来最不稳定的状态。

新冠大流行是史无前例的全球性健康危机，它引发了近一个世纪以来最严重的经济衰退，并给人们的健康、工作和生活造成了巨大损失。当前大多国家政府通过采取封锁措施成功减缓了病毒的传播速度，并减少了死亡人数，但也冻结了许多商业活动、扩大了社会不平等、扰乱了教育并破坏了人们对未来的信心。

新冠肺炎疫情改变了全球经济的节奏，中国最早受到新冠肺炎疫情冲击，也有望最早摆脱新冠肺炎疫情，这是2008年金融危机之后中国经济的第一次出清；随着新冠肺炎疫情的全球大面积暴发，中国经济已经开始出现第二次出清的风险，所以2020年关于中国经济的走势不确定性还很大。

随着多国的限制政策开始放宽，OECD认为全球经济复苏的道路仍然高度不确定，容易受第二波感染高峰影响。OECD发布的最新世界经济展望报告关注了两种可能的情况：一种是在2020年底之前发生第二波感染高峰，各国重新开始采取封城等措施；另一种是全球避免了另一次疫情的大暴发。

一旦发生第二波新冠肺炎疫情感染高峰，中国经济将出现第三次出清的风险。另外，从长期全球经济增长的角度来看，预计在不确定性持续高企和全球化步伐放缓的背景下，投资低迷将限制资本深化，技术和思想的传播受阻也将抑制生产力增长，这些都将削弱长期全球经济的潜在产出。

超级不确定性下，寿险公司如何生存？要保持高度警惕，既要高度警惕“黑天鹅”，也要防范“灰犀牛”，着力防范化解金融风险，特别是利差损风险。超级不确定性下，寿险公司如何生存？要坚持底线思维，要以“确定性”应对“不确定性”。对外部环境的不确定性，要保持足够的敬畏；对内部系统的不确定性，要保持足够的警惕。

四、后疫情时代，寿险业的生存法则

新冠疫情的突如其来，无异于寿险业原本长期高利率驱动、人口红利变向、财富驱动衰减的“灰犀牛”背上飞来一只“黑天鹅”。当前经济处于超级不确定性状态，但低利率环境却是现实，寿险业内生动能不足，叠加疫情冲击，可能对寿险业带来中长期风险。

“黑天鹅”之父、“不确定性四部曲”（《随机漫步的傻瓜》《黑天鹅》《随机生存的智慧》《反脆弱》）作者纳西姆·尼古拉斯·塔勒布说：“我从小在战火纷飞的黎巴嫩长大，风险对于我来说，意味着在每天吃晚饭的时候，我不知道白天和我一起踢球的小伙伴还能活下来几个人。”

风险随时存在，一切都充满不确定性。后疫情时代，我们要重温这个古老话题：人类如何应对危机？极端环境或许正是一个契机，让我们重新思考寿险的本质和寿险的生存法则。

（1）生存法则一：疫情的一次性冲击终会结束，但巨大的经济代价和社会成本以及对全社会心理冲击带来的影响会持续，甚至成为经济结构和社会治理创新变革的催化剂；寿险业要从新“危”中找先“机”。

（2）生存法则二：疫情暴发后，老百姓对银行网点的依赖正在急剧衰减，开始转向网上银行，银行保险没有了销售的场景；银行保险要先破后立。

（3）生存法则三：疫情暴发后，1200多万代理人“宅”在家中，缺少了“鸡血”的代理模式开始无从下手；传统寿险业务要浴火重生。

（4）生存法则四：疫情蔓延后，把互联网保险再一次推上了风口浪尖；寿险业要认真思考此互联网保险非彼互联网保险。

（5）生存法则五：面对投资环境的不确定性和利率的下降，存量业务利差损已成事实，要做好资产配置，新增业务要做好资产负债匹配；寿险公司要关注现金流和流动性。

（6）生存法则六：后疫情时代，寿险业的“新世界”需要我们进行抉择：资产驱动、负债驱动、资产负债驱动？代理人驱动、银行驱动、互联网驱动？风险驱动、健康驱动、财富驱动？寿险业要找到新商业模式、新商业逻辑、新商业文明。

生存法则有很多，但活下来意义却相对简单。寿险业要认真领会诺贝尔经济学奖获得者席勒这句话的真谛：“金融并非为了赚钱而赚钱，它的存在是为了帮助实现社会的目标。如果金融不负众望，那么它就是帮助我们实现好社会的最佳手段。”

后疫情时代，对于中国寿险业来说，不要再沉溺于过去的痛苦，理性面对现实和大势所趋，放下过去，积极拥抱新世界，付诸行动，积极转型。从旧世界走来，谁都有路径依赖，谁都有畏难情绪，要活下去，所能做的只有积极拥抱新世界。

中国产险业的“大时代”

一、后疫情时代，保险业的“大时代”

后疫情时代，是超级不确定性时代，是知识经济智能进化时代，保险业正处于“三个时代”叠加的“大时代”（所谓三为大）。顺着“新时代—大时代—新问题—新保险”这个思路，保险业要积极应对这个“大时代”。

《大时代》，1992年10月5日开播，该剧以20世纪60年代至90年代的香港金融市场为背景，通过两个家庭、两代情仇，展现名利与人性的纠缠。

已经记不清什么时候看了这部电视剧，更记不清什么时候开始尝试去理解“大时代”。但是我们都知道，1992年邓小平南方谈话极大地推动了我国改革开放的进程，成为中国特色社会主义建设道路上的一座里程碑，更成就了一代人的大时代——“92派”。

“92派”是指1992年邓小平南方谈话后成长起来的一批企业家，泰康集团董事长兼CEO陈东升是“92派”这个名词的发明者。“92派”企业家是反映中国改革进程的一个重要群体，《九二派》（陈晓守）一书记录了这代企业家的理想与商道，也记录了保险人陈东升的“道”。

一代人的大时代，更是保险人的大时代。保险公司从1992年的3家（中国人民保险公司、中国太平洋保险公司、中国平安保险公司）增长到2019年的231家。

231家保险机构主体中，包括保险集团公司13家、保险资产管理公司26家、寿险公司91家、产险公司88家、再保险公司13家（其中中资6家、外资7家）。

一个时代有一个时代的问题，一代人有一代人的使命。“231”是昨天的“大时代”，是今天的“大时代”，是明天的“大时代”；“231”是昨天一代人的使命，是今天一代人的使命，也是明天一代人的使命。

所谓“道生一，一生二，二生三，三生万物”（《道德经》），三个时代叠加的“大时代”下保险业如何面对“万物节点、万物感知、万物智能、万物互联”的“新世界”？又如何学道、明道、悟道、修道、得道（道家谓顺应自然、与道合一的境界）？

后疫情时代，是超级不确定性时代，是知识经济智能进化时代，三个时代叠加的“大时代”会带领中国保险业走向何方？我们要重温这个古老话题：中国保险业的“道”。产险业作为现代保险业的起源（现代保险源于海上保险），肩负寻找“道”的使命，因为“道”是宇宙万物的本原。

二、超级不确定性下，人类如何应对危机

人类如何应对危机？极端环境或许正是一个契机，有助于我们重新思考保险的本质和保险生存法则——保险的“道”。

现代保险起源于海上保险。1384年，世界上第一份具有现代意义的保险单在意大利的佛罗伦萨诞生，这份保险单承保一批货物从法国南部的阿尔兹运到意大利的比萨；在这张保单上，有明确的保险标的、明确的保险责任等内容。

600多年已经过去，600多年前的世界，离现在已经很遥远。人类面对的危机（风险）已经发生变化。

比如，当下的十大全球性危机：大规模杀伤性武器的扩散、全球污染的威胁、生物多样性的丧失、病毒的威胁、海洋系统的崩溃、森林砍伐、人口过剩、缺水、能源危机、饥饿和贫困。

再比如，目前影响全球的十大环境问题：气候变暖、臭氧层破坏、生物多样性减少、酸雨蔓延、森林锐减、土地荒漠化、大气污染、水体污染、海洋污染、固体废弃物污染。

2019年已经过去，2019年的世界，离现在好像也已经很遥远。人类面对的危机（风险）每天都在发生变化。

2020年1月6日，美国国际政治风险评估机构欧亚集团发布了2020年全球风险报告。报告认为，2020年全球十大政治风险分别为：美国内政、美

中科技脱钩、美中关系、跨国公司面临政治上的压力、印度、欧洲、气候变化、美国对中东什叶派穆斯林为主的国家政策失败引发区域不稳定、拉美民众的不满情绪以及土耳其内政。

2020年2月26日，全球知名科技媒体《麻省理工科技评论》发布了2020年“全球十大突破性技术”，包括防黑互联网、超个性化药物、数字货币、抗衰老药物、人工智能发现分子、超级星座卫星、量子优越性、微型人工智能、差分隐私、气候变化归因。

综上，“大时代”正面临三大类不确定性：全球政治经济形势的不确定性、全球气候环境变化的不确定性、全球科技创新发展的不确定性。

新冠肺炎疫情在全世界拉响了警报，疫情、天灾、战争等“黑天鹅”事件随着人类社会的纵深发展将会变得越发难以确定。这些不确定性已经演化为系统性不确定性，即超级不确定性。

超级不确定性下，人类如何应对危机？显然，此时风险不再局限于对个体的影响，而是对一个群体的影响，其影响范围之广、损失程度之大，已经超出人们的预期。巨灾保险是目前人类应对系统性风险（巨灾风险）的重要手段之一。巨灾风险是指因重大自然灾害、疾病传播、恐怖主义袭击或人为事故而造成巨大损失的风险。相应地，巨灾保险是为应对巨灾风险而设计的一种保险制度。

超级不确定性下，人类如何应对危机？除了巨灾保险之外，还有巨灾债券，是通过发行收益与指定的巨灾损失相联结的债券，将保险公司部分巨灾风险转移给债券投资者。巨灾债券，只是保险公司分散自身风险的一种形式；相比于巨灾债券，保险公司更喜欢通过再保险分散自身风险。

超级不确定性下，人类如何应对危机？巨灾保险、巨灾债券等也许并不能“治本”，我们还要回归保险的本原，重新思考保险的本质和保险生存法则——保险的“道”。

三、超级不确定性下，产险公司的风险

“大时代”正面临三大类不确定性：全球政治经济形势的不确定性、全球气候环境变化的不确定性、全球科技创新发展的不确定性。这些具体到产险公司，都是“黑天鹅”，稍有不慎就可能演化为“灰犀牛”。

（一）流行病“黑天鹅”

第一章中“保险业要做什么”部分谈到，全球性流行病风险激增，发生频率和严重性明显增加，导致的直接经济损失和间接经济损失越来越大，正在从“黑天鹅”转为“灰犀牛”。

新冠肺炎疫情的暴发，已经在短期内给我国人民的正常生活、社会活动特别是生产活动带来了巨大影响，经济损失是巨大的。2020年3月5日，在国务院联防联控机制举行的新闻发布会上，财政部副部长许宏才介绍，截至3月4日，各级财政共安排疫情防控资金1104.8亿元，已经使用714.3亿元，未使用390.5亿元。然而，最大的经济损失还是疫情防控导致的生产经营停顿带来的间接损失。

第一章中，笔者初步预测新冠肺炎疫情的直接经济损失将超过1万亿元，间接经济损失将超过4万亿元，总体损失将超过5万亿元，新冠肺炎疫情对2020年GDP的影响在0.5%左右。同时，面对新冠肺炎疫情5万亿元的损失，预计保险业赔付比例不会超过0.2%，即100亿元。

（二）自然灾害“黑天鹅”

2008年9月4日，国务院新闻办公室就四川汶川地震及灾损评估情况举行新闻发布会，国家汶川地震专家委员会副主任史培军介绍，根据调查评估，汶川地震造成直接经济损失8451亿元，其中四川占到总损失的91.3%，甘肃占58%，陕西占2.9%；截至9月4日12时，四川汶川地震已确认69226人遇难，374643人受伤，失踪17923人。

汶川大地震直接经济损失是8451亿元，保险只赔了20多亿元，占比是0.2%，还不到1%。在国际上，巨灾保险赔款一般占到灾害损失的30%~40%，但我们还不到1%。

“我国70%以上的城市位于地震区”“未来50年，我国东部经济发达、人口稠密的地区发生一次七级以上的大地震，几乎是一个必然的事件”“唐山大地震若重演，损失将达到20万亿元”等叙述绝不是危言耸听，我们是否已经做好相应的灾难恢复计划？

（三）战争“黑天鹅”

2020年1月3日，伊朗高级将领苏莱曼尼被美国无人机袭杀；5天后，伊朗军方误击乌克兰民航客机。全球政治局势的不确定性导致战争一触即发，战争这个重磅“黑天鹅”一旦飞出，对于全球经济来说将是灾难性的打击。

前面谈到，新冠肺炎疫情下的出口信用保险、农业保险、生命科学保险等，对于产险公司来说，可能是一只“黑天鹅”，也可能是一头“灰犀牛”。

超级不确定性下，产险公司的风险正在累积，如何保证自己的生存成了问题。

物理学上有个“测不准”理论，意思是凡是非线式运动和超常规变化的物体，都有“测不准”的极大可能性。有时测对了开始，测错了结果；有时测对了两头，测错了过程。“测不准”的客观现实无疑为“黑天鹅”的横空出世埋下了伏笔、提供了空间。

大数法则是现代保险业得以建立和发展的基础，所以一定是“测不准”的。既然“测不准”，我们就需要回到事物本身，回到风险本身，这正是超级不确定性下产险公司的“道”。

四、超级不确定性下，产险公司的“道”

超级不确定性下，产险公司的“道”就是回到风险本身；只有回到风险本身，才能找到生存法则。

回到风险本身，我们首先需要了解风险发生的原因，然后才能采取相应的风险管理技术。目前，有很多关于事故发生原因的研究，这些研究为分析某一特定事故的原因提供了一个框架。通过分析过往事故的原因，产险公司风险管理专家可以选择和实施风险控制的措施以预防未来事故的发生或减轻将要发生的事故的严重程度。

超级不确定性下，产险公司的“道”在于重温以下的理论或方法：多米诺理论、一般控制理论、能量破坏性释放理论、TOR方法、系统安全方法等。这些理论或方法从不同的角度阐述了如何对事故进行分析，没有一种理论或方法是最优的或处处可用的。然而，产险公司风险管理专家可以把这些理论或方法作为一种工具来分析事故发生的原因。

（一）生存法则一：多米诺理论

多米诺理论（Domino Theory），是一种事故原因分析方法，其假设事故的发生是一系列事故因子连续作用的结果。这一理论的创始者是海因里希（H. W. Heinrich），一位工业安全的倡导者，他认为导致事故发生的一系列因素包括血统和社会环境、人的过失、不安全行为和/或机械的或物理的危险、事故本身、最终伤害。

海因里希用五张骨牌分别代表这五种因素，并且强调每一事故的发生都开始于个人不良的出身或社会环境，并最终以伤害或疾病结束。他还认为，正是各个阶段的连续作用和相继发生构成了意外伤害的整个过程，因此消除前面四环中的任何一个，即可避免伤害。

（二）生存法则二：能量破坏性释放理论

能量破坏性释放理论（Energy Transfer Theory）是一种事故原因分析方法，认为事故的发生是由于能量的释放影响到了包括生物在内的客体，而且其释放的数量或速度超出了这些客体所能承受的范围。

这一理论是由威廉·哈登（William Haddon）提出的，他认为事故的根本原因在于无法控制的破坏性能量。因此，要预防事故的发生或减轻其损害，需致力于控制能量的释放或试图减轻能量释放所造成的危害。

（三）生存法则三：一般控制理论

一般控制理论（General Methods of Control）强调是不安全状态而非不安全行为导致了工作场所的伤害和疾病。该理论识别了11种控制工业伤害和疾病的方法，欠缺这些控制方法中的一种或几种将会导致工业事故发生，从而造成伤害和疾病。这些方法或方法的组合可以应用于风险源、风险源与暴露于风险中的员工之间的路径，以及员工本人。

（四）生存法则四：TOR 方法

TOR（Technique of Operations Review）方法认为事故的发生是由管理失误造成的。

著名的安全咨询顾问丹·彼得森（Dan Petersen）对工厂事故做了如下评述：根本原因通常与管理系统相关，可能起因于管理的政策和流程、监督及其有效性、培训……某些根本原因可能是检查程序不足、管理方法欠缺、权责不明确（监督者对其责任不甚明了……）以及监督不力或员工培训不足。

（五）生存法则五：系统安全方法

系统安全方法（System Safety Approach）的基本观念是每个组织、组织中的每一项业务和整个经济都是由相互关联的要素所构成的系统，若系统中的某一要素失灵就会发生事故。系统安全方法预测了故障发生的方式，以便采取适当的行动预防故障或减轻其后果。

后疫情时代，是超级不确定性时代，是知识经济智能进化时代，保险业正处“三个时代”叠加的“大时代”。所谓“道生一,一生二,二生三,三生万物”，三个时代叠加下的保险业如何面对“万物节点、万物感知、万物智能、万物互联”的“新世界”？又如何学道、明道、悟道、修道、得道？产险业作为现代保险业的起源，肩负寻找“道”的使命，因为“道”是宇宙万物的本原。

中国健康险的“创世纪”

一、后疫情时代，健康险的“创世纪”

《新世界》《大时代》之后，又想起了看过的电视剧《创世纪》，分为两部:《创世纪1：地产风云》和《创世纪2：天地有情》；故事从过去时、现在时、未来时三个视角进行了展开。

《圣经》开篇之作（第一卷书）是《创世纪》，又名《创世记》，介绍了宇宙的起源（起初神创造天地）、人类的起源（神创造了亚当和夏娃）和犹太民族的起源，以及犹太民族祖先生活足迹。

电视剧和书不再多说，寿险业的“新世界”和产险业的“大时代”之后，再来谈谈中国健康险的“创世纪”。

目前，中国健康险市场保持了高速增长。健康险保费收入从2000年的65亿元增加到2019年的7066亿元，年均增长率达到30%，成为中国保险业高速发展的重要动能。

2020年1月23日，中国银保监会联合发展改革委、财政部、人力资源和社会保障部、卫生健康委、医保局等13部门印发了《关于促进社会服务领域商业保险发展的意见》（银保监发〔2020〕4号），提出扩大商业健康保险供给，力争到2025年商业健康保险市场规模超过2万亿元。

2020年3月5日，《中共中央　国务院关于深化医疗保障制度改革的意见》印发，改革发展目标部分提出："到2030年，全面建成以基本医疗保险为主体，医疗救助为托底，补充医疗保险、商业健康保险、慈善捐赠、医疗互助共同发展的医疗保障制度体系。"这进一步明确了保险在国家医疗保障制度体系中的定位。

从2019年的7066亿元增长到2025年的2万亿元，年均增长接近20%。可见，中国健康险市场正在"创世纪"。

二、健康险"创世纪"十个主线

健康险"创世纪"故事能否讲好，关键是我们能否找到故事的主线。故事主线就是贯穿整个故事的主要线索思路，我们不妨思考这十条主线：健康风险、健康科技、健康数据、健康服务、健康生态、健康沟通、健康运营、健康创新、健康科学、健康保险。

一般文艺作品有主线内容，也有副线内容，副线是在整本小说主要线索的发展中，发生的分支线索思路。一个故事至少得有两条线，一条主线和一条副线，主副线交织，能有效控制节奏，一张一弛才是文武之道。

顺着健康风险、健康科技、健康数据、健康服务、健康生态、健康沟通、健康运营、健康创新、健康科学、健康保险等线索，我们一定能讲好健康保险2万亿元的故事。

（一）健康风险，不请自来

健康风险（Health Risk，HealRisk），是指存在的若干风险中作用于人的身体、影响人的健康的一种风险；具体指在人的生命过程中，因自然、社会和人自身发展的诸多因素，导致人出现疾病、伤残以及造成健康损失的可能性。

人生中有三大风险，谁都无法逃避：意外总是突如其来，疾病总是不请自来，养老总是如期而来。另外，“保险业要做什么”部分谈到，全球性流行病风险激增，发生频率和严重性明显增加，导致的直接经济损失和间接经济损失越来越大，正在从“黑天鹅”转向“灰犀牛”。

后疫情时代，是超级不确定性时代，是知识经济智能进化时代，对于“不请自来”的健康风险，要做好健康风险评估。

健康风险评估（Health Risk Appraisal，HRA）是一种方法或工具，用于描述和评估某一个体未来发生某种特定疾病或因为某种特定疾病导致死亡的可能性。这种分析的目的在于估计特定事件发生的可能性，而不在于做出明确的诊断。健康风险评估主要是对个人的健康状况及未来患病、死亡危险性的量化评估。

（二）健康科技，迎面而来

健康科技（Health Technology，HealTech），相对于银行科技、保险科技而言，是一个范围更大的概念，不是简单地在“金融科技上做健康险”，更准确地说，是在金融科技下，通过新的底层技术、新的路径思维对传统健康险的各项业务、流程进行“破坏性”创新。

我国的健康产业是一个较为复杂的生态系统，涉及政府、消费者、保险公司、医疗机构、健康科技公司等。在健康产业的不同服务类型中都出现了依托金融科技的创新型企业，正在解决健康险的各种痛点。

后疫情时代，是超级不确定性时代，是知识经济智能进化时代，对于“迎面而来”的健康科技，要做好健康科技研发。

健康险的发展需要一个基于金融科技的系统或工具——健康科技，可以确保健康险运营的各个环节都是畅通的，这样才能很好地保证各个环节的客户需求都能被满足。

（三）健康数据，量化而来

健康数据（Health Data，Heal Data），是指健康产业的大数据（Big

Data）和小数据（Small Data）。无论是大数据还是小数据，正在逐渐渗透人们的生活，健康数据正在影响甚至取代我们原有的健康知识生产方式和认知框架，而其中一个非常重要的趋势，就是量化自我（Quantified Self）。

量化自我，是指运用技术手段，对个人生活中有关生理吸收（Inputs）、当前状态（Status）和身心表现（Performance）等方面的数据进行获取，也可称作自我跟踪（Self-tracking）、自我分析（Auto-analytics）等。

后疫情时代，是超级不确定性时代，是知识经济智能进化时代，对于“量化而来”的健康数据，要做好健康数据评估。

健康数据，是量化自我的基础，标志着社会化的个体开始主动运用数据的方式认识自我的健康，预示着人类健康认知领域全面数据化的开始。

健康数据，通过收集个体小数据，再通过情境感知和意识感知连接大数据，进行量化自我的分析，使未来的生活产品具有智能化的特性。轻量化、便携化、可移动性、自我收集数据、实时收集数据的需求显得日益重要。互联网与物联网、大数据与小数据、人工智能与生命科学等信息环境下，交互设计的交互对象从大数据转变成了小数据的智能化人生。

（四）健康服务，有机而来

健康服务（Health Service，HealServ），又称健康管理、健康管理服务等，是指以健康管理科学为指导，运用大数据、人工智能、健康医学、健康管理等相关学科的理论、技术和方法，对个体或群体健康状况及影响健康的危险因素进行全面连续的检测、评估和干预，实现促进健康和生命质量的目标的新型医学服务过程。

后疫情时代，是超级不确定性时代，是知识经济智能进化时代，对于“有机而来”的健康服务，要做好健康服务管理。

未来的健康服务以“健康管理科学”为基础，而健康管理科学的工具是人工智能、大数据等。人工智能方法的引入一方面极大地推动了这一进程，另一方面使得基于个体中心医疗的模式成为未来模式——“智能健康服务”。

智能健康服务是健康服务与人工智能、大数据等新一代信息技术融合形成的未来健康服务模式，主要是为了应对已经到来的“有机社会”。

（五）健康生态，集聚而来

健康生态（Health Ecology，HealEco），又称健康产业生态，是指健康产业各要素之间相互影响、相互制约，并在一定时期内处于相对稳定的动态平衡状态。健康产业涉及医药产品、保健用品、营养食品、医疗器械、保健器具、休闲健身、健康管理、健康保险、健康咨询等多个与人类健康紧密相关的生产和服务领域。

后疫情时代，是超级不确定性时代，是知识经济智能进化时代，对于“集聚而来”的健康生态，要做好健康生态布局。

结合最近几年健康险以及健康产业的发展，预计2020年健康险保费收入将接近1万亿元，健康产业总产值将接近10万亿元。

机遇在我们对健康险产业链的认知上，要从点、线、面、体四个维度思考健康保险的着力点，逐步打造健康资源驱动、健康产品驱动、健康产业驱动、健康生态驱动的大健康产业生态体系。

（六）健康沟通，诚信而来

健康沟通（Health Communication，HealCom），是指人们分享健康保险知识、服务和理念的过程。

不同人生阶段，有不同的健康风险、有不同的财务状况、有不同的保险知识结构，通过健康沟通实现健康保险产品的转化是一个优化求解的过程……

后疫情时代，是超级不确定性时代，是知识经济智能进化时代，对于“诚信而来”的健康沟通，要奠定良好基础。

面对健康保险的复杂性，为解决信息沟通障碍需打造健康沟通漏斗模型，通过用户吸引、产品对比与差异化、专业知识转化、个性化产品与服务提供、业务流程电子化、用户身份确认等多个方面，解决健康保险的流量阻碍、认知阻碍、信任阻碍、获得阻碍、理解阻碍、价值阻碍、长期障碍等。

（七）健康运营，整合而来

健康运营（Health Operations，HealOp），是指对健康保险经营过程的计划、组织、实施和控制，是与健康保险服务创造密切相关的各项工作的总称。

从健康保险经营活动的特征来看，一切运营活动都是为健康保险经营目标服务的。虽然运营活动可以根据不同的职能划分为不同的环节，如产品开发、销售、核保、客户服务、理赔、投资和再保险等，但这些环节并不是相互独立的，它们共同构成了健康保险研发产品或提供服务的“流水线”。

后疫情时代，是超级不确定性时代，是知识经济智能进化时代，对于“整合而来”的健康运营，要做好健康运营布局。

为此，要抓住数字化机遇在保险价值链中的涌现，抓住互联网用户需求对保险价值链的重塑，关键能力要求主要体现在优质客户体验、完善的风险控制和高效、便利的系统/工具方面。好的体验需要在承保环节减少客户的沟通成本，快速完成作业，还需要在理赔端满足客户对方便快捷及服务的诉求。

（八）健康创新，变革而来

健康创新（Health Innovation，HealInn），是指以现有的思维模式提出有别于常规或常人思路的见解，利用现有的健康知识和健康产业，在“健康中国2030”这个大环境下，本着理想化需要或为满足社会需求，而改进或创造新的事物、方法、元素、路径、环境，并能获得一定有益效果的行为。

后疫情时代，是超级不确定性时代，是知识经济智能进化时代，对于“变革而来”的健康创新，要做好健康创新体系研究。

创新的理念最早来源于约瑟夫·阿洛伊斯·熊彼特的创新理论，除了对创新的界定，他还界定了新的生产函数。新的生产函数的建立过程就是企业家对企业要素进行重新组合的过程。其中包括几个方面：第一是新的产品；第二是新的技术或者新的生产方法的应用；第三是新的市场的开辟；第四是对新的材料、原材料的供应来源的发展和掌握。这几个方面都是支撑相互保险创新的重要构成。

如果抛开物理上时间与空间的维度概念，从对要素进行重新组合的角度去谈健康保险创新，可以从以下几个维度入手：产品和服务、平台、解决方案、消费者、消费者体验、价值获取、流程、组织、供应链、渠道、网络、品牌等。

（九）健康科学，未来已来

健康科学（Health Science，HealSci），是应用科学的一个分支，旨在运用生命科学及相关科学技术知识解决与人类健康风险有关的问题。

生命科学是以生命为研究对象的科学，是基于对生命现象的观察和实验的庞大的生命科学体系；既研究各种生命活动的现象和本质，又研究生物之间、生物与环境之间的相互关系，以及生命科学原理和技术在人类经济、社会活动中的应用。

后疫情时代，是超级不确定性时代，是知识经济智能进化时代，对于“未来已来”的健康科学，要做好健康科学研究。

我们要了解趋势：重新回到健康管理科学的定义，即“以健康和生命质量为目标，基于科学思维和量化方法，进行全尺度和全生命周期相关资源的配置、优化和管理”；重新定义健康科学背后所内含的要素及影响（理论：健康理论基础；应用：健康规划、精准医学、高性能医学；工具：数学、系统论、信息论、控制论、大数据、人工智能；影响：健康保险将演变为配置健康资源的工具）。

（十）健康保险，鉴往知来

健康保险（Health Insurance，HealIns），是以人的身体为对象，补偿被保险人因疾病或意外事故受伤害时产生的费用或损失的一种保险。

近年来，健康险虽然取得了长足发展，但健康险业务流程各环节中存在一些待解决痛点，主要集中在产品开发、产品营销、产品销售、承保/核保以及理赔/客服/医疗网络等方面。这些痛点的解决，需要金融科技的赋能，特别是大数据、人工智能等技术的应用。

后疫情时代，是超级不确定性时代，是知识经济智能进化时代，对于“鉴往知来”的健康保险，要做好相应研究。

面对如此巨大的市场，我们不得不思考“什么决定中国健康险的未来”。基于“健康风险漏斗模型+健康沟通漏斗模型+健康数据漏斗模型+健康集聚漏斗模型”所打造的四位一体“未来健康漏斗模型”，我们才能透过健康险的“疯狂”领悟那摄人的冷静与理性，才能成就未来健康险的无限可能（见图3-2）。

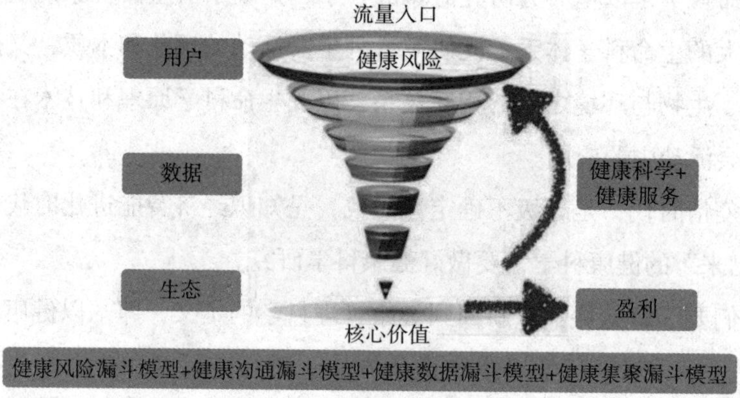

图 3-2　健康险价值模型

后疫情时代，是超级不确定性时代，是知识经济智能进化时代。顺着健康风险、健康科技、健康数据、健康服务、健康生态、健康沟通、健康运营、健康创新、健康科学、健康保险等十条故事主线，我们一定能讲好健康保险2万亿元的故事。

第四章
后疫情时代（二）

中国意外险的“大变革”

一、《意外险改革意见》的解读

2020年3月5日，中国银保监会下发《关于加快推进意外险改革的意见》(银保监办发〔2020〕4号)；同日，银保监会有关部门负责人就《关于加快推进意外险改革的意见》答记者问。

为了贯彻落实《关于加快推进意外险改革的意见》(以下简称《意外险改革意见》)，银保监会办公厅同时下发了《关于明确意外险改革任务分工和时间安排的通知》(银保监办便函〔2020〕216号)，就13项改革任务明确了牵头部门、配合部门和完成时间。

“意见”，一般适用于对重要问题提出见解和处理办法的公文由意见的原因、见解和事项组成。意见的原因，即写意见的根据，主要写当前存在的问题和解决这些问题的必要性；意见的见解和事项，即围绕核心问题提出见解和解决的办法。

《意外险改革意见》指出，意外险改革的原因是：“意外险市场基础薄弱，定价机制科学性不强，销售行为不够规范，功能和作用发挥不够充分，与现代保险服务业的要求不相适应。”意外险改革的见解包括：“到

2020年底，意外险费率市场化形成机制基本建立，发展环境持续优化，产品供给更加丰富。到2021年底，意外险费率市场化形成机制基本健全，标准化水平明显提升，市场格局更加规范有序，服务领域更加广泛，广大群众更加认可。”意外险改革的办法是：“推进市场化定价改革；强化市场行为监管；夯实发展根基。”共12条举措。

意外险，是以被保险人因遭受意外伤害造成死亡、残废为给付保险金条件的人身保险。相对来说，意外险是一个比较简单的险种。

我们不禁反问：银保监会为什么就意外险这个“小险种”单独颁发一个“改革的意见”？笔者印象中类似的文件有《关于深化商业车险条款费率管理制度改革的意见》《关于深化保险中介市场改革的意见》《关于坚定不移推进保险营销员管理体制改革的意见》等。可见意外险当前存在的问题之大。我们要深化意外险改革的必要性与紧迫性，并认识到意外险改革的重要性。

二、《意外险改革意见》的背景

2019年，保险业实现保费收入共42645亿元，提供保险金额共6470.04万亿元；其中意外险保费收入共1175亿元，提供保额共2824.62万亿元，保费占比2.76%，保额占比43.66%。这就是意外险的重要意义，一个保费占比不足3%的险种提供了接近50%的保险金额。

图4-1给出了2016—2019年意外险保费占比和保额占比情况，说明了意外险对于保险行业发展的意义。

2019年，意外险实现保费收入共1175亿元，承保件数共135.36亿件，单均保费共8.68元；按照2019年总人口14亿计算，人均支付保费共83.94元，人均意外险保单件数共9.67件。可见，意外险已成为人们日常生活中的一个重要险种。

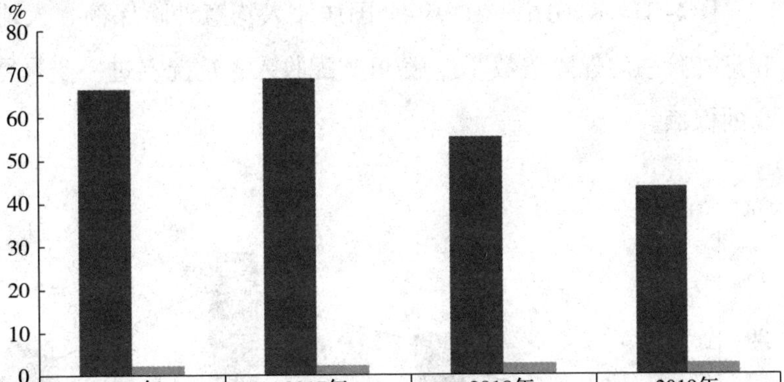

	2016年	2017年	2018年	2019年
■意外险保额占比	66.42	69.04	65.22	43.66
■意外险保费占比	2.42	2.46	2.83	2.76

图 4-1　2016—2019 年意外险市场情况

图4-2给出了2018—2019年意外险单均保费和人均意外险件数等情况，进一步说明了意外险对于保险行业发展的意义。

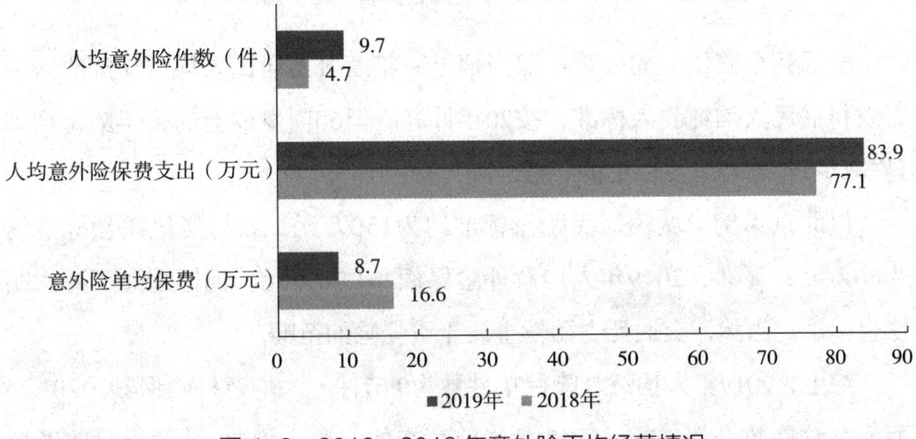

图 4-2　2018—2019 年意外险平均经营情况

2019年，意外险实现保费收入共1175亿元，提供保额共2824.62万亿元，单均保额20.87万元；按照2019年总人口14亿人计算，人均保额为201.76万元。可见，意外险已为人们面临的意外风险提供了高额保障。

图4-3显示2016—2019年全国居民人均意外险保额、人均可支配收入和意外险平均保障倍数（保额/可支配收入）情况，进一步暴露了意外险虚高的保额。

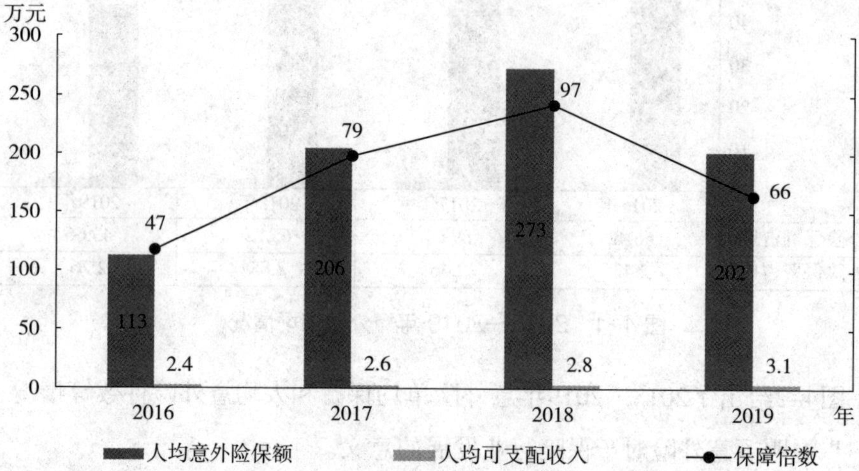

图 4-3　2016—2019 年全国居民意外险平均保障倍数

交通死亡赔偿金的计算按照当地上一年度城镇居民人均可支配收入或者农村居民人均纯收入标准，按20年计算。但60周岁以上的，年龄每增加1岁减少1年；75周岁以上的，按5年计算。

以北京为例，城镇居民赔偿标准约为150万元，农村居民赔偿标准约为60万元；显然，2019年人均意外险保额201.76万元，远远超过了死亡赔偿金标准。当然，交通死亡赔偿金属于责任险的范畴。

综上，2019年人均意外险保单件数为9.67件、人均意外险保额为201.76万元，这些数据都暴露了意外险当前存在的问题。因此，《意外险改革意见》要解决意外险数据失真或虚高问题，建议采取如下措施：

一是对于意外险的数据统计按照年化数据进行计算或者按照存量保单数据进行计算（类似于寿险公布存量保单保额）。

二是对于意外险附加的一些不属于意外险本身保障范围的内容，剔除所谓的“意外险+服务”中的“服务”部分。

三是对于一些不属于意外险的创新险种进行梳理，将这些险种重新定义为其他险种。

“2019年人均意外险保单件数为9.67件、人均意外险保额为201.76万元”这样的数据，显然不利于国家作出正确的决策。

三、《意外险改革意见》的格局

这不仅涉及产寿格局，也涉及公司格局，对于这个最能彰显保险价值的险种，目前的市场格局又如何呢？

图4-4给出了近20年寿险公司和产险公司意外险市场占比情况，可以看出寿险公司略胜一筹，但是这种差距在逐步缩小。

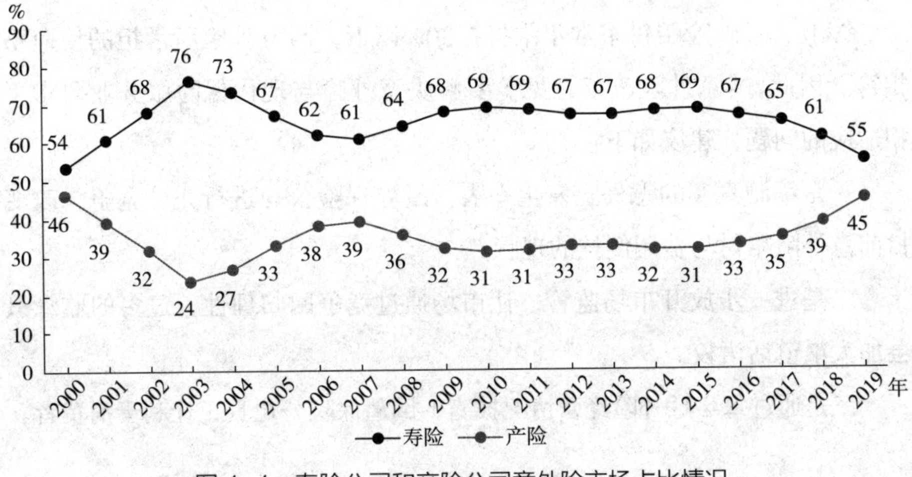

图 4-4　寿险公司和产险公司意外险市场占比情况

图4-5给出了近20年寿险公司和产险公司意外险简单赔付率（赔付支出/保费收入）情况，可以看出赔付率基本维持在20%~30%，产险公司略高于寿险公司，间接说明了产险公司市场份额逐年提高的原因。

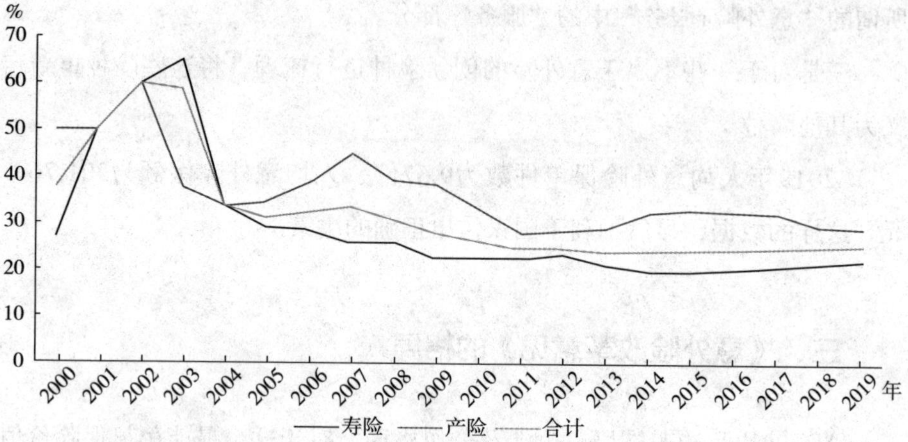

图 4-5　寿险公司和产险公司意外险简单赔付率情况

当然，意外险的附加险大多统计在健康险里，这也是意外险赔付率比较低的原因。但是，保险公司为了利用健康险的免税政策，保费相应地也会放在健康险里。

综上，意外险赔付率常年维持在30%以下，与意外险所承担的使命不相符。因此，《意外险改革意见》要解决意外险与现代保险服务业要求不相适应的问题，建议如下：

一是编制真实的意外险发生率表，指导保险公司进行充分竞争，改变目前意外险赔付与费用倒挂的现状。

二是进一步放开市场监管，让市场通过竞争回归理性，过多的监管只会加大渠道话语权。

三是通过每年意外险经营情况披露，倒逼保险公司真正让利于消费者。

四、《意外险改革意见》的愿景

面对“2019年人均意外险保单件数为9.67件、人均意外险保额为201.76万元、意外险赔付率低于30%”这样的数据，我们无法作出决策，需要先对数据进行调整。

图4–6给出了基于统计数据和测算数据（测算保险金额时假设费率为0.05%）的意外险保障倍数（保障倍数=人均保险额/人均可支配收入）。从图中可以看出，基于测算数据的意外险保障倍数逐年上升，2019年为5.5，这个数据更接近于意外险的真实情况。

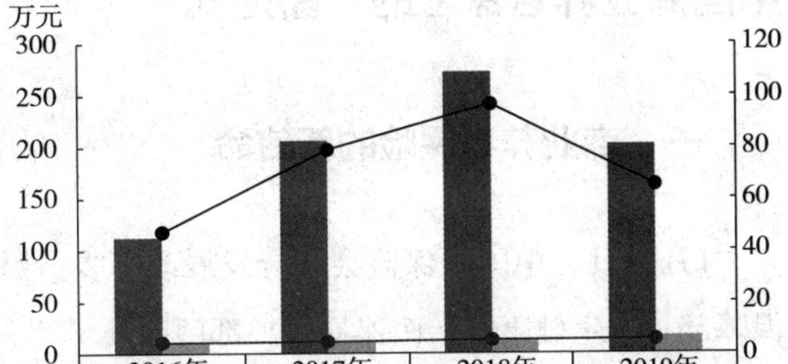

	2016年	2017年	2018年	2019年
人均保额（基于统计数据）	113.0	205.6	273.0	201.8
人均保额（基于测算数据）	10.8	12.9	15.4	16.8
保障倍数（基于统计数据）	47.4	79.2	96.7	65.6
保障倍数（基于测算数据）	4.5	5.0	5.5	5.5

图 4–6　2016—2019 年全国居民意外险平均保障倍数

按照正常的保险规划，意外险保额应为年收入的20倍左右，计算交通死亡赔偿金时也计算了20年的数据，因此，意外险的未来发展空间巨大。

（1）如果保障倍数达到10，意外险市场规模将达到2153亿元。

（2）如果保障倍数达到15，意外险市场规模将达到3215亿元。

（3）如果保障倍数达到20，意外险市场规模将达到4287亿元。

综上，意外险未来市场空间可期，预计2025年将达到3000亿元，实现意外险保障倍数达到15的目标。这就是意外险，更是《意外险改革意见》的愿景。

后疫情时代，是超级不确定性时代，是知识经济智能进化时代。面对“2019年人均意外险保单件数为9.67件、人均意外险保额为201.76万元、意外险赔付率低于30%”这样的数据，意外险的改革迫在眉睫。意外险改革后的市场空间可期，预计2025年将达到3000亿元，实现意外险保障倍数达到15的目标。

中国商业养老保险的“新范式”

一、商业养老保险的新使命

1月23日，中国银保监会联合发展改革委、财政部、人力资源和社会保障部、卫生健康委、医保局等13部门印发了《关于促进社会服务领域商业保险发展的意见》，提出加快发展商业养老保险，力争到2025年，商业保险为参保人积累不低于6万亿元的养老保险责任准备金。

商业养老险，是指以养老保障为目的的年金保险，是为了预防被保险人因寿命过长而可能丧失收入来源，或耗尽积蓄而进行的经济储备。此外，我们常见的年金保险还有不以养老保障为目的，而以投资为目的的，比如教育年金。

年金保险，是指按照保险合同约定，以生存为给付保险金条件，按约定分期给付生存保险金，且分期给付生存保险金的间隔不超过一年（含一年）的人寿保险。

2019年，年金保险实现保费收入10980亿元，同比增长4.81%；年金保险占寿险保费收入的48.26%，占寿险公司保费收入的37.06%。2019年底，以养老保障为目的的年金保险（商业养老保险）的存量（养老保险责任准备金）又是多少呢?

2019年5月14日，全球管理咨询公司麦肯锡发布的《各就其位，蓄势待发——制胜中国养老金融市场》报告指出，中国的“三支柱”养老金体系目前主要依赖第一支柱国家基本养老保险，其存量资产约为4.4万亿元，占比逾七成；第二支柱由企业年金和职业年金构成，存量约1.6万亿元，占比约三成；第三支柱个人商业养老金刚刚起步，占比微乎其微。

2019年底，以养老保障为目的的年金保险（商业养老保险）的存量（养老保险责任准备金）真的微乎其微？为此，笔者查阅了年金保险历年数据、银保监会文件和主要领导的讲话，初步估算以养老保障为目的的年金保险的存量约为5000亿元。

个人商业养老保险存量为5000亿元，显然不是“微乎其微”，但是要实现2025年6万亿元养老保险责任准备金也并非易事。为了完成6万亿元的新使命，中国商业养老保险需要“新范式”。

二、商业养老保险的数据透视

2019年8月30日，为深化人身保险费率形成机制改革，中国银保监会发布《关于完善人身保险业责任准备金评估利率形成机制及调整责任准备金评估利率有关事项的通知》（银保监办发〔2019〕182号）。

在《银保监发182号文件，预估3.8万亿存量年金将补提1500亿准备金》一文中，笔者分析了年金保险的现状，经测算得出“截至2019年7月底，年金保险存量约为3.8万亿元，需要补提准备金约为1500亿元”。基本与银保监会测算的数据“截至2019年7月底，年金保险存量准备金为3.5万亿元，4.025%定价的存量准备金约有1.26万亿元，评估利率下调后测算出的增提法定准备金为1200亿元”一致。

目前寿险公司财务报告上的会计利润是基于会计准则准备金（俗称新准则准备金）计算的，这次调整的是法定责任准备金（俗称旧准则准备金，目前主要用于监管统计报数，比如年度《精算报告》）的评估利率，理论上对会计利润并无直接影响，但这不是我们调整的初衷。

中国保险业现存四套准备金体系：法定、会计、偿付能力、价值评估，以前法定通用于偿付能力和价值评估，后来出了各自的标准。这样的准备金体系是要命的，不反映财务结果的准备金变成了精算师的自娱自乐，没办法影响公司行为。

（一）年金存量

2019年，年金保险实现保费收入共10980亿元，同比增长4.81%；按照类似的方法，经初步测算2019年末的年金保险存量约为4万亿元（见图4–7）。假设个人商业养老保险存量为5000亿元，则其占比约为12.5%。

根据图4–7可以看出，年金存量的拟合效果还不错；我们使用该公式进行预测，2025年末年金存量将达到15万亿元，个人商业养老保险存量6万亿元的目标似乎近在咫尺。

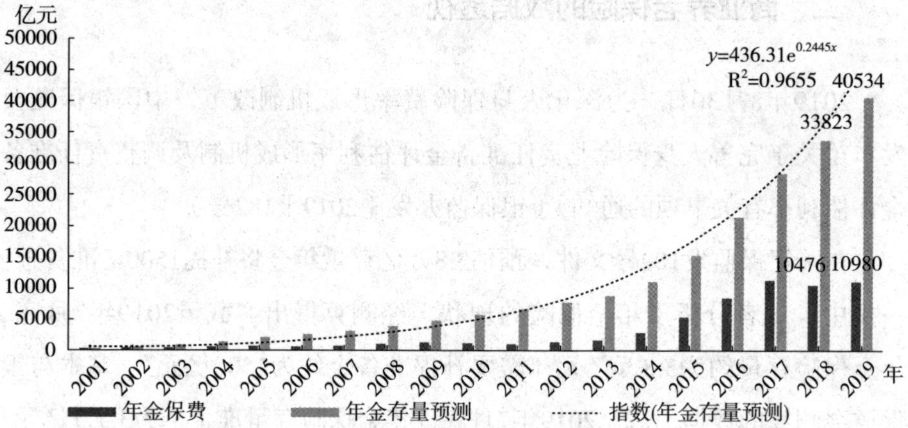

图 4–7　中国年金保险发展状况

（二）年金占比

2019年，年金保险实现保费收入共10980亿元，占寿险保费收入的48.26%，占寿险公司保费收入的37.06%（见图4–8）。

根据图4–8可以看出，近几年年金在寿险保费中的占比基本维持在50%左右，在寿险公司保费中的占比约为40%。

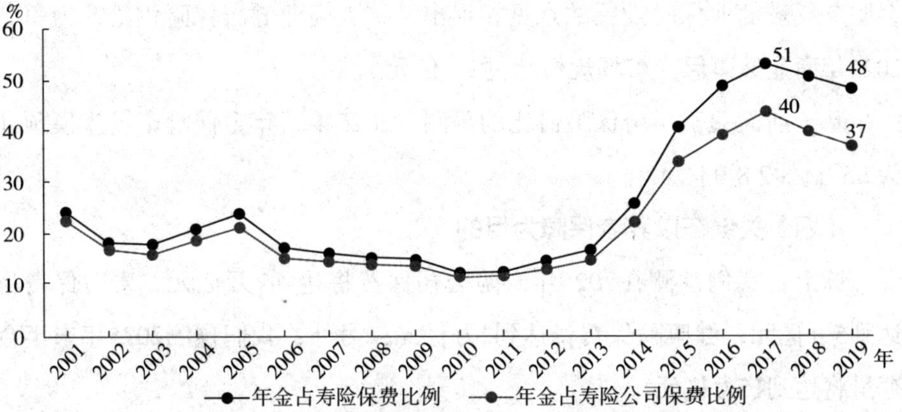

图 4-8　中国年金保险保费占比状况

（三）寿险市场

2019年，寿险公司实现保费收入共29628亿元，同比增长12.82%；寿险实现保费收入22754亿元，同比增长9.80%。图4-9给出了2001—2019年的寿险公司保费和寿险保费情况。

根据图4-9可以看出，寿险公司保费收入和寿险保费收入的拟合效果还不错；我们使用该公式进行预测，2025年寿险公司保费将达到7万亿元，寿险保费将达到5万亿元，剩余的2万亿元应该就是健康险（《关于促进社

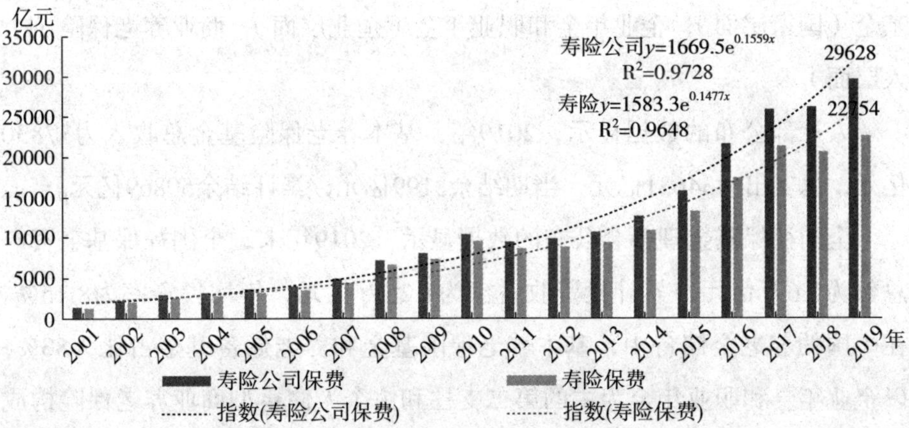

图 4-9　中国寿险业保费概况

会服务领域商业保险发展的意见》提出，扩大商业健康保险供给，力争到2025年商业健康保险市场规模超过2万亿元）。

基于前面关于年金保险占比的预测，2025年，年金保险市场规模预计为2.5万亿~2.8万亿元。

（四）关键在以养老保障为目的

综上，我们预测在2025年寿险公司保费将达到7万亿元，寿险保费将达到5万亿元，健康险保费将达到2万亿元；另外，我们预测2025年末年金存量将达到15万亿元。

好像万事俱备，实现个人商业养老保险存量6万亿元的目标易如反掌，但是真正要实现这个目标，以养老保障为目的的年金占比要达到40%。

2019年末，笔者乐观估计以养老保障为目的的年金占比仅为12.5%。因此，如何将其提高到40%甚至50%，成为中国商业养老保险的“新使命”；同时，中国商业养老保险急需“新范式”。

三、商业养老保险改革迫在眉睫

目前，我国养老保障体系主要有三大支柱：基本养老保险和养老储备基金（国家层面）、企业年金和职业年金（企业层面）、商业养老保险（个人层面）。

人社部公布的数据显示，2019年，基本养老保险基金总收入为37830亿元，总支出为34631亿元，当期结余3199亿元，累计结余50869亿元。

全国社保基金理事会公布的数据显示，2019年末，全国社保基金资产总额为2.6万亿元，累计投资收益额为1.25万亿元，年均投资率为8.15%。在中国的养老金储备中，基本养老保险基金和养老储备基金占比为83%，以企业年金和职业年金为主的第二支柱和由个人储蓄型商业养老保险构成的第三支柱仅占17%。

基于前面提到的麦肯锡发布的报告和人社部、全国社会保障基金理事会公布的数据，结合本节的测算，2019年末，中国养老保障体系资产情况如下：第一支柱国家基本养老保险和养老储备基金的存量资产约为7.7万亿元，占比78.7%；第二支柱由企业年金和职业年金构成，存量约为1.6万亿元，占比16.2%；第三支柱商业养老保险的存量资产约为0.5万亿元，占比5.1%。如图4-10所示（本节测算结果与前面的数据略有差异，主要是因考虑了个人商业养老金0.5万亿元存量）。

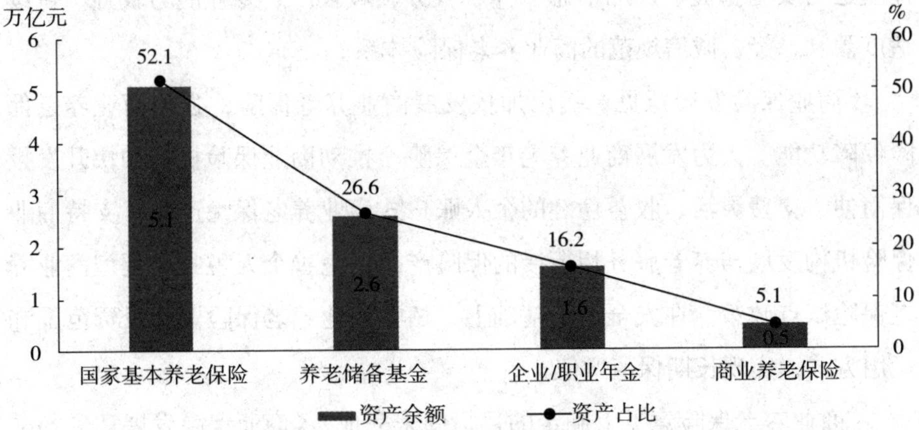

图4-10　中国养老保障体系资产情况

综上，2019年末，中国养老保障体系资产余额约为9.77万亿元，占2019年GDP总量的10%，和经济合作与发展组织（OECD）50%左右的占比相比，差距较大。

2025年，如果个人商业养老保险存量达到6万亿元，将成为中国养老保障体系重要组成部分，其中中国养老保障体系“三支柱”中“第三支柱”的作用将超过由企业年金和职业年金组成的“第二支柱”。为此，国家接连发文推动商业养老保险的发展。

2017年7月4日，国务院办公厅印发《关于加快发展商业养老保险的若干意见》(以下简称《商业养老保险意见》)，进一步加速商业养老保险进程。

2019年1月23日，经国务院同意，中国银保监会联合发展改革委、财政部、人力资源和社会保障部、卫生健康委、医保局等13部门印发了《关于促进社会服务领域商业保险发展的意见》（以下简称《商业保险发展意见》）。

《商业养老保险意见》明确，我国将从四个方面推动养老保险发展：创新商业养老保险产品和服务、鼓励商业保险机构投资养老服务产业、发挥商业养老保险资金长期投资优势、提升管理服务水平。到2020年，基本建立运营安全稳健、产品形态多样、服务领域较广、专业能力较强、持续适度盈利、经营诚信规范的商业养老保险体系。

《商业保险发展意见》提出加快发展商业养老保险，强化商业养老保险保障功能。大力发展商业养老年金保险，推动商业保险机构加快开发投保简便、交费灵活、收益稳健的个人账户式商业养老保险产品；支持商业保险机构发展与养老服务相衔接的保险产品；完善个人税收递延型商业养老保险试点政策。在安全审慎基础上，拓宽商业养老保险资金投资范围和运用方式，实现长期保值增值。

《商业养老保险意见》确定的目标尚未完成，《商业保险发展意见》又提出了新的目标。商业养老保险已经走向了一条不同的道路，银保监会182号文件没有让年金回归商业养老保险正途，年金保险的改革已经迫在眉睫，并且这场改革需要“新范式”。

四、商业养老保险的新范式

范式（Paradigm）的概念和理论是美国著名科学哲学家托马斯·库恩（Thomas Kuhn）提出并在《科学革命的结构》中系统阐述的。

《科学革命的结构》列举了库恩使用的21种不同含义的范式，并将其概括为三种类型或三个方面：一是作为一种信念、一种形而上学思辨，它是哲学范式或元范式；二是作为一种科学习惯、一种学术传统、一个具体的科学成就，它是社会学范式；三是作为一种依靠本身成功示范的工具、一个解疑难的方法、一个用来类比的图像，它是人工范式或构造范式。

基于《商业养老保险意见》《商业保险发展意见》等要求，具体到商业养老保险2025年的目标，商业养老保险的新范式如下：

（1）第一个阶段，改造形态（产品与技术）。实现商业养老保险产品的制度化、技术化、数据化，运营的互联网化、自动化、智能化，将商业养老保险改造成金融工具、载体。

（2）第二个阶段，改造模式（账户与服务）。调整商业养老保险经营模式，利用互联网理念（如以用户为中心）改造自身体制来适应商业养老保险未来账户化、服务化经营的需要。

（3）第三个阶段，改造价值（配置与连接）。商业养老保险成为整个养老产业链的一个节点，在这个链条里进行资源的配置，逐步实现养老产业链协同。在这个阶段，商业养老保险可以围绕养老产业的配置和连接功能构建自己的生态，并让自己的生态融入整个"养老中国"大生态。

正如宋代禅宗修行的三个境界那样，商业养老保险发展的三个阶段也将是一个逐步提升的过程。第一境界是"落叶满空山，何处寻行迹"（韦应物《寄全椒山中道士》）；第二境界是"空山无人，水流花开"（苏轼《十八大阿罗汉颂》）；第三境界是"万古长空，一朝风月"（《五灯会元》）。

后疫情时代，是超级不确定性时代，是知识经济智能进化时代。2019年末，经测算，个人商业养老保险存量约为5000亿元，显然不是"微乎其微"，但是要实现2025年6万亿元养老保险责任准备金也并非易事。为了完成6万亿元的新使命，中国商业养老保险需要"新范式"。我们只有参透了商业养老保险的大是大非，才能领会其与天地精神往来的"悟"。一起顺应发展，为了面朝大海、春暖花开！

中国保险科技的“新春天”

一、疫情倒逼保险业数字化转型——化危为机

随着疫情形势好转，各行业逐步复工复产，保险公司的领导者也开始从疫情中反思经验、调整战略，以求提升自身应对突发危机的韧性。如果说保险公司能从这次疫情冲击中得到什么面向未来的启示，那么尽可能地加快数字化转型是最重要的启示之一。

“数字化转型”是保险业老生常谈的话题，笔者从读过的一些报告中发现10年前我们就开始讨论这个话题，笔者在公司任职时也做过多篇与“数字化战略布局思考”相关的报告。最近一份比较有现实意义的报告为《2019年保险业发展趋势，数字化转型：化危为机》（普华永道），疫情已经让我们认识到“数字化可以化危为机”。

疫情期间，那些从产品、服务到办公流程数字化程度越高的保险公司受疫情影响越小，甚至有些保险公司受益，而那些数字化程度低的保险公司遭受损失更大。疫情让企业家意识到，在难以预测的风险世界，数字化企业将拥有更多的灵活性、更强的抗风险能力。业务的数字化让企业能够保证业务流程的可持续性，不因突发情况而中断；而办公流程的数字化则确保了企业运作可以克服地理限制并提升人力灵活性。

疫情正颠覆性地冲击保险业尚未数字化的生存命脉，如代理人模式、银邮渠道、4S店和修理厂等。因此，保险业数字化变革在所难免。

疫情加大了保险业对数字化的依赖，这将深深改变中国保险业，一个新的时代开始了——中国保险科技的“新春天”。“数字化转型”是大势所趋。就像弗里德曼在《世界是平的》里所描绘的压路机那样，将碾平一切前进的障碍物，顺我者昌，逆我者亡。

作为保险公司的领导者，一定要理解、领会什么是数字化，什么是数

字化思维，以及数字化的战略认知、逻辑和选择。正如阿尔伯特·爱因斯坦所言："我这辈子用很长时间悟得了一个道理，那就是我们所有的科学在被用于衡量现实时，都是原始而天真的——然而迄今为止这是我们最值得珍惜的财富。"

二、保险业数字化转型的引擎——保险科技

近年来，保险科技（金融科技）的快速发展，推动了保险业数字化转型。《2019年保险业发展趋势，数字化转型：化危为机》中对140位保险业CEO的调研结果显示，保险业对数字化转型的态度，正从最初的焦虑开始趋向乐观。

可惜，大多数中国保险业CEO现在还谈不上"由悲到喜"，尚处于"由悲到哀"的焦虑状态。因此，中国保险公司领导者们需要全面认识"数字化"，需要重新思考"数字化战略布局"，需要顺势而为、积极作为。

随着大数据、人工智能、区块链、云计算等技术的运用，科技正在赋能保险业，正在帮助保险业逃离无序竞争、同质竞争的环境，在碎片化、场景化、生活化的镜头切换中凭借科技"自发"地产生保险需求，实现保险生态的整体跃迁。

保险公司要抓住数字化机遇在保险价值链中的涌现，整体上说，保险科技赋能保险可分为三类：第一类是数字化保险技术，包括电子保单、自动核保、大数据处理等；第二类是连接型保险技术，包括远程定损、SaaS保险分销、物联网等；第三类是智能化保险技术，包括无人驾驶、虚拟现实、保险机器人等。

保险科技赋能保险业，使得保险业出现了两个角度的变化（见图4-11）：一是从保险行业角度，实现了重塑服务、重塑数据和重塑平台；二是从保险技术角度，实现了数字化保险、连接型保险和智能化保险。

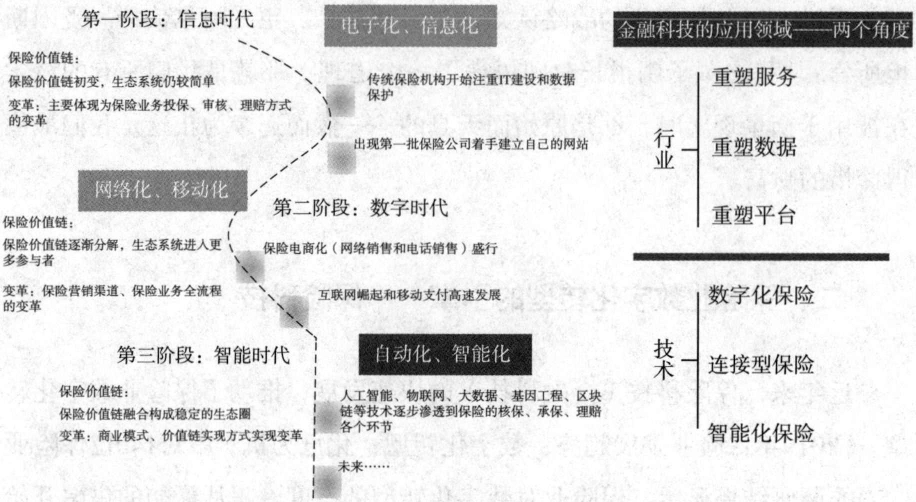

图 4-11　科技推动的保险价值链的变革

三、保险科技企业要顺势而为——认识保险科技的内涵

保险业未来发展必将顺应“保险+科技”的趋势，充分利用新兴科技技术，优化产品设计，改进业务流程，创新运营模式，促进“保险+科技”深度融合，积极推进中国保险业由高速增长阶段转向高质量发展阶段。在这个过程中，保险科技企业要顺势作为。

保险科技（Insurance Technology，InsurTech），在金融科技概念的基础上，由国际保险监督官协会（IAIS）在《保险科技创新报告》中提出，并将其定义为“金融科技在保险领域的分支，即有潜力改变保险业务的各类新兴科技和创新性商业模式的总和”。

结合中国实践来看，保险科技从概念上可以理解为科学技术在保险行业中的具体运用。保险科技以保险产品或服务为外在表现形式，以诸如大数据、云计算、车物联网、人工智能、区块链等新兴科技为内在核心基础，在保险公司产品创新、产品营销、公司运营与管理方面得到广泛应用，为消费者提供个性、全面、高效的风险管理与保障服务。从这个维度上讲，保险产品或保险服务是保险科技的载体。

与制造业不同的是，“金融服务”为消费者带来的“满足感”才是实现经济利益的本质所在。从这个维度上看，在“保险科技”概念所涵盖的内容中，保险作为一种风险管理技术，其优先级要高于“科技”的地位。保险作为一种特殊的风险补偿机制，对其依赖的内在要素与外部环境有特殊的要求，一旦偏离保险的本质，保险科技本身也就失去了价值。因此，在理解保险内涵的基础上，研发或寻找适合保险业发展的科学技术，似乎更加合理。

当然，科技同样不是一个死板而固化的概念。当今时代，科技的发展使得保险能够更细微地渗透进普通人的行为中；有时只是一闪而过的念头，如果被技术捕捉到了，也能转为各类服务。这也使得保险公司和保险市场能够逃离无序竞争、同质竞争的环境，在碎片化、场景化、生活化的镜头切换中凭借技术“自发”地产生保险需求，实现保险生态的整体跃迁。

四、保险科技企业要积极作为——借科技之势，聚创新之力，谋发展之路

从洪荒走来，防灾避祸、寻求保障是人类亘古不变的主题，保险是一种历史悠久的“互助共济、风险共担”形式。今天，保险科技正在给保险注入新的生机。从基于保险科技驱动的产品服务创新，到用保险科技赋能整个保险生态系统，保险在保险科技的加持下，将会发生一场普惠大众的衍变。在这个过程中，保险科技企业要积极作为。

第一，要洞察保险科技发展趋势，结合当前科技、经济、金融、保险（新科技+新经济+新社会+新思想）发展趋势，探讨如何利用保险科技优化保险价值链。

第二，要聚焦保险科技价值定位，探讨通过保险科技助推保险公司客

户满意度、股东满意度和员工满意度的同步成长，确定有别于同业竞争对手的保险价值定位。

第三，要强化保险科技应用能力，根据保险公司需求整合无缝的客户体验，建立保险科技营销能力以及应用到保险公司的科技能力和开发模式。

第四，要塑造保险科技传奇体验，从保险业务流程自动化、智能化能力建设等角度，探讨如何运用保险科技进行保险价值设计和交付，真正帮保险公司建立“保险科技引擎”。

第五，要让自己成为成功的保险科技企业，在保险科技的风口脱颖而出，强化优越的客户获取模式，坚持低成本的业务模式，与现有体系合作共赢。

总之，保险业通过数字化转型以提升服务效率和水平，就像在斜坡上推球，需要精心把握好力量的平衡，既需要充分运用助推上升的客户需求驱动力和信息技术拉动力，也要掌握好防控下滑的风险控制止动力，而成功的保险科技企业有益于保险公司掌控好数字化转型力量的平衡。

新科技、新经济（包括新保险、新金融）、新社会、新思想，万事万物都是新的，其本质还是“人”的追求在变化，消费者的期望正在发生根本性的变化，如何找到这个期望并利用新的时代特征、新的技术手段来顺应这个新的期望，决定了你是“一路朝阳”还是“日薄西山”。这句话写给保险公司，也写给保险科技企业。

后疫情时代，是超级不确定性时代，是知识经济智能进化时代。综观全球，保险业对数字化转型的态度，正从最初的焦虑开始趋向乐观，正在“化危为机”；但大多数中国保险业CEO，现在还谈不上“由悲到喜”，相反，疫情导致他们处于“由悲到哀”的焦虑状态。疫情倒逼保险业数字化转型，这对于保险科技企业而言是莫大的利好，保险科技企业要拥抱新春天，不负新时代。

中国网络互助的“新使命”

一、背景

2020年3月5日，《中共中央　国务院关于深化医疗保障制度改革的意见》印发，改革发展目标部分提出：“到2030年，全面建成以基本医疗保险为主体，医疗救助为托底，补充医疗保险、商业健康保险、慈善捐赠、医疗互助共同发展的医疗保障制度体系。”这是第一次明确网络互助在国家医疗保障制度体系中的定位。

笔者非常高兴看到网络互助的意义得到明确，这也与笔者所作的一篇政策建议报告《完善大病保险筹资机制，宜以网络互助制度试点为突破口》相契合。

城乡居民大病保险（以下简称“大病保险”）是在我国医疗保障的基础上的延伸和拓展，是政府与市场的有效结合，更是我国政府一项创造性的服务民生工程。由政府出资，为百姓投保，解决困难人群的大病问题，是政府救济行为，对社会稳定和扶贫具有重要意义。

党的十八大以来，党中央站在全局和战略的高度，积极推进建立城乡一体的基本公共服务提供机制，统一的城乡居民基本养老保险、基本医疗保险、大病保险制度逐步建立。国家发改委公布的数据显示，截至2018年底，城乡居民基本医保覆盖了13.5亿人，大病保险覆盖了10.5亿人，基本养老保险覆盖了9.4亿人；另外，国家统计局公布的数据显示，在这期间，个人医疗费用支出占比从2000年的59%下降到2019年的29%，国家承担了近70%。

虽然大病保险已覆盖了75%的人群，但近年来人均医疗费增长率远超GDP、居民可支配收入增长率；居民一旦罹患恶性肿瘤等重大疾病，在扣除大病保险报销金额之后，个人自负部分加上康复费用约为30万元，导致“因病致贫、因病返贫”的事件仍时有发生。同时，大病保险保障金额的进一步提高也陷入筹资困局。

网络互助是一种原始保险形态与互联网的结合，利用互联网的信息撮合功能，成员（类似保险中的投保人）之间通过协议承诺承担彼此的风险损失，最小化成员费用支出。引入网络互助后，有利于化解大病保险保障不足问题，有利于化解居民因重大疾病所产生的财务风险问题，同时也为政府提供了大病风险缓冲机制，并分担了政府筹资的压力。这种制度设计为化解大病保险困局提供了新思路。

二、网络互助源于相互保险，契合了社会健康保障需要

网络互助的理念来自相互保险。相比于相互保险，网络互助的最大创新是去中介化，所有的成员都通过互联网获取，不预交保费、不设基金、事后付费。

相互保险是国际上两大主要的保险组织形式之一，是全球保险市场体系的重要组成部分。2017年全球相互保险保费收入为1.31万亿美元，占全球保险市场的26.7%，覆盖人群共9.22亿人，相互保险组织总资产超过8.9万亿美元。

近年来，党中央、国务院高度重视、明确要求加快发展相互保险。2014年8月，《国务院关于加快发展现代保险服务业的若干意见》（国发〔2014〕29号）提出，“鼓励开展多种形式的互助合作保险”。2015年6月，国务院第93次常务会议审议通过《关于大力推进大众创业万众创新若干政策措施的意见》，进一步明确“加快发展相互保险等新业务”。2016年4月，国务院正式批准同意开展相互保险社试点并进行工商登记注册。2016年6月，原中国保监会通过了众惠相互、汇友相互和信美相互等三家相互保险社的筹建申请。2017年，原中国保监会先后通过了众惠相互、汇友相互和信美相互等三家相互保险社的开业申请。至此，中国开展相互保险试点已接近3年。

相互保险，从概念上理解，它有着相互合作共保风险的性质，不以营利为目的，秉持着互相帮助的原则，由需要某类同质风险保障的个体或组织联合起来采取相互合作的方式进行交纳保费形成基金、发生灾害时用这笔基金来弥补灾害损失的经济活动，实行“共享收益，共担风险”。

从本质上说，“相互”（Mutual Principle）是一种组织体原则，强调的是由成员（又称为社员或会员）拥有，为成员利益服务，而非以商业利润为目的的团体组织运作原则。它本质上可以在各行业中获得应用，如大病互助（合作）社、农业互助（合作）社等，该原则蕴含的“互助共济”理念与“保险”的“风险共担”的商业模式具有内在的高度一致性。因此在实践中，基于相互原则组织起来的团体或者经营实体在保险行业中获得了最大程度的应用。

《相互保险组织监管试行办法》（保监发〔2015〕11号）发布之后，网络互助伴随着相互保险的试点得到了快速的发展。

2018年11月27日，蚂蚁金服联合信美相互推出的大病互助计划“相互保”（相互保险）因产品设计与现有保险监管规定突然更名“相互宝”（网络互助），从一款相互保险产品变为一款网络互助产品，经营主体也从一家保险公司变为一家科技公司。

2019年11月27日，“相互宝”正式上线一周年。相互宝公布数据显示，全国已有超1亿人加入相互宝，也就是说，每13个中国人里，就有一个在享受相互宝的保障，相互宝的用户规模相当于两个韩国的人口数量。在这1亿成员中，1/3来自农村和县域，近六成成员来自三线及以下城市。

一年以来，相互宝累计救助了11928位重病成员，给出互助金18.75亿元，其中“80后”占比36%，“90后”占比14%，12岁以下儿童占比2%；24%患有甲状腺癌，12%患有乳腺癌，8%患有肺癌，8%需进行开颅手术，7%患有急性心肌梗死。19%的受助成员因被家人加入相互宝而获助。

相互宝公布数据显示，2019年相互宝实际人均分摊金额约为30元，远低于188元的封顶线。目前，相互宝救助单个成员的人均分摊成本仅为

0.002元。数据显示，癌症治疗平均费用为50万~60万元，其中基本医疗保险、大病保险承担的金额约为30万元，个人自付部分为20万~30万元；如果再考虑到康复费用以及患病后的收入损失，个人财务成本约为30万元。这也是全国因病返贫人口占贫困人口42%以上的原因。

在健康保障领域，除了基本医疗保险、大病保险之外，还有商业健康保险。商业保险价格相对较高，导致商业健康保险在整体医疗支出中仅占6%左右。大众对健康保障的巨大需求，是网络互助快速发展的原因。相互宝启蒙了大众对大病保障的认知。英国《金融时报》的调查显示，1/3的相互宝用户受访者非常有可能在未来6个月中购买重疾险，在一线城市这个比例更是高达55%；而在没有参与相互宝的用户中，这个比例只有22%。

除了相互宝之外，目前的网络互助平台还有水滴互助、轻松互助、美团互助、点滴互助（滴滴）、灯火互助（百度）等，这些平台目前都游离于保险监管之外。截至2019年底，网络互助平台累计注册用户超过3亿人，累计给出互助金接近60亿元。

可见，网络互助已成为社会保险、商业保险之外的一种重要的“互助共济”模式，满足了居民健康保障的需要，更契合了互联网时代的特征，具有较强的生命力。

三、网络互助化解大病保险制约因素，为政府解压

大病保险是在基本医疗保障的基础上对大病患者发生的高额医疗费用给予进一步保障的一项制度性安排，可进一步放大保障效用，是基本医疗保障制度的拓展和延伸，是对基本医疗保障的有益补充。目前大病保险的发展存在很多制约因素，而这些制约因素借助网络互助可以得到妥善解决。

一是筹资能力和水平较低，保障能力较弱。大病保险保障功能的提高有赖于保险基金规模的扩大，但各地情况并不乐观，主要原因是大病保险基金依

托基本医保基金，没有独立的筹资渠道，筹资水平受基本医保筹资规模和水平的制约。基本医保筹资规模只是根据经济社会发展水平、医疗费用支出情况而扩大，并没有因设立大病保险制度而增加。各地设立大病保险制度后，基本医保基金筹资增长水平基本与往年持平，而且基金分配主要是“保基本”，大病保险基金只占医保基金的一小部分，影响了大病保险保障功能的发挥。

网络互助展现了互助的凝聚力。网络互助采取了成员“互助共济”模式，与“保险”的“风险共担”商业模式具有内在的高度一致性。网络互助参与成员不用预交保费，采取了事后分摊机制。因此，对于网络互助来说，不存在事先筹资的问题。

平等、团结、互助、和谐是处理我国民族关系的基本原则，平等是基石，团结是主线，互助是保障，和谐是本质。互助之所以成为中华民族团结的保障，是因为它有一种极强的凝聚力。汶川抗震救灾和各省市对口支援恢复重建是通过互助实现的，全国各省市对口支援西藏和新疆也是通过互助实现的。古人说：“以天下为一家，以中国为一人。”要实现这一目标，非通过互助不可。网络互助是凝聚中华民族的一种重要力量，也是维护、完善国家社会保障体系的一种重要力量。

二是统筹层次不高，基金抗风险能力不强。大病保险统筹层次越高，越有利于调剂余缺，提高基金使用效率，发挥大数法则分散风险，也便于居民异地结算。然而，目前大多数地方实行市（地）级统筹，只有个别地方实行省级统筹，削弱了保险基金的抗风险和共济能力，造成基金浪费。大多数地方大病保险仅限于城乡居民，还没有覆盖城镇职工。

网络互助展现了互助的平衡力。网络互助借助互联网实现了全国甚至全球范围内的“互助共济”，解决了大病保险因统筹层次不高可能产生的风险集聚问题，保证了风险的分散。

改革开放以来，尤其是实行市场经济以来，过分强调竞争，对互助重视不够。尤其是不平等、不公平竞争普遍存在，造成地区之间、城乡之间、阶层之间、行业之间差距拉大，个人收入悬殊，贫富差别巨大。

具体来看，大病保险如何解决贫富差距、地区差距、城乡差距所导致的“看病难、看病贵”问题？如何确保国家朝着公正、和谐的方向发展？网络互助不失为治病良方之一。只有通过互助的方式才有可能解决大病保险筹资能力和水平较低、保障能力较弱等问题。网络互助绕开了“竞争”的商业保险，通过互联网方式运作，实现了运营的透明和成本最小化。因此，网络互助是提高大病保障、稳定社会的一种重要力量。

三是商业保险机构控费能力和水平不高。有许多地方商业保险机构尚不能有效遏制过度医疗，对医疗行为不能适时、全程监控，专业能力有时无法充分发挥。主要原因有：受医保部门、医疗机构抵制等影响，许多地方商业保险机构不能与医保部门、医疗机构在经办业务相关数据方面实现信息共享；各地医疗机构信息系统多样化，增加了商业保险机构监督成本，阻碍了监管工作开展；商业保险机构本身能力和水平有待提高。

网络互助展现了互助的协同力。网络互助采取了固定的收费模式和公示制度，保证了经营的透明性和数据的真实性，解决了大病保险运营主体商业保险机构控费能力和水平不高的问题。

竞争和互助是相辅相成的，两者缺一不可。现代人类社会的竞争与动物界中的“生存竞争”有质的不同，平等竞争、公平竞争是现代竞争的主要特征。只强调竞争，尤其是不公平的竞争，必然会造成社会矛盾激化，进而发生社会分裂和国家动荡；过分强调互助，必然产生依赖意识，养成等、靠、要观念，社会也将停滞不前，如西方某些高福利国家发展缓慢的原因之一就是公民过分依赖国家。具体到大病保险面临的商业保险机构控费能力和水平不高问题，显然既要强调竞争，更要强调互助。

四是大病风险共同分担机制不健全。不论是2012年的《关于开展城乡居民大病保险工作的指导意见》（发改社会〔2012〕2605号）还是2015年的《关于全面实施城乡居民大病保险的意见》（国办发〔2015〕57号），均明确指出，“要形成政府、个人和保险机构共同分担大病风险机制”。但从各地实际运行情况来看，许多地方都是单独由商业保险机构承担，许多地方甚至把大病保险基金风险转嫁给商业机构。许多商业保险机构难以实现“保本微利”，处于亏损状态。

网络互助展现了互助的软实力。网络互助采取了成员“互助共济”模式，所有费用由成员自行承担，有助于缓解目前大病保险筹资难问题。

经济实力和军事实力为硬实力，而文化和价值观等为软实力。一个国家的综合国力，包括硬实力和软实力两个方面。只有硬实力和软实力协调发展，综合国力才有可能持续、健康地向前发展。“仁爱”是儒家思想的核心观念，也是传统中国人的核心价值之一。所谓仁爱，就是以互助作为人际关系的核心。“五常”以“仁”为首，表明儒家文化是以互助为基本原则的文化。孔子所说的“仁”是一种建立在平等基础上的互助互爱的人际关系，他主张“己欲立而立人，己欲达而达人”。用今天的话来说就是：互助互利、共同发展、共同富裕。因此，网络互助是“仁爱”的表现形式，是中华文化的核心价值之一。在大病风险共同分担机制不健全现状下，网络互助的发展对于大病保险制度的完善具有极强的影响力。

综上，网络互助具有普惠金融的特点，可以紧密结合人民群众实际保险需求，开发便捷、实惠、具有互助共济特色的产品，提高大病保险服务的覆盖面、可得性和满意度。

四、网络互助靠的是公信力，需要从民主金融的高度加以规范

网络互助的理念类似于比特币，实现了组织与权利的创新。既然是组织与权利的创新，就要解决自己的公信力问题。因为参与资格问题、民主管理问题、有效决策问题、损失认定问题等都需要公信力支撑。

为了保证比特币的公信力（替代贵金属和国家信用），比特币创始人

中本聪为实现点对点的电子现金系统而提出和构建了区块链方案，可以在没有中央数据库的情况下实现多点数据的可靠传输、存储和更新。

区块链，代表了一种去中心化的数据组织、存储和管理方案。为了建立这种方案的公信力，区块链引入了竞争性审核机制。比特币有一套成熟的机制，保证其公信力。那么，网络互助如何保证自己的公信力呢？显然不是简单地把网络互助置于区块链之上。

为了网络互助的规范化运作，需要把网络互助上升到民主金融（民主保险）的高度进行思考。

民主金融的概念由著名经济学教授罗伯特·希勒提出，内涵在于：①金融要为每个人而不是部分人服务，人人都能从金融活动中平等获益；②金融体系的目的是管理风险、降低不公平，提高所有人的福利；③应鼓励人们从事金融业，或参与金融创新为社会谋福利；④法律监管应加深人们对金融运作知识的了解，为公众提供更为可靠的信息；⑤达成上述目标的途径在于金融创新。

针对我国网络互助实际情况，我们认为：网络互助具有鲜明的时代特征，具有民主金融的特点，满足了社会健康保险需要，蕴含巨大的爆发力，契合了民众的呼声；因此，我们需要尽快对网络互助进行定性，更需要从理念、技术、渠道、法律等方面进行一揽子革新。尤为重要的是，网络互助从根本上改变了金融权力过于集中的局面，在现有社会保险和商业保险之间架起了一座桥梁，其包含了普惠金融的构成要件，是对普惠金融的发展和提升，更满足了当下金融创新的“草根”诉求。

五、网络互助本质上是保险，需要从普惠金融的高度加以监管

网络互助是一种原始保险形态与互联网的结合，利用互联网的信息撮合功能，成员之间通过协议承诺承担彼此的风险损失，为了避免个体负担

过重，约定单次互助金不超过若干元，由此规避了偿付能力问题。

网络互助平台利用互联网的信息撮合功能，进行了两点创新：

一是交换风险协议，类似于交互保险制度（Reciprocal），即没有法人实体，成员之间通过协议承诺承担彼此的风险损失。

二是个体风险总额控制，例如单次互助金不超过3元，从而避免了单个个体负担过重，由此规避了偿付能力问题。而传统保险的确定期限、确定保额制度，要求较强系统化风险控制能力。

这种模式在保险的发展历史上，并不特殊，其实就是保险的原始形态。其收费方式相当于教课书上的“课赋制”或“摊收保费制”，通俗地讲叫“即收即付”。但互联网的高效交互大大提升了其扩展成员以及支付征收的效率，因此具有更强的活力和生命力。

德国《保险企业监督法》第15条对“相互保险公司”有明确定义，即“社团法人按照相互性原则保障其成员，并获得主管监督机关授权经营业务而以法人组织形式存在者，称为相互保险公司”。

德国《保险企业监督法》规定，为了让投保人明确其作为公司成员在公司理赔、亏损或者清算时分担债务的最大限度，相互保险公司章程中须载明公司是按照“预缴保费制”还是“摊收保费制”进行经营。

我国《保险法》第二条规定，“本法所称保险，是指投保人根据合同约定，向保险人支付保险费，保险人对于合同约定的可能发生的事故因其发生所造成的财产损失承担赔偿保险金责任，或者当被保险人死亡、伤残、疾病或者达到合同约定的年龄、期限等条件时承担给付保险金责任的商业保险行为”。

《保险法》第十四条规定“保险合同成立后，投保人按照约定交付保险费，保险人按照约定的时间开始承担保险责任”。

可见，《保险法》并没有强调是“预缴保费制”还是“摊收保费制”。显然，按照这些内容，网络互助的创新没有摆脱“保险”二字，我们也没有更好的关于网络互助的解释。

依照德国《保险企业监督法》第156a条规定，如果一个相互保险团体在章程中规定保留追缴会费或者减缩保险请求的权利且该团体的年会费收入未超过联邦财政部长按照法规授权，为贯彻欧盟关于保险业的政策而确定的金额，无须进行登记。但是，如果该团体经营强制责任保险或信用及保证金保险业务，则不能豁免登记。显然，网络互助可以不用登记，但是需要监管部门的豁免。

综上，我们找不到网络互助不是保险的依据，所以无论是从本质上，还是从国际保险监管上来看，网络互助必须被定义为一种“保险”，一种普惠保险。

为修正现有金融体制的弊端，许多国家、机构乃至个人已经积极开展新型金融试验，相关学者也从理论上对金融回归“全社会财富托管人”的理念进行了探讨。其中最引人注目的是普惠金融实践和金融民主化尝试。前面已经介绍了网络互助是金融民主化的一个尝试。

网络互助的出发点正是能有效地、全方位地为社会所有阶层和群体提供服务的保险保障体系。由于富裕群体普遍比较容易获得全面的保险服务，网络互助实际上侧重于弱势群体或低收入人群，目的是使这些群体中有真实需求的人能够以合理的价格，方便和有尊严地获取全面、高质量的保险服务。

六、培育网络互助发挥作用的制度环境

无论是从民主金融还是普惠金融的角度来看，网络互助都属于保险范畴。所以，我们不能再回避网络互助归属的问题。受制度环境和供需双方因素制约，网络互助制度在我国还处于“萌芽期”，还面临诸多困难和障碍。

我国要完善多层次现代保险市场体系，不应让网络互助缺席！引入和发展网络互助，有利于突破保险业现有的商业模式的局限，改变当前市场主体类型相对单一的现状，打造更加专业化、差异化、特色化、多元化的保险市场格局。

对网络互助这种新兴模式，我们需要给予更大的发展空间。例如，针对网络公益（大病众筹）的快速发展，民政部依据《慈善法》以及《慈善组织互联网公开募捐信息平台基本管理规范》《慈善组织互联网公开募捐信息平台基本技术规范》指定了20家互联网募捐信息平台。

相反，针对网络互助的快速发展，保险监管部门却是在划清保险与网络互助的关系：

2015年10月28日，官网公布《关于“互助计划”等类保险活动的风险提示》。

2016年4月1日，原中国保监会发布内部文件《建议关注互联网公司涉嫌非法经营保险业务存在的风险》。

2016年5月3日，官网公布“保监会有关部门负责人就‘夸克联盟’等互助计划有关情况答记者问”。

2016年11月3日，原中国保监会官网公布“保监会有关部门负责人就网络互助平台有关问题答记者问”。

2016年12月26日，原中国保监会发布《关于开展以网络互助计划形式非法从事保险业务专项整治工作的通知》。

至此，网络互助彻底与保险“脱钩”，网络互助向保险的第一次靠近失败。“第一次靠近”，保险监管部门的主要目的是严格划清互助计划与保险产品的界限，防范消费误导。

2018年9月6日，信美相互向银保监会报备“信美人寿相互保险社相互保团体重症疾病保险”。

2018年10月16日，信美团体重症疾病保险产品以相互保大病互助计划形式在支付宝平台上线，“相互保”诞生。

2018年11月27日，“相互保”上线一个多月，“参保”人数突破2000万，随后这一产品因涉嫌违规被银保监会责令停止销售，“相互保”过渡到“相互宝”。

2019年4月12日，银保监会就“相互保”事件对信美人寿作出了处罚决定，“相互宝”安然无恙。

至此，网络互助向保险的第二次靠近以失败告终，网络互助开始进入“相互宝”时代，步入疯狂的发展阶段。“第二次靠近”，监管主要的目的还是严格划清互助与保险的界限，净化其所监管的互联网保险市场。

显然，网络互助目前的制度环境不利于网络互助的快速发展，更不利于网络互助作用的发挥。为此，建议如下：

一是明确网络互助的保险性质。就目前的网络互助而言，保险监管部门没有明确说明其性质，导致了诸多混乱。因此，必须明确地给予定性。如果能够从多层次医疗保障体系建设的思路考虑这一问题，并基于现行基本医疗保险制度安排和经办服务体制，则应当将网络互助定性为大病保险补充，明确网络互助是商业保险和社会保险的过渡，将网络互助纳入保险监管。作为大病保险补充的网络互助，其职责是解决基本医疗保险、大病保险所不能解决的部分医疗费用。

二是明确银保监会为网络互助的监管机构。既然明确了网络互助的保险性质，相应地也需要纳入银保监会监管范围。网络互助的后付费性质，虽然不会产生金融风险，但如果运作不当可能会产生社会风险。如果不纳入银保监会监管，对于网络互助的长远发展不利，网络互助平台无法做长远的打算，也谈不上发挥互助共济的作用。

三是在《保险法》中对网络互助进行规定。网络互助的合法性需要上位法的支持，相互保险已经试点三年，网络互助本质上属于相互保险，因此建议参照国际保险监管规则，在《保险法》修订时明确股份制保险、相互保险、网络互助的区别，明确三种形式的作用，健全我国多层次保险体系。

四是创新网络互助监管方式。网络互助与普惠金融、民主金融的发展相去甚远，如果完全按照现有保险监管模式进行监管，与互联网文化无法契合，网络互助也不会得到快速发展。因此，在明确网络互助的保险性质、明确银保监会为网络互助的监管机构、明确在《保险法》中对网络互助进行规定的基础之上，我们还要创新网络互助监管方式，关键是强化网络互助的“契约关系”，而不是“保险关系”，真正体现“共享、合作、互助”理念。

中国保险业的“新愿景”

一、后疫情时代，保险业要面向 2025 年

后疫情时代，是超级不确定性时代，是知识经济智能进化时代。这是“新冠肺炎疫情与保险”系列研究一直重复的一个话题，在即将结束这个系列研究之际，发现保险业已经开始面向2025年。

2025年，一个普通的日历年度。我们对其寄予了很多希望，甚至有点魔幻。

2025年，很多科学家的预言都集中在这一年，比如我们或许有机会和外星人接触。

2025年，是中国“十四五”规划的收官之年；社科院发布的《社会蓝皮书》提出，“十四五”期间中国将走向高收入国家；更有多个报告提出，中国到2025年将成为世界最大的经济体……

2025年，根据摩尔定律，随着我们离一个真正充盈的世界的实现越来越近，世界变化也将发生得越来越快……

面对科技、经济、社会和思想的变化，保险业要面向2025年思考“新科技+新经济+新社会+新思想”下的新保险；保险业要面向2025年思考“新保险”的新起点、新使命、新动力、新愿景。

面向2025年，中国保险业的“新愿景”渐入佳境。

二、面向 2025 年，保险业的主要指标

2019年，全国保险保费收入达到4.26万亿元左右，保险深度达到4.30%，保险密度达到3046元/人，保险业总资产达到20.56万亿元左右。

2020年是《中国保险业发展“十三五”规划纲要》的收官之年，保险业“十三五”发展目标：到2020年，全国保险保费收入争取达到4.5万亿元左右，保险深度达到5%，保险密度达到3500元/人，保险业总资产争取达到25万亿元左右。

通过表4–1可以看出，2020年预测值与2020年目标值之间有一定偏差，除保费收入可以实现预期目标以外，其他指标与预期目标都有一定差距。

表 4–1 保险业“十三五”发展规划回顾

项目	2019 年	2020 年预测	2020 年目标	差异（预测 – 目标）	偏差率（差异 / 目标）
保费收入 / 万亿元	4.26	4.56	4.5	0.06	1.40%
保险深度	4.30%	4.56%	5%	0	–8.81%
保险密度（元 / 人）	3046	3259	3500	–241	–6.88%
保险业总资产 / 万亿元	20.56	22.42	25	–2.58	–10.34%

注：本文中的数据除特殊说明之外来源于中国银保监会公布的数据整理所得；上表中 2020 年数据基于 2020 年 1—11 月份数据进行了简单预测。

我们不再纠结保险业“十三五”发展状况，因为过去的已经过去了，

我们拥有的是明天。面向2025年，保险业“十四五”发展目标又如何呢？

表4–2给出了保险业“十四五”发展目标：到2025年，全国保险保费收入争取达到9.3万亿元左右，保险深度达到6.79%，保险密度达到6582元/人，保险业总资产争取达到50万亿元左右。

表 4–2　保险业“十四五”发展规划展望

项目	2019 年	2020 年预测	2025 年预测
保费收入 / 万亿元	4.26	4.56	9.30
保险深度 /%	4.30	4.56	7.11
保险密度（元 / 人）	3046	3259	6582
保险业总资产 / 万亿元	20.56	22.42	50.00

影响表4–2预测的关键是保费收入以及各险种的保费收入，根据前面的分析，寿险业的“新世界”、产险业的“大时代”、健康险的“创世纪”、意外险的“大变革”、商业养老保险的“新范式”等分别就寿险、产险、健康险、意外险、年金等进行了预测，基于此，表4–3给出了主要险种的保费分解。

表 4–3　保险业“十四五”发展规划保费分解　　单位：万亿元

险种	2019 年实际	2020 年预测	2025 年预测
寿险业务（不含年金）	1.18	1.28	2.40
年金	1.10	1.10	2.60
健康险	0.71	0.83	2.00
意外险	0.12	0.12	0.30
产险业务	1.16	1.24	2.00
总保费收入	4.26	4.56	9.30

2019年，美国保险监督官协会（NAIC）公布的初步数据显示，财产险行业保费为7061亿美元，同比增长4.64%；人身险行业保费为9450亿美元，同比增长6.6%；总保费收入达到16511亿美元（约合人民币11.56万亿元），

同比增长5.75%。

2019年，中国作为全球第二大保险市场，中国与美国保费收入比例为36.90%；同期，中国作为全球第二大经济体，中国与美国GDP比例为65.23%。可见，中国的保险密度（4.3%）约为美国保险密度（7.61%）的56.56%。

面向2025年，中国将走向高收入国家；同样，面向2025年，中国保险业的“新愿景”也渐入佳境。

三、面向 2025 年，保险业的十大趋势

后疫情时代，是超级不确定性时代，是知识经济智能进化时代。基于此，面向2025年，中国保险业的“新愿景”也徐徐拉开了帷幕。

（1）趋势一：中国寿险业的“新世界”。寿险业的“新世界”需要我们进行抉择：资产驱动、负债驱动、资产负债驱动？代理人驱动、银行驱动、互联网驱动？风险驱动、健康驱动、财富驱动？

（2）趋势二：中国产险业的“大时代”。超级不确定性下，人类如何应对危机？巨灾保险、巨灾债券等也许并不能“治本”，我们还要回归保险的本原，重新思考保险的本质和保险生存法则——保险的“道”。

（3）趋势三：中国健康险的“创世纪”。顺着健康风险、健康科技、健康数据、健康服务、健康生态、健康沟通、健康运营、健康创新、健康科学、健康保险等十条故事主线，我们一定能讲好健康保险2万亿元的故事。

（4）趋势四：中国意外险的“大变革”。面对“2019年人均意外险保单件数9.67件、人均意外险保额201.76万元、意外险赔付率低于30%”这样的数据，意外险的改革迫在眉睫。意外险改革后的市场空间可期，预计2025年将达到3200亿元，实现意外险保障倍数达到15的目标。

（5）趋势五：中国商业养老保险的“新范式”。2019年末，经测算个

人商业养老保险存量约为5000亿元，显然不是“微乎其微”；但是要实现2025年6万亿元养老保险责任准备金也并非易事。为了完成6万亿元的新使命，中国商业养老保险需要“新范式”。

（6）趋势六：中国车险的“后时代”。产险之所以寂静，是因为我们过度依赖车险，导致产险生态体系已经被破坏，最终给产险公司带来不堪重负的“灾难”，我们用费用来驱动车险的发展，我们用遏制费用来驱动车险的发展，这无异于饮鸩止渴，产险应该走“另外的路”，因为车险已进入“后车险时代”！

（7）趋势七：中国家财险的“新使命”。自1997年商业银行开办个人住房抵押贷款业务以来，住户部门债务中个人住房贷款一直占据主体地位。2008年至2019年，个人住房贷款余额从3.0万亿元增至30.07万亿元，占住户部门贷款余额的比例保持在49%~58%。但是，我们却发现个人住房抵押贷款的抵押物处于裸奔状态。家财险能否承担历史使命助力防范银行信贷资产风险？

（8）趋势八：中国巨灾保险的“新未来”。新冠肺炎疫情在全世界拉响了警报，疫情、天灾、战争等“黑天鹅”事件随着人类社会的纵深发展将会变得越发难以确定。这些不确定性已经演化为系统性不确定性，即超级不确定性。超级不确定性下，人类如何应对危机？显然，此时风险不再局限于对个体的影响，而是对一个群体的影响，其影响范围之广、损失程度之大，已经超出人们的预期。巨灾保险是目前人类应对系统性风险（巨灾风险）的重要手段之一。

（9）趋势九：中国网络互助的“新使命”。《中共中央 国务院关于深化医疗保障制度改革的意见》提出，“到2030年，全面建成以基本医疗保险为主体，医疗救助为托底，补充医疗保险、商业健康保险、慈善捐赠、医疗互助共同发展的医疗保障制度体系”，第一次明确了网络互助在国家医疗保障制度体系中的定位。为此，建议完善大病保险筹资机制，宜以网络互助制度试点为突破口。

（10）趋势十：中国保险科技的“新春天”。综观全球，保险业对数字化转型的态度，正从最初的焦虑趋向乐观，正在“化危为机”；但大多数中国保险业CEO现在还谈不上“由悲到喜”，相反，疫情导致他们处于“由悲到哀”的焦虑状态。疫情倒逼保险业数字化转型，这对于保险科技企业而言是莫大的利好，保险科技企业要拥抱新春天，不负新时代。

四、面向2025年，保险业的十大属性

2019年末，中国银保监会发布了《中国银保监会关于推动银行业和保险业高质量发展的指导意见》（银保监发〔2019〕52号）（以下简称《指导意见》）。何谓保险业高质量发展？如何实现保险业高质量发展？关键是厘清保险的国家属性、社会属性、经济属性、金融属性、思想属性、风险属性、科技属性、数据属性、历史属性、未来属性；重点是理解保险属性的微观、中观、宏观变化，以及这些变化背后的历史逻辑；目标是实现中国保险业由高速增长阶段转向高质量发展阶段。

（1）从保险国家属性的高度理解保险业高质量发展，保险变成了一种治理术（Governmentality），一种治理的方式，而不是一套“政府”机构。

（2）从保险社会属性的高度理解保险业高质量发展，保险变成了一种上层建筑结合体（Superstructure Combination），一种自然形态，而不是“上层建筑”本身。

（3）从保险经济属性的高度理解保险业高质量发展，保险变成了一种人与财富的结合体，一种“人的欲望、努力、满足”的外在表现，其目的是使人的获得感、幸福感、安全感得以提升。

（4）从保险金融属性的高度理解保险业高质量发展，保险变成了一种金融资产，金融属性是其所具备的共性和差异性特征的具体体现，这种具

体体现是一种“货币现象”。

（5）从保险思想属性的高度理解保险业高质量发展，是人们关于保险的系统化、理论化认识，是人们关于保险“互助、共享、合作”核心理念的认同。保险归根结底是资源的优化配置。

（6）从保险风险属性的高度理解保险业高质量发展，保险公司提供的是风险管理服务，对个体或机构而言，可以减少风险成本和减弱恐惧影响，对整个经济而言，可以减少资源浪费和改进资源配置。

（7）从保险科技属性的高度理解保险业高质量发展，保险公司的科技战略是“保险+科技”战略，而不是“科技+保险”战略，其目的在于通过科技赋能“风险服务”，为消费者带来“满足感”。

（8）从保险数据属性的高度理解保险业高质量发展，保险是“从数据中来，到数据中去”的过程，数据是保险经营的科学基础，更是驱动保险经营模式变革的重要力量。

（9）从保险历史属性的高度理解保险业高质量发展，保险是现实的和未来的，千真万确；而且保险不容置疑，因为保险也是历史的。

（10）从保险未来属性的高度理解保险业高质量发展，保险就是在适应未来社会的复杂性和群体的多样性基础上，构建的面向未来的金融网和安全网。

关于保险属性，笔者在《闲叙保险》一书中进行了详细的论述，关于保险业高质量发展的研究，笔者在不停地反思，也在不停地纠结、不停地思索，是结束亦是开始。

我们的头脑总是在回顾过去，在构思未来，却很少安心于现在。但对于保险业从业者而言，做好当下的保险是唯一真正的高质量发展路径！过去已经消失，我们所有的只是记忆；未来还没有来到，我们有的只是想象。

五、面向 2025 年，保险业的十大空间

人们从直观上观察到三维（或三度）空间和一维时间，相对论称为“四维时空”。对于超四维空间人们有的支持，有的反对。超弦理论认为，世间的一切，都是由极小的弦（能量环）的振动产生的，不同的振动模式形成了不同的粒子。弦的运动是非常复杂的，仅仅三维空间，不足以让弦产生那么多种模式的振动。于是在数学的推算下，超弦理论得出了一个结论：至少九个空间维度才能让弦完成这么多种模式的振动。即九个空间维度，加上一个时间维度，这就构成了十维空间。

保险十大属性的背后是所形成的十维空间，国家属性、社会属性、经济属性、金融属性、思想属性、风险属性、科技属性、数据属性、历史属性、未来属性背后分别对应了国家空间、社会空间、经济空间、金融空间、思想空间、风险空间、科技空间、数据空间、历史空间、未来空间。

（1）从国家空间的高度理解保险业高质量发展，保险已经被提升到“国家保险理论”的高度，国家更加重视保险的治理含义或治理能力，包括保险对避免社会剧烈动荡的重要作用。随着保险的普及，保险以经济契约关系重组社会间人与人原本较为孤立的相互关系，由此带来“社会联结本质”发生根本性的转变。保险通过精算技术将风险社会化（Socializing Risks），实现损失赔偿社会化，使得每个个体成为社会整体的一部分。

（2）从社会空间的高度理解保险业高质量发展，站在新的历史时期，国家对保险业提出了更高的要求。2019年12月30日，国务院常务会议审议通过了《关于促进社会服务领域商业保险发展的意见》，继《关于保险业改革发展的若干意见》《国务院关于加快发展现代保险服务业的若干意见》后再一次对保险进行了定位，明确了新时代下保险业的历史责任。

（3）从经济空间的高度理解保险业高质量发展，作为全球第二大经济

体，2019年我国人均GDP突破1万美元，总人口突破14亿，这些为我国保险业描绘了美好蓝图，如2025年健康险年化保费收入将突破2万亿元；2025年末累计为参保人积累6万亿元养老保险责任准备金。

（4）从金融空间的高度理解保险业高质量发展，2019年末，我国金融业机构总资产为318.69万亿元，同比增长8.6%。其中，银行业机构总资产为290万亿元，同比增长8.1%，占比91.00%；证券业机构总资产为8.12万亿元，同比增长16.6%，占比2.55%；保险业机构总资产为20.56万亿元，同比增长12.2%，占比6.45%。总体来看，保险业总资产占比稳步提高，银行业总资产占比逐年下降，证券业总资产占比基本和股票市场波动同步。

（5）从思想空间的高度理解保险业高质量发展，党的十八届五中全会通过了“十三五”规划建议，描绘了我国未来五年经济社会发展的壮丽宏伟蓝图，提出了创新、协调、绿色、开放、共享五大理念，保险的“互助、共享、合作”思想契合了国家对新时代下保险业的要求，保险的“互助思想、共享主义、合作思想”归根结底是社会资源的优化配置。

（6）从风险空间的高度理解保险业高质量发展，在全球化发展背景下，在人类实践导致的全球性风险占据主导地位的社会发展阶段，各种全球性风险对人类的生存和发展存在着严重的威胁。由于技术发展和制度创新带来的巨大变革，社会、经济、文化环境越来越复杂，主体间的交互关系更加紧密、多元，整个社会的不确定性急剧提升，新兴风险不断涌现，挑战传统的风险管理体系。新兴风险除了具有传统风险的不确定性、复杂性和模糊性以外，还具有陌生性、系统性和极端性，对社会影响巨大。

（7）从科技空间的高度理解保险业高质量发展，未来科技在潜移默化的发展中，给保险带来了巨大的进步，也给我们从事保险的思维、逻辑等带来了新的冲击与活力。未来科技改变保险的同时，保险也在改变着未来科技，二者相辅相成、相互促进、相互发展。当前，未来科技已经渗透到保险的各个领域，极大提升了保险服务社会的能力。

（8）从数据空间的高度理解保险业高质量发展，保险数据应用中，大能与小数据量化的自我保持高度一致，小能与大数据预见的未来保持一致，既不能见小不见大，也不能见大不见小。对于保险数据属性，从数据中来，到数据中去，既要见大，也要见小，以小带大、小中见大，才能真正用好数据。

（9）从历史空间的高度理解保险业高质量发展，面对中国保险业的独特情形，我们需要思考保险经济学的范式创新，使保险域观经济学得以建立和发展。而且，中国所面临的需要解决的保险发展问题，也对保险经济学范式创新提出了紧迫性需求。中国保险经济学的升华可以有两个主要的突破方向：攀登保险经济学的高地山巅（实际上，在40年里读懂500年的保险历史，看透500年的保险真谛，是一件颇有难度的事情）和开拓保险经济学范式变革的创新蓝海，都是中国保险经济学发展需要努力的方向。而对于中国保险业的互助共济使命而言，后一个努力方向恐怕更具现实紧迫性，更可能做出重大学术贡献。

（10）从未来空间的高度理解保险业高质量发展，展望未来，互联网（5G）、物联网、云计算、人工智能、区块链等新兴技术迅速走向规模化商用，保险的未来以及面向未来的转型正进入深水区，以“万物节点、万物感知、万物智能、万物互联”为特征的心智社会即将来临。连接，是一切可能性的基础。基于“互联网+保险”“物联网+保险”“智能网+保险”“超能网+保险”的未来保险生态将构建在万物节点、万物感知、万物智能、万物互联的基础之上。

六、面向2025年，保险业的“新愿景”

面向2025年，保险业要思考“新保险”的新起点、新使命、新动力、新路径、新征程、新蓝图、新愿景……

面向2025年，保险业要思考基于“新科技+新经济+新社会+新思想”的“新保险”。新保险不是简单的“互联网保险”，也不是简单的“金融科技赋能的保险”，而应是“基于‘新科技+新经济+新社会+新思想’的保险”。

面向2025年，对中国保险业的“新愿景”，从行为主体和参与形式的角度来理解，甚至从金融权力去中心化的角度来思考和前瞻，新保险将具有更丰富的内涵，展现出更多的普惠和民主保险意义，远远超过技术的层面，要上升到国家战略层面。

面向2025年，中国保险业的“新愿景”的重点在于每个人作为社会经济的一分子，都有充分的权利和手段参与到保险活动之中，在信息相对对称中平等自由地获取保险服务，借助低成本的自动化决策技术和更加高效便捷的交易技术，逐步实现保险活动的充分有效性和民主化，助力“人民的获得感、幸福感、安全感”。

面向2025年，中国保险业的“新愿景”，很可能表现出自下而上、去中心化、契约重构的特点。新保险活动将是点对点、网格化的共享互联，形成信息交互、资源共享、优劣互补和新型契约。每个人的保险需求和保险价值都会在这种点对点、网格化的共享互联中得到充分挖掘和满足。

面向2025年，中国保险业的“新愿景”正渐入佳境，中国保险业的“新蓝”也悄然成形。我们不身临其境，怎能感受它的魔力?

后疫情时代，是超级不确定性时代，是知识经济智能进化时代。基于此，面向2025年，中国保险业的“新愿景”渐入佳境，中国保险业的“2025”、中国保险业的“十大趋势”“十大属性”“十大空间”等徐徐拉开了帷幕。

第三篇
国际疫情影响

疫情引发的蝴蝶效应加速了许多事情的进程。关于疫情的影响，我们总是看到各种各样的碎片化信息和思考，但很少有人能将疫情对宏观经济、资本市场、承保业务、投资业务等的影响结合在一起。为了研判这场突如其来的新冠疫情对我国保险业的影响，第三篇从“国际疫情影响”这个维度进行了分析，10篇文章的内容概要如下：

中国保险业的安全问题初探。随着新冠疫情在全世界范围内的不断蔓延，全球经济金融运行的不确定性显著增强。为此，我们需要研判疫情对我国保险业运行的影响，并探讨应对疫情冲击的保险对策，有效防控保险业发生系统性风险，保证保险业安全。

中国保险业所处的金融市场。经过70年的高速发展，中国已经是一个世界性的金融大国，拥有世界最大规模的信贷市场和外汇储备规模，拥有世界第二大的股票市场、债券市场和保险市场，所以保持好中国金融市场的稳定就是对全球金融稳定的重大贡献。

中国保险业的家底是否殷实。保险，作为一个强监管的行业，属于奇缺的货物；所以，一旦控制了保险的金融力量，从中牟取暴利也就不足为奇了。最近20年，保险业年化ROE跑赢了GDP名义增长率、M2供应量增长率、沪深300指数年化增长率、CPI指数年化增长率……总体来看，保险业家底还算比较殷实。

中国保险业安全的风险源头。国际疫情影响下，中国保险业暴露的十大问题隐含了四大风险，即传统风险、经营风险、宏观环境风险、全球风险的传染和传递；基于十大问题背后的四大风险，我们找到了中国保险业安全问题的四大风险源头：最大的不确定性（金融危机）、最大的风险源（投资业务）、重大的危险源（承保业务）和重大的隐患源（保险机构）。

中国保险业的疫情影响预测。2020年，基于目前的市场环境和历史数据预测，预计保费零增长，投资收益率为2.34%，整个行业将亏损1500亿元。这些预测也许是极端不利情景的压力测试，也许是基本情景下的经营结果，我们还无从下定论。因为疫情的发展还存在不确定性，目前要判断其对经济和保险的影响为时尚早，我们现在所看到的疫情对于保险业的危害可能只是冰山一角。

中国保险业的承保风险探析。保费下降将产生什么样的风险，产险公司和寿险公司有所差别，但是承保的风险已经开始暴露，并在剧增，第二季度将逐步爆发。怎么办呢？回想一下公司曾经做过的压力测试，拿出来看看还有用吗？

中国保险业投资的底线思维。从“六稳”到“六保”，这个基调已经非常明显了，现在是底线思维。这就要求保险业的投资策略也要发生相应的变化，要用“底线思维”来配置资产；同时，保险监管部门也应用“底线思维”监管保险资金。

中国保险业机构的路径依赖。国际疫情冲击下，任何公司都不应该抱有侥幸心理。2008年金融危机，对全球保险业影响最大是美国政府，其累计向AIG提供1823亿美元资金援助；对中国保险业的最大重创应该是“平安投资富通”，具体结果成了“谜”，我们只知道平安集团不得不将投资富通的238.7亿元（37.8亿美元）账面价值进行减值。

中国保险业要做好危机预案。中国作为全球第二大保险市场，2019年全球保费市场贡献度超过12%。国际疫情冲击下，中国保险业面临的风险不仅来自域内，还来自域外。过去我们主要在金融层面防止流动性危机，防止金融危机，再救助流动性。这次是冲击到了经济层面，并且是全球经济层面。

中国保险业安全问题的反思。病毒在不断演变，疫情在不断蔓延，世界在不断变化，经济在不断下行，金融市场在不断动荡……不确定性在不断进化。研究得越多，发现需要研究的问题就越多，新冠疫情冲击下中国保险业安全问题需要我们不断思考、不断反省、不断总结、不断提高。

第五章
国际疫情影响（一）

中国保险业的安全问题初探

一、国际疫情影响

当前，随着新冠疫情在全世界范围内不断蔓延，全球经济金融运行的不确定性显著增强，中国宏微观经济运行均受到了较大冲击，金融市场动荡明显放大，对中国保险业安全产生了重大影响。

2020年3月22日，国务院新闻办公室举行新闻发布会，主题为“应对国际疫情影响，维护金融市场稳定”；发布会指出，“随着我国疫情防控和企业复工复产积极有序推进，经济长期向好的趋势不会改变，防范化解重大金融风险的目标一定能够如期实现”。

随着境外疫情扩散蔓延，国际金融市场动荡加剧，全球经济下行的风险在不断加大。在这种情况下，世界形势对我国的经济发展带来新的挑战，如何防范化解金融业（保险业）重大金融风险成为当务之急。

“应对国际疫情影响，维护金融市场稳定”发布会同时指出，“保险公司现在已经成为中国资本市场的第二大长期机构投资者，目前我们保险资金的运用余额已达18.8万亿元，投资股票和基金的规模达到2万亿元左右，占到保险资金运用余额的10.8%”，“保险偿付能力的充足率247%”……

国际金融市场的动荡，加上国内经济确实存在下行压力，这些肯定会对中国的保险业造成一定的影响，因为保险业不可能独善其身。如何防范化解金融业（保险业）重大金融风险成为当务之急。

“国际疫情影响”系列研究研判了这场突如其来的新冠疫情对我国保险业运行的影响，探讨应对疫情冲击的保险对策，有效防控我国保险业发生系统性风险，保证中国保险业安全。

二、中国保险业：十组数据背后的十大问题

所谓金融风险，指的是与金融有关的风险，如金融市场风险、金融产品风险、金融机构风险等。所以，我们在研究保险业的金融安全问题时，首先需要了解保险业的概况。根据前面的分析，我们使用截至2020年4月30日的保险数据来进行分析。

（一）保险收入情况

2019年，保费收入为42644.75亿元，同比增长12.17%。其中，产险公司为13016.33亿元，同比增长10.72%；人身险公司为29628.42亿元，同比增长12.82%。

2020年1—4月，保费收入为19886.44亿元，同比增长4.34%。其中，产险公司为4776.35亿元，同比增长6.06%；人身险公司为15110.09亿元，同比增长3.81%。

问题1：中国保险业保费增速全面放缓，现金流风险与日俱增！

（二）资金运用结构余额

2019年12月底，保险资金运用余额为185270.58亿元，较年初增长12.92%。其中，银行存款为25227.42亿元，占比13.62%；债券为64032.00亿元，占比34.56%；证券投资基金为9423.29亿元，占比5.09%；股票为14941.94亿元，占比8.06%；投资性房地产为1894.27亿元，占比

1.02%。

2020年4月底，保险资金运用余额为196054.14亿元，较年初增长5.82%。其中，银行存款为28035.95亿元，占比14.30%；债券为67139.23亿元，占比34.25%；证券投资基金为10359.94亿元，占比5.28%；股票为16293.66亿元，占比8.31%；投资性房地产为1936.74亿元，占比0.99%。

问题2：中国保险业资金运用结构整体变化不大，金融风险的传染效应正在强化！

（三）资金运用收益情况

2019年，保险业实现资金运用收益8824.13亿元，资金运用平均收益率为4.94%。

2020年1—4月，保险业实现资金运用收益3211.37亿元，资金运用平均收益率为1.66%。

问题3：中国保险业资金运用收益基本与时间同步，利差率风险正在酝酿发酵！

（四）资产情况

2019年12月底，保险业总资产为205644.92亿元，较年初增长12.18%；净资产为24808.13亿元，较年初增长23.09%。

2020年4月底，保险业总资产为218730.97亿元，较年初增长6.36%；净资产为25791.83亿元，较年初增长3.96%。

问题4：中国保险业总资产稳中有增，抗风险能力却值得关注！

（五）现金流情况

2019年，保险业经营活动产生的现金流量净额为8789亿元，同比增长117.73%。

2020年1—4月，保险业经营活动产生的现金流量净额预计约为2000亿元，同比负增长约15%。

问题5：中国保险业赔付因疫情放缓，流动性风险却不容忽视！

（六）利润总额情况

2019年，保险业预计利润总额为3133.21亿元，同比增长15.61%。

2020年1—4月，保险业预计利润总额为1339.58亿元，同比负增长12.20%。

问题6：中国保险业盈利能力开始下降，如果进一步拆开来看更令人担忧！

（七）应收保费情况

2019年12月底，保险业应收保费为2519.64亿元，较年初增长26.36%。其中，产险公司为1864.01亿元，较年初增长30.46%，平均应收保费率为11.52%；人身险公司为668.38亿元，较年初增长13.43%。

2020年4月底，保险业应收保费为3909.23亿元，较年初增长55.15%。其中，产险公司为2635.56亿元，较年初增长41.39%，平均应收保费率为16.20%；人身险公司为1279.26亿元，较年初增长91.40%。

问题7：中国保险业应收保费快速增长，因疫情会进一步放大！

（八）退保情况

2019年，人身险公司退保金为5841.34亿元，同比下降18.98%；退保率为4.97%，同比下降1.86个百分点。

2020年1—4月，人身险公司退保金为1836.59亿元，同比下降53.60%；退保率为1.55%，同比下降2.27个百分点。

问题8：中国保险业因疫情放大了自身价值，但是未知的风险也在放大！

（九）投资型保险业务情况

2019年，人身险公司未计入合同核算的保户投资款和独立账户本年新增交费为9086.94亿元，同比增长9.66%。

2020年1—4月，人身险公司未计入合同核算的保户投资款和独立账户本年新增交费为3230.34亿元，同比下降36.87%。

问题9：中国保险业的半壁江山是传统银行保险，随着消费者开始适应银行互联网业务，银行保险成为明日黄花！

（十）产险公司情况

2019年，产险公司综合成本率为99.98%，同比下降0.15个百分点。其中，综合费用率为38.31%，同比下降2.43个百分点；综合赔付率为61.67%，同比上升2.27个百分点。

2020年1—4月，产险公司综合成本率为98.98%，同比下降1.05个百分点。其中，综合费用率为36.90%，同比下降1.62个百分点；综合赔付率为62.07%，同比上升0.57个百分点。

问题10：中国保险业的重要组成部分多年来徘徊不前，已经找不到方向！

这十组数据见证了中国保险业的发展，同时也蕴含着中国保险业的问题。本部分先引出这些问题，后面再逐一展开。

三、中国保险业：十组数据引申的安全问题

金融安全（Financial Security），指货币资金融通的安全和整个金融体系的稳定。金融安全是金融经济学研究的基本问题，在经济全球化加速发展的今天，金融安全在国家经济安全中的地位和作用日益加强。

相应地，保险安全（Insurance Security），是指保险业的金融安全问题，更是保险业作为金融业的重要组成部分的安全问题。

金融安全是和金融风险、金融危机紧密联系在一起的，既可用风险和危机状况来解释和衡量安全程度，也可用安全来解释和衡量风险与危机状况。安全程度越高，风险就越小；反之，风险越大，安全程度就越低；危机是风险大规模积聚爆发的结果，就是严重不安全，是金融安全的一种极端。

受惠于我国改革开放四十年以来的改革红利，当前我国保险业发展迅速。在受新冠疫情冲击，经济下行明显的形势下，保险业风险加大，特别

是我国寿险业以投资型产品为主以及我国产险业严重依赖车险的特殊结构，对保险业安全造成潜在的重大影响。

当前，我国保险业安全问题的重大风险敞口主要表现在：一是保险机构承受风险能力弱；二是保险系统承受风险能力弱；三是金融风险的传染效应强；四是金融安全问题复杂多变等。

实现中国保险业安全的急迫性已不言而喻，我们需要从保险业十组数据反映的十大问题入手，探讨如何做好保险业资产风险的防范，进而研究如何防范新冠肺炎“黑天鹅”，并研究如何避免“黑天鹅”演化为“灰犀牛”。

随着新冠疫情在全世界范围内的不断蔓延，全球经济金融运行的不确定性显著增强。为此，我们需要研判疫情对我国保险业运行的影响，并探讨应对疫情冲击的保险对策，有效防控保险业发生系统性风险，保证保险业安全。

中国保险业所处的金融市场

一、金融业的概况

随着1992年10月中国证监会的成立、1998年11月中国保监会的成立、2003年4月中国银监会的成立，以及2018年4月中国保监会与中国银监会合并成中国银保监会，中国的金融业发生了翻天覆地的变化。在这个过程中，我们见证了中国金融的成长，见证了中国金融“三驾马车”之银行、保险、证券的发展。中国人民银行公布的数据显示：

2019年末，我国金融业机构总资产为318.69万亿元，同比增长8.6%。其中，银行业机构总资产为290万亿元，同比增长8.1%；证券业机构总资产为8.12万亿元，同比增长16.6%；保险业机构总资产为20.56万亿元，同比增长12.2%。

2019年末，金融业机构总负债为289.43万亿元，同比增长8.1%。其中，银行业机构总负债为265.54万亿元，同比增长7.7%；证券业机构总负债为5.81万亿元，同比增长20.4%；保险业机构总负债为18.08万亿元，同比增长10.8%。

2019年末，金融业机构净资产（所有者权益）为29.25万亿元，同比增长13.4%。其中，银行业机构净资产为24.47万亿元，同比增长13.0%；证券业机构净资产为2.31万亿元，同比增长8.1%；保险业机构净资产为2.48万亿元，同比增长23.1%。

二、金融业的发展

中国金融业总资产从2002年的24.9万亿元增加到2019年的318.7万亿元，年均增长16.18%；总负债从2002年的23.9万亿元增加到2019年的289.4万亿元，年均增长15.81%；净资产从2002年的1.0万亿元增加到2019年的29.3万亿元，年均增长21.81%（见图5-1）。

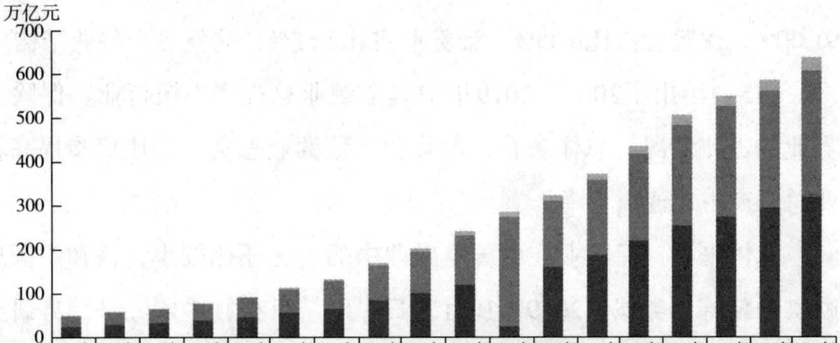

	2002年	2003年	2004年	2005年	2006年	2007年	2008年	2009年	2010年	2011年	2012年	2013年	2014年	2015年	2016年	2017年	2018年	2019年
金融业净资产	1.0	1.2	1.4	1.8	2.5	3.8	4.3	5.3	6.9	8.4	10.2	11.8	14.6	18.3	20.8	23.3	25.6	29.3
金融业总负债	23.9	27.8	31.7	2005	44.1	53.4	62.5	79.6	94.4	112.5	2012	150.0	172.0	199.9	232.4	252.0	267.9	289.4
金融业总资产	24.9	29.1	33.1	2005	46.6	57.2	66.8	84.9	101.3	120.9	2012	161.7	186.6	218.1	253.2	275.3	293.5	318.7

图 5-1　中国金融业总资产、总负债、净资产状况

总体来看，中国金融业总资产、总负债、净资产的增长率在逐年下降（见图5-2），从2017年开始基本与GDP明义增幅同步。可见，随着金融“去杠杆”，金融资产的泡沫也在逐步被挤出。

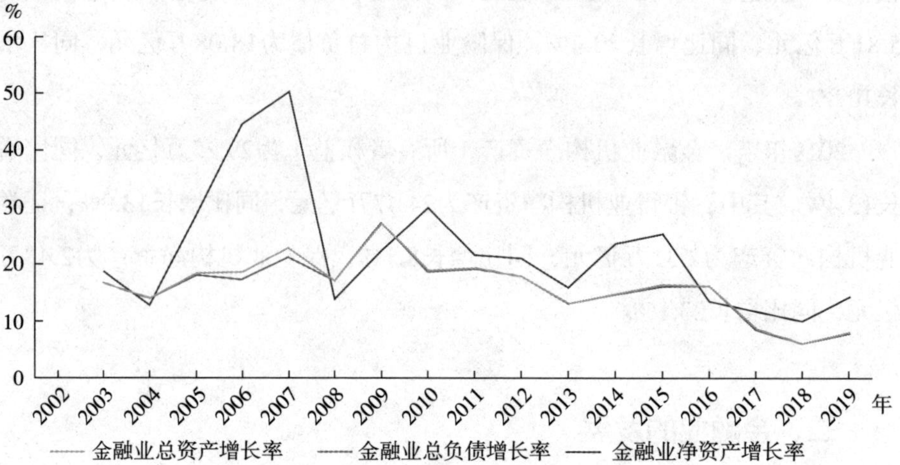

图 5-2　中国金融业总资产、总负债、净资产增长情况

三、金融业的结构

2019年，全国金融业机构总资产为318.69万亿元，其中银行业占比91.00%，保险业占比6.45%，证券业占比2.55%，这就是金融业结构。

图5-3给出了2002—2019年中国金融业总资产中银行业、保险业、证券业的占比情况。总体来看，保险业、证券业总资产占比稳步提高，银行业总资产占比逐渐下降。

总体来看，保险业在中国金融业中的占比还比较小，这和中国居民的财富分配基本类似。2019年10月30日，经济日报社中国经济趋势研究院家庭财富调研组发布的《中国家庭财富调查报告2019》显示：

我国2018年家庭人均财产为208883元，相比2017年的194332元增长了7.49%；城镇和农村家庭人均财产分别为292920元和87744元，城镇家庭人均财产是农村的3.34倍。其中，分析家庭房产净值的数据显示，现阶段我国有93.03%的居民家庭拥有1套住房，有3.82%的家庭有两套或者两套以上的住房，没有房子的家庭也就只有3.14%。另外，城镇居民家庭房产净值占家庭人均财富的71.35%，农村居民家庭房产净值的占比为52.28%。

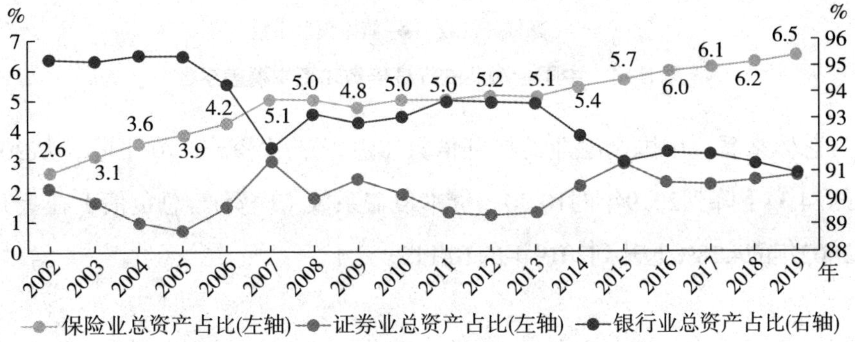

图 5-3　中国金融业总资产占比结构

2018年美国居民的资产总规模达到120万亿美元，超过七成配置了金融资产；其中保险与养老金占比23.8%，仅次于股票和投资基金的32.2%。相反，我国城镇居民超过七成配置了房产，实现家庭财富安全的急迫性已不言而喻，保险能否成为一个高效途径值得期盼。

四、金融业的杠杆

“给我一个支点，我就能撬动地球！”这是古希腊物理学家阿基米德的一句名言，他在《论平面图形的平衡》一书中最早提出了杠杆原理。简单地说，金融杠杆就是一个乘号，就是净资产所撬动的总资产倍数，如图5–4所示。

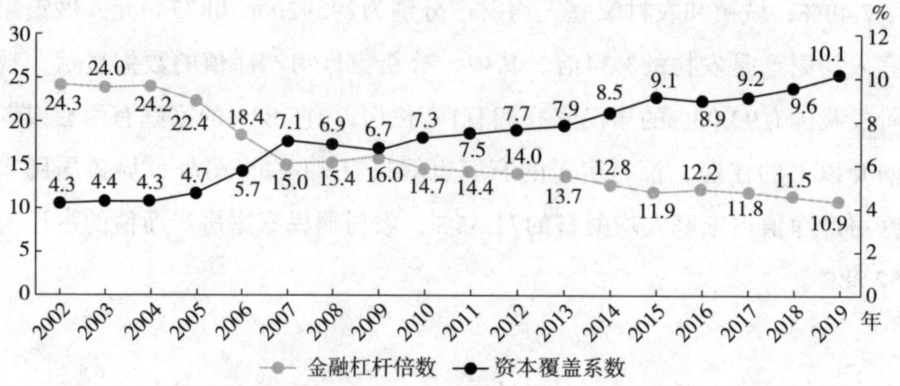

图 5-4　中国金融业的杠杆倍数和资本覆盖系数

总体来看，中国金融业的杠杆倍数（总资产/净资产）在下降，从2002年的24.34下降到2019年的10.90；资本覆盖系数（净资产/总负债）在上升，从2002年的4.28%上升到2019年的10.11%。

五、金融业的驱动

《金融力量：金融业的“三驾马车”，从“狼来了”说起》谈到，中国金融业的驱动力主要是GDP和M2供应量。

图5-5给出了中国金融业总资产增长率与GDP名义增长率之间的关系，总体来看，2016年以前，金融业增长率高于GDP名义增长率；2016年以后，随着金融业的“去杠杆”，金融业总资产增长率开始趋同于GDP名义增长率。

图5-6给出了中国金融业总资产增长率与M2供应量增长率之间的关系，总体来看，金融业总资产增长率与M2供应量增长率趋同。随着金融市场化程度的提高，金融市场业务已成为M2重要的派生渠道，并在一定程度上加剧了M2波动，影响到货币供应量目标的稳定性。从全球范围看，主要经济体M2均呈大幅波动态势，与名义GDP之间的相关性较弱。随着中国金融业的发展，注定与反映实体经济的GDP脱钩，与M2相关性将越来越大。

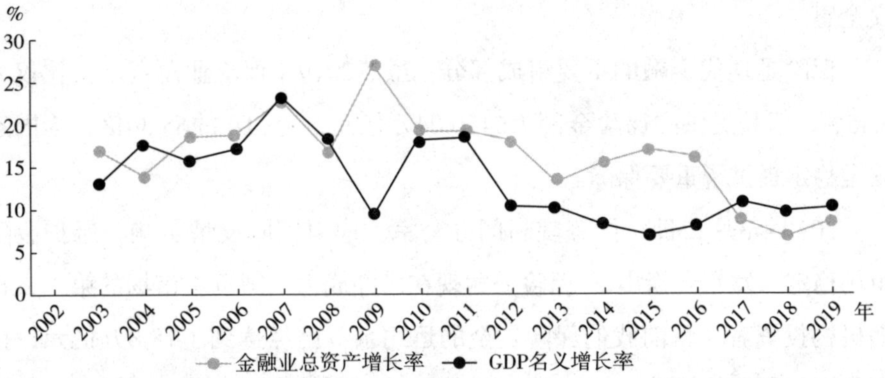

图 5-5　中国金融业总资产增长率与 GDP 名义增长率

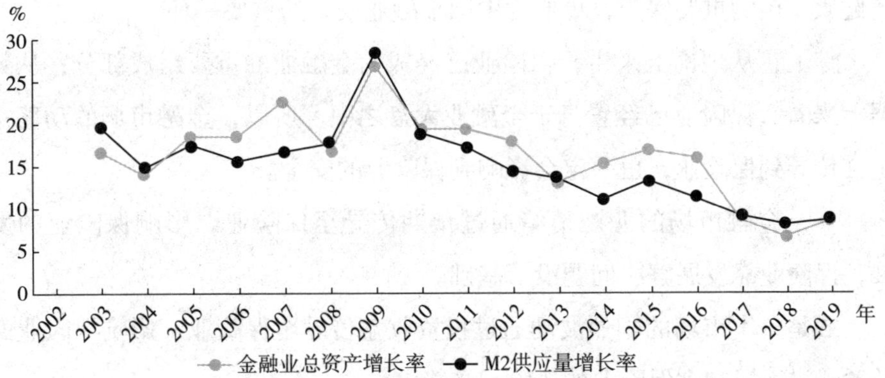

图 5-6　中国金融业总资产增长率与 M2 供应量增长率

六、金融业的保险

保险作为风险社会的重要管理工具，具有保障程度高、费率低、社会效益好等突出特点，一直是欧美发达国家居民确保家庭财富健康安全的主要途径之一，特别是健康保险、养老保险、房屋保险等，有助于金融风险的分散，有助于缓解金融风险过度集中于银行业的突出问题，有助于国家金融安全，有助于构筑国家安全网，有助于提升人民的获得感、幸福感、安全感。

保险是现代金融的重要组成部分，虽然2019年保险业总资产占比仅为6.45%，但其提供的保险金额为6470.04万亿元，为GDP的65.30倍，为国家安全稳定提供了重要保障。

2020年3月22日，国务院新闻办公室“应对国际疫情影响，维护金融市场稳定”发布会指出，“保险公司现在已经成为中国资本市场的第二大长期机构投资者，目前我们保险资金的运用余额已经达到了18.8万亿元，投资股票和基金的规模达到2万亿元左右，占到保险资金运用余额的10.8%。”

可见，保险业已成为中国经济稳定发展的重要保障，成为中国资本市场健康发展的重要保障，更成为中国金融业安全的重要一环。

综上，从理论上来讲，保险业已经成为金融业的重要组成部分；从数据上来看，保险业已经置身于金融业大盘之中。所以，金融市场的动荡一定会传导到保险业，也一定会影响到保险业的安全。

一是金融市场的悲观情绪通过预期传导至保险业，影响保险业的发展，保险业靠发展解决问题没了基础。

二是资本市场的剧烈波动通过投资收益传导至保险业，影响保险业的效益，进而影响到保险业的风险承受能力。

三是金融机构资产负债表的恶化可能会传导到保险业中来，影响保险机构的资产负债情况。

四是保险业自身经营的问题反过来也会加剧金融市场的动荡，这些反过来再传导到保险业。

经过70年的高速发展，中国已经是一个世界性的金融大国，我们拥有世界最大规模的信贷市场和外汇储备规模，拥有世界第二大的股票市场、债券市场和保险市场，所以保持好中国金融市场的稳定就是对全球金融稳定的重大贡献。这就是金融业中的保险，保险业所处的金融业，这就是中国保险业安全问题导致的中国金融安全问题。

中国保险业的家底是否殷实

一、保险业的概况

自中国1805年成立第一家保险公司以来，中国保险已经走过了200多年的历史。自1949年中华人民共和国成立以来，中国保险也经历了初步发展（1949—1958年）、停办（1958—1979年）、恢复发展（1979年至今）三个大的阶段。

中国保险业自1979年恢复以来，获得了快速发展。尤其是近年来，党中央、国务院十分重视保险业发展，在多份重要文件中提出要大力发展保险业，出台了一系列促进保险业改革发展的政策措施，我国保险业实现了长足发展。

中国保险业总资产从2002年的0.65万亿元增加到2019年的20.56万亿元，年均增长22.54%；总负债从2002年的0.65万亿元增加到2019年的18.08万亿元，年均增长21.65%；净资产从2003年的0.03万亿元增加到2019年的2.48万亿元，年均增长47.55%（见图5-7）。

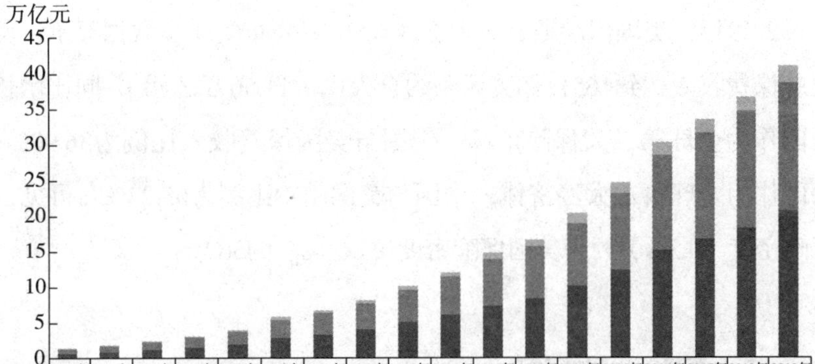

	2002年	2003年	2004年	2005年	2006年	2007年	2008年	2009年	2010年	2011年	2012年	2013年	2014年	2015年	2016年	2017年	2018年	2019年
保险业净资产	0.00	0.03	0.03	0.03	0.19	0.43	0.28	0.39	0.51	0.56	0.79	0.85	1.33	1.61	1.72	1.88	2.02	2.48
保险业总负债	0.65	0.89	1.16	1.49	1.79	2.47	3.06	3.67	4.54	5.46	6.56	7.44	8.83	10.75	13.39	14.86	16.32	18.08
保险业总资产	0.65	0.91	1.19	1.52	1.97	2.90	3.34	4.06	5.05	6.01	7.35	8.29	10.16	12.36	15.12	16.75	18.33	20.56

图 5-7 中国保险业总资产、总负债、净资产状况

总体来看，2002年以来保险业总资产增长率、总负债增长率、净资产增长率在银行业、保险业、证券业中是最高的，一直在领跑金融业的发展，如图5-8所示。

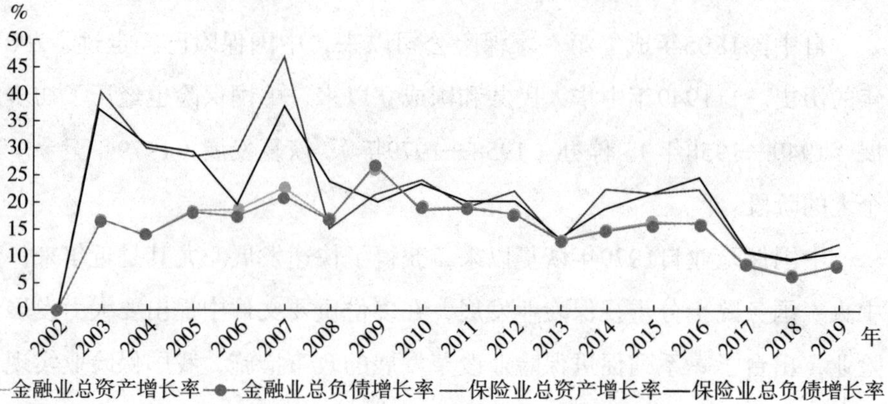

图 5-8　中国保险业总资产、净资产增长情况

这就是中国保险业，2019年虽然总资产仅占金融业的6.45%，但为全社会提供风险保障6470万亿元，是GDP的65.30倍，是金融业总资产的20.30倍。所以，相对于银行业，保险业更要关注社会保障问题，是社会宏观风控效率、微观风控效率和风控市场效率的重要决定力量。

2019年，美国保险监督官协会（NAIC）公布的初步数据显示，美国保险业总保费收入达到16511亿美元（约合人民币11.56万亿元），同比增长5.75%。中国作为全球第二大保险市场，中国与美国保费收入比例为36.90%；同期，中国作为全球第二大经济体，中国与美国GDP比例为65.23%。可见，中国的保险密度（4.3%）约为美国保险密度（7.61%）的56.56%。

二、保险业的杠杆

按照《保险法》的规定，我们所理解的保险杠杆率的计算方式为保费收入除以净资产、保险金额除以净资产。本书延续前面的分析方法，使用杠杆倍数（总资产/净资产）和资本覆盖系数（净资产/总负债）进行近似分析。

通过图5-9可以看出，中国保险业的杠杆倍数（总资产/净资产）在逐渐下降，从2002年的195下降到2019年的8.3；资本覆盖系数（净资产/总负债）在逐渐上升，从2002年的0.5%上升到2019年的13.7%。

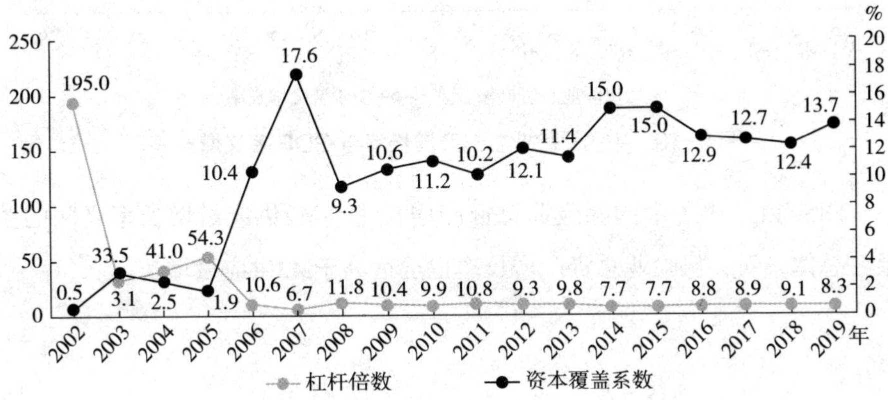

图 5-9　中国保险业的杠杆倍数和资本覆盖系数

可见，2002年中国保险业已经处于“破产边缘”，经过近20年的发展，中国保险业的偿付能力充足率已经得到了彻底的改善；2019年末保险业偿付能力充足率为247%。这就是中国的保险业，肩负国家风险治理重任，这对于保险业的资本充足率提出了更高的要求。

三、保险业的驱动

我们研究发现，中国保险业的驱动力主要是GDP和M2供应量。图5-10给出了中国保险业总资产增长率与GDP名义增长率之间的关系，总体来看，保险业总资产增长率远远高于GDP名义增长率，基本上是GDP名义增长率的2倍。

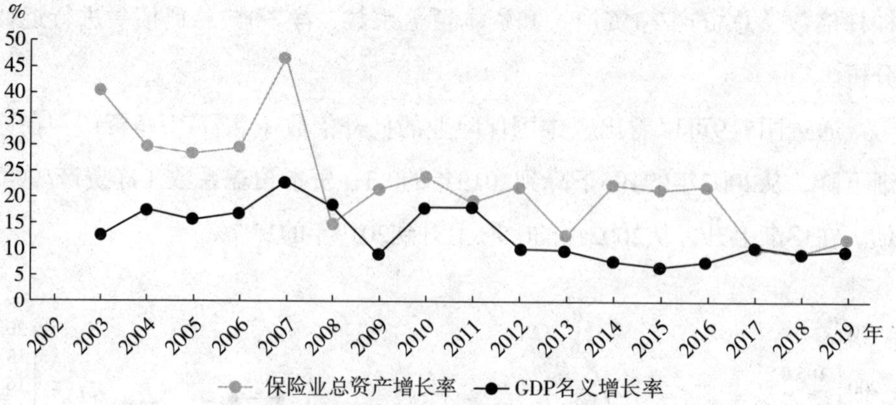

图 5-10　中国保险业总资产增长率与 GDP 名义增长率

图5-11给出了中国保险业总资产增长率与M2供应量增长率之间的关系，总体来看，保险业总资产增长率也远远高于M2供应量增长率。

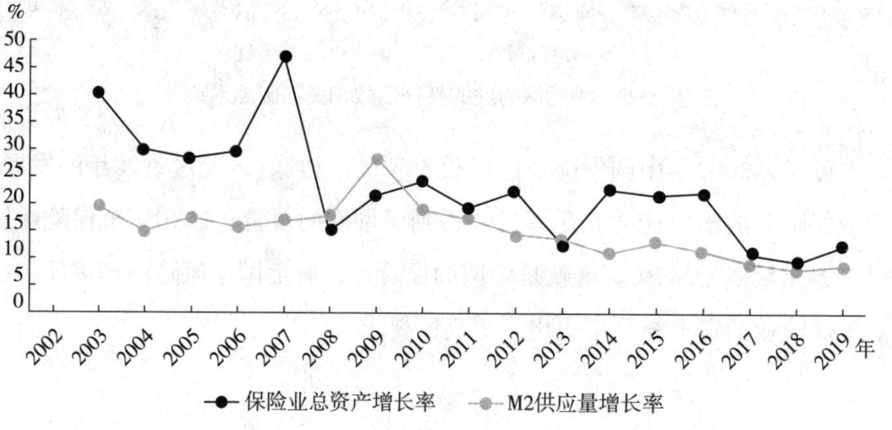

图 5-11　中国保险业总资产增长率与 M2 供应量增长率

这就是中国保险业，经济下行可能导致保险过度萎缩，从而波及保险业未来发展，我们要密切关注，把握好保险发展的力度和节奏。

从全球范围看，保险业的发展和经济发展水平、社会财富、家庭财富的变化具有紧密联系，我们要寻找其中的规律，进行有目的的引导。

四、保险业的结构

中国保险业总保费从2002年的3053亿元增加到2019年的42645亿元，年均增长16.78%；寿险公司保费从2002年的2246亿元增加到2019年的29628亿元，年均增长16.39%；产险公司保费从2002年的807亿元增加到2019年的13016亿元，年均增长17.77%（见图5-12）。

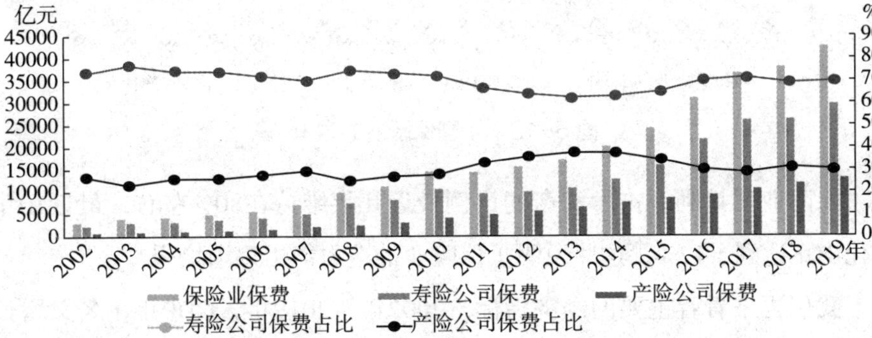

图 5-12　中国保险业的市场结构

总体来看，寿险公司和产险公司基本形成了7：3的市场格局，相比于美国6：4的市场格局来说有进一步优化的空间。

2019年，美国保险监督官协会（NAIC）公布的初步数据显示，财产险行业保费7061亿美元，同比增长4.64%，占比42.77%；人身险行业保费9450亿美元，同比增长6.6%，占比57.23%；总保费收入达到16511亿美元（约合人民币11.56万亿元），同比增长5.75%。

五、保险业的效率

保险业净利润从2002年的47.66亿元增加到2019年的3133.21亿元，年均增长27.92%；净资产收益率（ROE）（净利润/净资产）年化为11.87%，具体数据如图5-13所示。

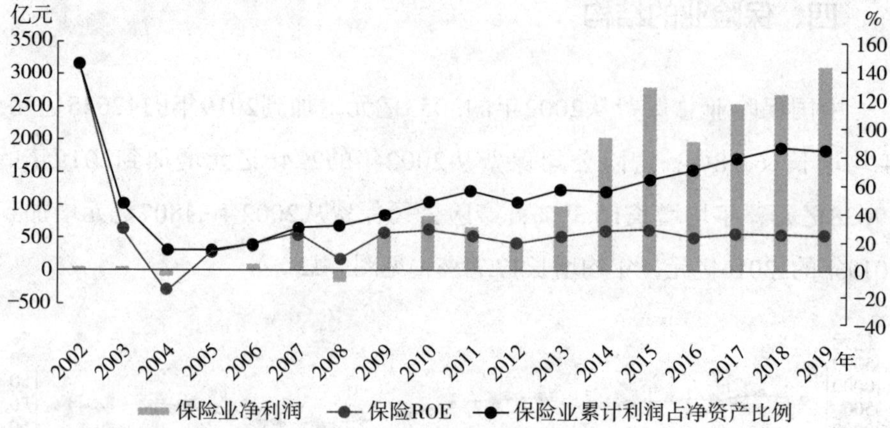

图 5-13　中国保险业的效率

保险业累计利润占净资产的比例最近几年维持在80%左右，最近10年年化ROE达到了12%，这些说明了保险业的造血能力逐渐增强。

我们再来看看主要的经济指标，2002年至2019年，GDP年化名义增长11.52%，M2供应量年化增长13.98%，沪深300指数年化收益率1.41%，年化CPI为2.29%；保险业ROE年化11.87%，跑赢了GDP、沪深300指数、CPI指数。

以上就是中国保险业的家底，保险业的成就是过去的，并不代表未来；面向未来，面对国际疫情的冲击，我们需要重新思考中国保险业的“安全问题”“发展问题”“2020年问题”……

保险，作为一个强监管的行业，属于奇缺的货物；所以，一旦控制了保险的金融力量，从中牟取暴利也就不足为奇了。最近20年保险业年化ROE跑赢了GDP名义增长率、M2供应量增长率、沪深300指数年化增长率、CPI指数年化增长率……总体来看，保险业家底还算比较殷实。

中国保险业安全的风险源头

一、保险业的风险

近期，国际疫情扩散蔓延，国际金融市场动荡加剧，欧美和许多新兴市场经济体的股市都出现了大幅度下跌。国际疫情扩散蔓延对经济和金融产生了巨大的影响，无论是国际疫情，还是国际疫情对全球经济的影响，都是世界各国共同面临的挑战。

目前，中国的疫情防控虽然取得了阶段性胜利，但尚未取得最终的胜利，依然要克服种种困难。具体到保险业，需要克服的困难更大，因为除了需要关注保险业经营、管理的风险之外，更需要关注保险业自身的风险。中国保险学会会长董波曾说："保险业的主业是管理风险、经营风险，绝不能成为风险本身的源头。"

关于保险业的风险，有各种不同的定义和划分，本书不再详举。2019年7月，中国保险保障基金公司发布了《中国保险业风险评估报告2019》。报告分别从保险行业转型风险、保险风险、流动性风险、信用风险、市场风险、治理风险等八个值得重点关注的方面，对保险业面临的风险进行了深入剖析，指出当前保险业正在发生深刻变化，传统问题与新型风险相互交织，风险特征表现形式更为多样、隐蔽，风险传导链条更加复杂，长期积累风险隐患有所暴露，防范化解重大风险形势严峻。

疫情发生以来，中国金融业监管的"一委一行两会"深入分析和研判国际疫情冲击下的中国金融安全问题，结合中国实际情况和国际金融市场内在规律，积极采取了一系列金融调控政策。

基于此，本章《中国保险业的安全问题初探》一文通过简单对比2020年1—4月和2019年数据，给出了中国保险业当前需要思考的十大问题：

（1）问题1：中国保险业保费增速全面放缓，现金流风险与日俱增！

（2）问题2：中国保险业资金运用结构整体变化不大，金融风险的传染效应正在强化！

（3）问题3：中国保险业资金运用收益基本与时间同步，利差率风险正在酝酿发酵！

（4）问题4：中国保险业总资产稳中有增，抗风险能力却值得关注！

（5）问题5：中国保险业赔付因疫情放缓，流动性风险却不容忽视！

（6）问题6：中国保险业盈利能力开始下降，如果进一步拆开来看更令人担忧！

（7）问题7：中国保险业应收保费快速增长，因疫情会进一步放大！

（8）问题8：中国保险业因疫情放大了自身价值，但是未知的风险也在放大！

（9）问题9：中国保险业的半壁江山是传统银行保险，随着消费者开始适应银行互联网业务，银行保险成为明日黄花！

（10）问题10：中国保险业的重要组成部分多年来徘徊不前，已经找不到方向！

十大问题背后隐含的正是保险业面临的四大风险：一是传统风险（包括保险风险、市场风险、信用风险、流动性风险等）；二是经营风险（包括公司治理风险、经营激进风险等）；三是宏观环境风险（包括经济下行、资本市场波动、金融泡沫等）；四是全球风险的传染、传递。

基于十大问题背后的四大风险，中国保险业的风险源头如下：最大的不确定性（金融危机）、最大的风险源（投资业务）、重大的危险源（承保业务）和重大的隐患源（保险机构）。

二、保险业最大的不确定性——金融危机

我们离全球金融危机还有多远？保险业最大的不确定性（风险点）正是金融危机。新冠肺炎疫情是否会引爆新一轮的金融危机和经济危

机？对于这个问题，目前市场分歧较大，既有正方又有反方又有中立方（评方）。

（1）正方认为：我们已经站在金融危机的边缘。2020年3月15日，任泽平在《我们正站在全球金融危机的边缘》中提出：2008年国际金融危机至今，12年过去了，美国、欧洲主要靠量化宽松和超低利率，导致资产价格泡沫、债务杠杆上升、居民财富差距拉大、社会撕裂、政治观点激化、贸易保护主义盛行。从金融周期的角度，这可能是一次总的清算，该来的迟早会来。

2020年3月15日，姜超在《海外债务危局，中国这边独好》中提出：单纯的股市下跌，未必会产生金融危机；但是如果出现了债市的下跌，就要对金融危机高度警惕。1998年的亚洲金融危机和2008年的全球金融危机，都是由债务危机引发的。目前，欧美企业和政府部门债务本就高企，疫情冲击下使得部分国家的政府债务问题再度加剧。

（2）反方认为：疫情引发金融危机的概率很小。2020年3月2日，中金公司在主题策略《二十世纪全球三大疫情回顾及对当前的启示》中指出，20世纪历次金融危机的原因，都和疫情没有任何关系。20世纪最大的3次疫情流行，即1918年“西班牙流感”、1957年“亚洲流感”、1968年“香港流感”，以及其他全球累计致死大致规模在一百万或以上的大疫情，都经历了半年以上甚至长达两年以上的时间，但对股市的冲击都很小。

2020年3月25日，荀玉根在海通策略《现在与08年的异同——新冠肺炎研究系列5》中提出：2008年全球金融危机爆发的背景是美国杠杆率很高，房价大幅下跌引发资产负债表恶性循环的缩水，最终出现金融危机，即基础资产恶化叠加杠杆率很高导致金融危机。目前疫情恶化对经济有冲击，但不是经济循环本身出了问题。

（3）中立方认为：判断全球金融危机为时尚早。2020年3月22日，国务院新闻办公室“应对国际疫情影响，维护金融市场稳定”发布会指出，目前断定全球已经进入了金融危机还为时尚早。国际金融危机通常有三个基本的特征：一是是否存在国际金融市场跨市场的、持续的恐慌性下跌。二是是否出现大量的金融机构，特别是系统重要性金融机构倒闭。三是看全球的实体经济运行是否受到了严重破坏。目前，针对国际金融市场动荡的加剧，许多国家都陆续出台了一些应对措施，这些措施的效果还有待观察。

全球金融危机离我们有多远？我们先来了解一下何谓金融危机。金融危机（Financial Crisis）又称金融风暴，是指一个国家或几个国家与地区的全部或大部分金融指标（如短期利率、货币资产、证券、房地产、土地价格、商业破产数和金融机构倒闭数）的急剧、短暂和超周期的恶化。

金融危机的特征包括：人们预期未来经济将更加悲观，整个区域内货币出现较大幅度的贬值，经济总量与经济规模出现较大幅度的缩减，经济增长受到打击，企业大量倒闭，失业率提高，社会经济萧条，有时候甚至伴随着社会动荡或国家政治层面的动荡。

金融危机可以分为货币危机、债务危机、银行危机等类型；近年来的金融危机越来越呈现出某种混合形式的危机。

我们离全球金融危机还有多远？全球金融危机离我们有多远？显然这些不以我们的意志为转移，不管怎么说，全球金融危机已经在路上……

面对保险业最大的不确定性——金融危机，我们只能选择在路上……只有在路上，才觉得自己是一个风险体，才能准确定位保险业与全球金融危机的关系；只有在路上，才不觉得只是一个人在行走，才能精确计算保险业与后疫情时代的距离。

三、保险业最大的风险源——投资业务

保险承保业务（承保业务）与保险资金运用业务（投资业务）一起被喻为保险业发展的“两个轮子”，而承保业务和资金运用业务并重是现代

保险业的重要特征。其中，保险业务是保险风险管理价值的体现，资金运用业务是保险投资管理价值的体现，二者构成了保险价值的所有。

我们人为赋予保险很多功能，但所有的一切从本质上（内核）就是风险管理和投资，表现（表征）为促进经济增长和社会发展，仅此而已。

从目前疫情的国际影响来看，对于保险投资业务的影响要远远大于保险承保业务，本部分先来谈谈保险业最大的风险源——投资业务。我们先来看一组数据，图5-14给出了2002年至2019年保险业资金运用余额、投资收益和保险利润之间的关系。

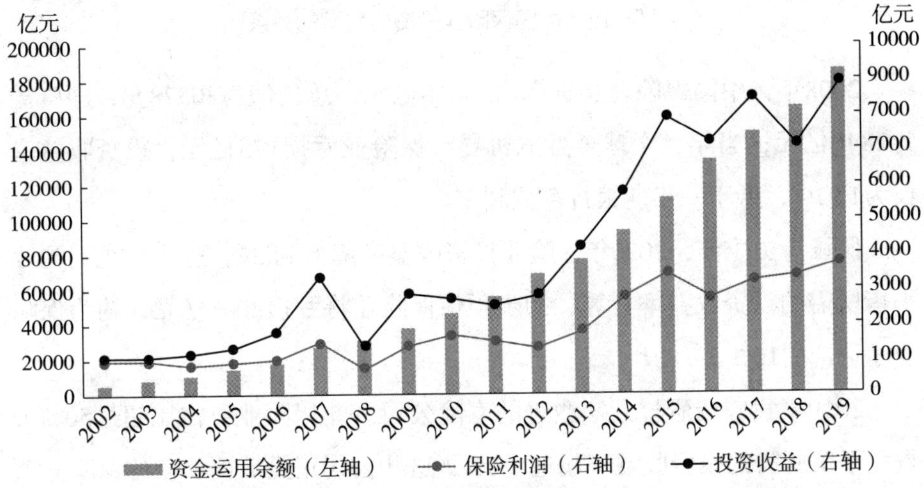

图 5-14　中国保险业历年投资情况

为了进一步说明保险投资与利润的关系，我们先做一个假设：保险投资业务与保险承保业务之间的风险是隔离的。基于此，图5-15给出了历年保险利润与投资收益比、保险业盈亏平衡所需要的投资收益率；2015年盈亏平衡所需投资收益率达到4.81%，2016年以来有所下降，2016—2019年分别为4.05%、4.00%、2.62%、3.19%，可见2019年又有所反弹。

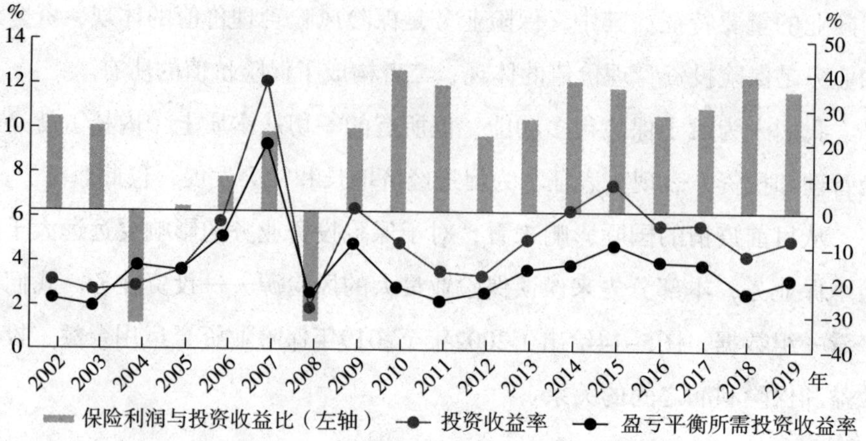

图 5-15　中国保险业投资与利润的关系

2008年，中国保险业总资产为33418亿元，总负债为30578元，净资产为2840亿元；当年，全球金融危机导致保险业亏损175亿元，投资收益率仅为1.91%，低于一年期银行存款利率。

假设历史重演，2020年保险业投资收益率降低到2%，按照3.2%的盈亏平衡所需的投资收益率计算，初步预估保险业将亏损2000亿元，约为保险业净资产的10%。

2019年我曾调研过几家激进的寿险公司（非保险业务占比超过50%），盈亏平衡所需的投资收益率超过了6%，这些公司正是后面要谈的保险业重大的隐患源——保险机构。

疫情暴发以来，截至5月底保险业累计赔付约为3亿元（仅为投资业务预计亏损的0.1%），可见疫情对承保业务的影响要远远小于投资业务；关于“保险业最大的风险源——投资业务”这个问题后面再单独进行深入分析。

四、保险业重大的危险源——承保业务

山派观点认为，承保业务是保险主业；海派观点认为，投资业务也是保险主业。图5-16给出了承保业务和投资业务的价值。

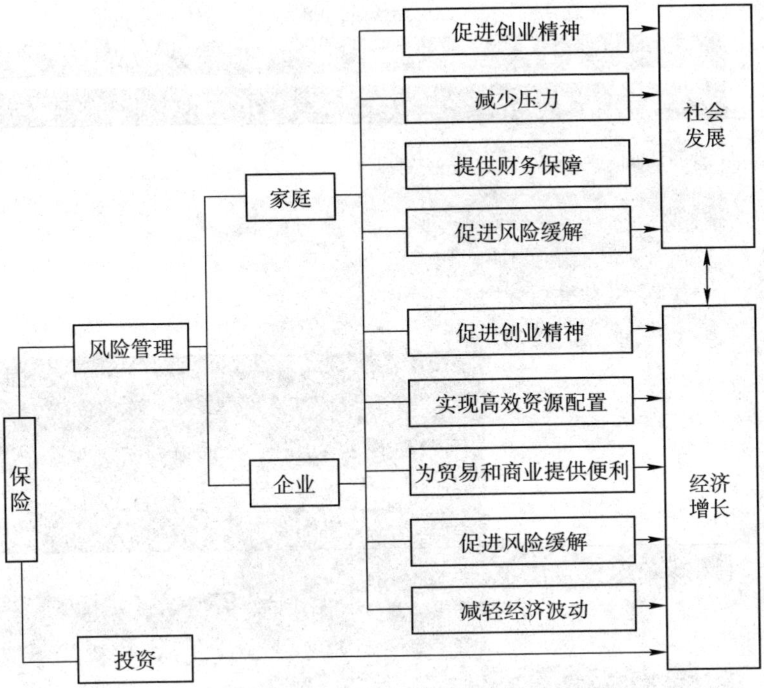

图 5-16 保险的价值

整体来看，承保业务通过将个体风险转化为集体风险来提高个体以及社会对风险损失的承受能力，是一种分散风险、消化损失的经济补偿手段，其保费收入是保险投资业务基础资产的重要组成部分，不是保险投资业务的基础和前提，因为这个重要组成部分的比例随着经济发展呈下降趋势，具体见图5-17。

正如前文所言，承保业务与投资业务一起构成了保险业发展的“两个轮子”，缺一不可。不过，我们还是延续前面的假设：保险投资业务与保险承保业务之间的风险是隔离的。

既然承保业务是保险的一个主业，那么赔款和给付也就成了主业的基础。图5-18给出了2002—2019年保险业赔款和给付比例、寿险公司赔款和给付比例、产险公司赔款和给付比例。

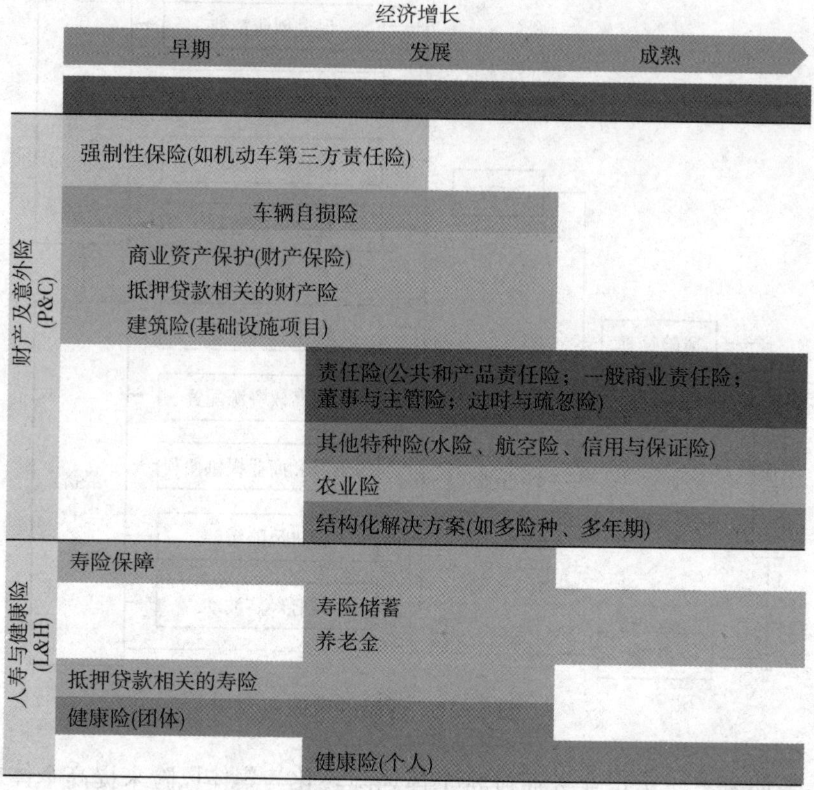

图 5-17　保险的变迁

注：阴影区域表示与经济增长同步发展的险种。

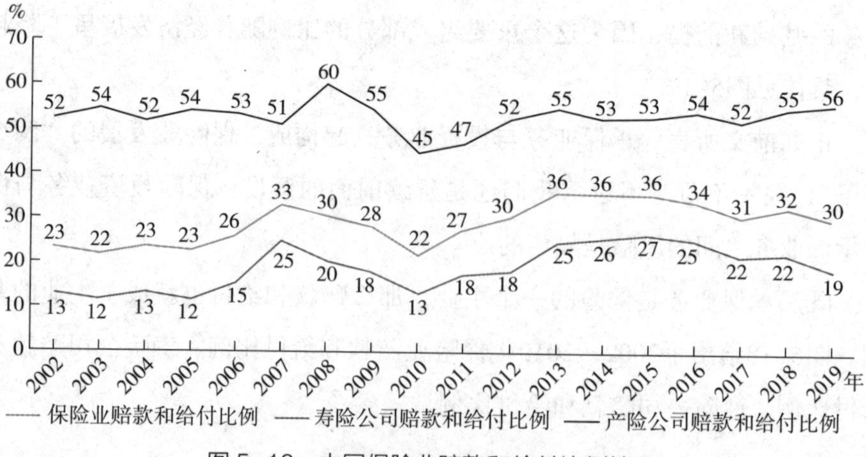

图 5-18　中国保险业赔款和给付比例情况

2008年，中国保险业总赔款和给付支出为2971亿元，其中寿险公司为1496亿元，产险公司为1475亿元；当年，我们遭受了特大冰雪灾害和汶川大地震，但是对于保险业赔款和给付影响基本可控。

假设历史重演，2020年保险承保业务赔付上升10%，对于保险业的影响不会超过1000亿元，也不会导致保险业出现亏损。

相比来说，对应收保费和退保的影响可能更大，图5-19给出了2013—2019年应收保费率变化情况。整体来看，寿险公司应收保费率变化不大，产险公司的应收保费率持续飙升，2019年已经达到14.32%。

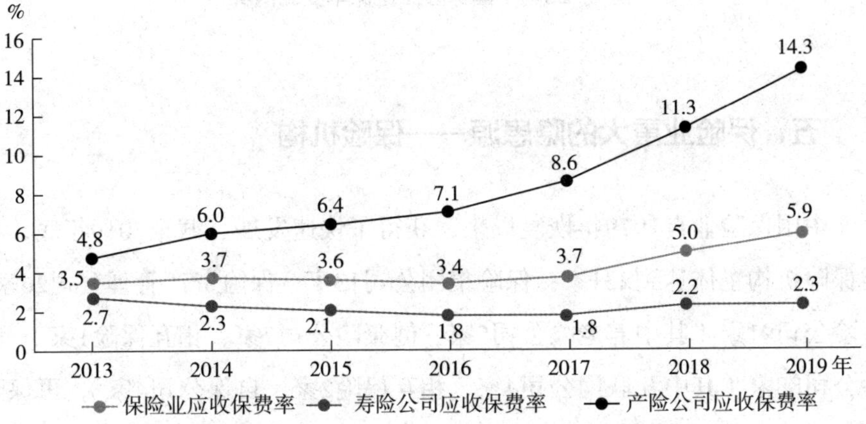

图 5-19　中国保险业应收保费率变化情况

图5-20给出了2013—2019年退保率变化情况。整体来看，产险公司退保率变化不大，寿险公司退保率最近几年基本维持在20%左右，2019年略有下降。

疫情暴发以来，虽然保险业累计赔付约3亿元（仅为投资业务预计亏损的0.1%），但是疫情对于保险业应收保费和退保的影响巨大；关于“保险业重大的危险源——承保业务”这个问题后面再单独进行深入分析。

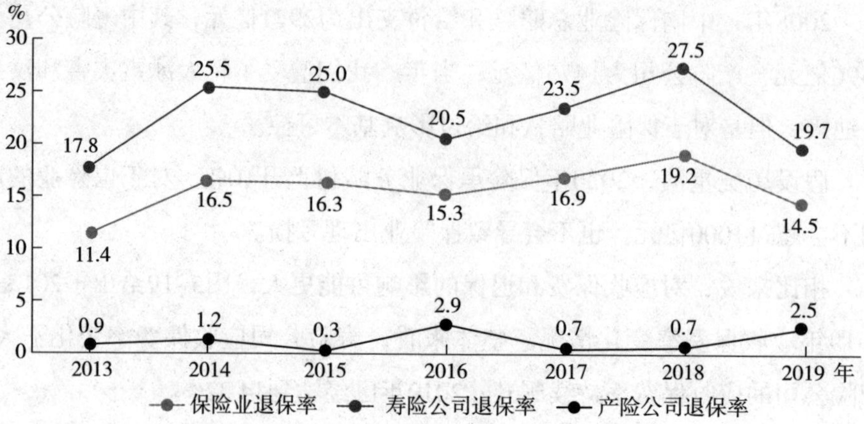

图 5-20　中国保险业退保率变化情况

五、保险业重大的隐患源——保险机构

中国保险业自1979年恢复以来，获得了快速发展。截至2019年底，各类保险机构主体达到231家：保险集团公司13家，保险资产管理公司26家，寿险公司91家（其中养老险公司5家、健康险公司7家、相互保险1家），产险公司88家（其中互联网公司4家、相互保险2家、自保公司4家），再保险公司12家（其中中资6家、外资6家）。

对于88家产险公司来说，我们要重点关注信用保险、保证保险业务占比较高的公司，另外要关注每股净资产低于0.5元的公司，还有严重依靠投资收益的公司，这些公司能否熬过这个冬天是一个未知数。

对于91家寿险公司来说，我们要重点关注2018年、2019年非保险合同占比超过25%的公司[非保险合同占比=非保险合同交费/（保费收入+非保险合同交费）]，还要关注每股净资产低于0.5元的公司和退保率偏高的公司以及投资激进的公司，这些公司能否熬过这个冬天也是一个未知数。

对于88家产险公司和91家寿险公司，我相信这个冬天一定会有公司“长眠不醒”；关于“保险业重大的隐患源——保险机构”这个问题后面再单独进行深入分析。

综上，本部分简单分析了中国保险业安全问题的风险源头，风险管理是保险业永恒的主题。成功的保险故事大致相同，失败的保险故事五花八门、各种各样，而几乎所有的失败者都折戟于风险。中国保险业必须严控风险，做到经营的安全和自身的安全。

国际疫情影响下，中国保险业暴露的十大问题隐含了四大风险：传统风险、经营风险、宏观环境风险、全球风险的传染和传递等；基于十大问题背后的四大风险，我们找到了中国保险业的四大风险源头：最大的不确定性（金融危机）、最大的风险源（投资业务）、重大的危险源（承保业务）和重大的隐患源（保险机构）。

中国保险业的疫情影响预测

一、疫情与保险

新冠肺炎疫情，让人们始料未及并猝不及防，随着“春运”带来大范围和大规模的人员流动，疫情在全国范围迅速蔓延。一时间，无论是疑似患者，还是确诊病人，乃至死亡人数均呈快速增长的态势，如同一匹脱缰的野马，让人难以控制。疫情发生之后，党中央高度重视，启动了应急机制，调动了全国的力量，全力控制疫情，在各级政府、人民解放军和广大医务人员共同努力下，疫情逐步得到了有效控制。

与此同时，在这次抗击疫情的过程中，我国保险业以高度的社会责任感和专业精神，积极响应，迅速行动，不仅捐款捐物，还向参与抗击疫情的医护人员及家属、疾控人员等，捐赠多种保险，保险金额高达十几万亿元，切实解决了他们以及家庭的后顾之忧，也一定程度分散了政府和医疗机构的潜在财务压力，不仅很好地发挥了保险分散风险、稳定财务的作用，还充分体现了行业的高度社会责任感。许多保险公司在不增加保费的前提下，将一批相关保险产品的责任范围扩展到“新冠疫情”引起的损失。

同时，中国银保监会先后发布了多个应对文件，保险行业在第一时间推出了许多特别举措，包括启动应急预案，开通24小时医疗咨询问诊服务和报案热线，取消理赔医院和等待期限制，开展医疗费用预付和垫付，开设“无接触”理赔绿色通道等；对于在抗击疫情过程中，受到感染和牺牲的相关人员，及时地进行了理赔，得到了各级政府、社会和客户的广泛好评。

但客观地看，在这次抗击疫情过程中，在历次涉及社会的重大灾难面前，作为现代社会风险管理制度安排的保险，能够发挥的风险保障与经济补偿作用仍十分有限，总是陷入一种“心有余而力不足”的尴尬境地，于是，就只能通过“捐款捐物”来体现行业的存在。殊不知，捐款捐物是任何一个行业、企业和个人都可以做的事，而通过一种市场制度和经济合同的安排，为受灾的企业和个人提供损失补偿和灾后重建的资金与能力，为公共安全、社会稳定和经济持续发展提供支持、保障与服务，才是保险行业的独特能力和应有作用。

面对重大灾难，保险行业积极捐款捐物，精神和行为固然可嘉，但或多或少给人以“主业缺位”的印象。因此，保险行业，乃至整个社会都需要认真地思考一个问题，即保险与社会治理体系和能力现代化的关系，如何更好地发挥保险在社会风险管理，尤其是重大灾难中的应有作用。

通过这次疫情，人们开始思考一系列问题：第一，既然风险是客观存在的，那么，我们应当如何面对和管理风险？第二，除了看得见的风险外，我们还面临哪些看不见的风险？第三，对这些看不见的隐形风险，以及可能产生的后果损失，如何识别和评估？第四，应当如何处理这些“水下风险”？能够用保险处理这些风险吗？

二、疫情之发展

根据截至2020年5月31日24时的数据，我国新冠肺炎疫情病死率为5.58%，全球新冠肺炎疫情病死率为6.11%（截至5月31日，全球累计确诊新冠肺炎病例为6014117例，累计死亡367627例；中国累计确诊新冠肺炎病例为83017例，累计死亡4634例）。

2020年1月20日，中国政府开始公布新冠肺炎确诊病例，至5月31日共计132天。132天，全球确诊病例从291例增加到6014117例，死亡病例从9例增加到367627例。

2020年6月7日，国务院新闻办公室发布《抗击新冠肺炎疫情的中国行动》白皮书，记录了中国人民抗击疫情的伟大历程，与国际社会分享了中国抗疫的经验做法，阐明了全球抗疫的中国理念、中国主张。

截至2020年5月31日24时，31个省、自治区、直辖市和新疆生产建设兵团累计报告确诊病例83017例，累计治愈出院病例78307例，累计死亡病例4634例，治愈率94.3%，病亡率5.6%（见图5–21、图5–22、图5–23、图5–24）。

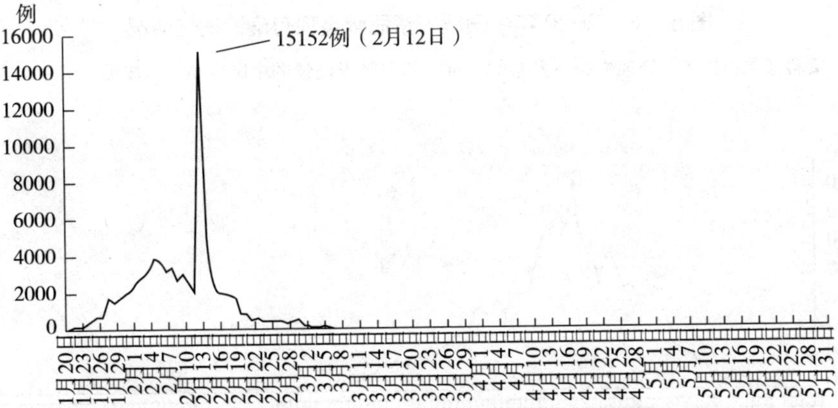

图 5–21　2020 年中国境内新冠肺炎新增确诊病例情况

注：2020 年 2 月 12 日报告新增病例 15152 例（湖北省累计 1332 例临床确诊病例一次性计入当日新增确诊病例）。

资料来源：国务院新闻办公室发布的《抗击新冠肺炎疫情的中国行动》白皮书。

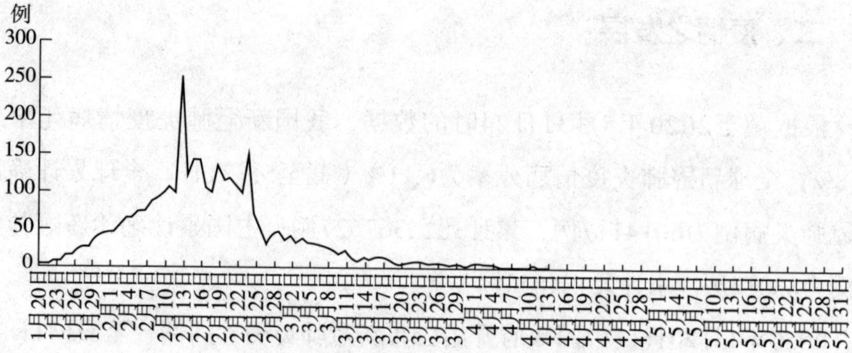

图 5-22　2020 年中国境内新冠肺炎新增死亡病例情况

资料来源：国务院新闻办公室发布的《抗击新冠肺炎疫情的中国行动》白皮书。

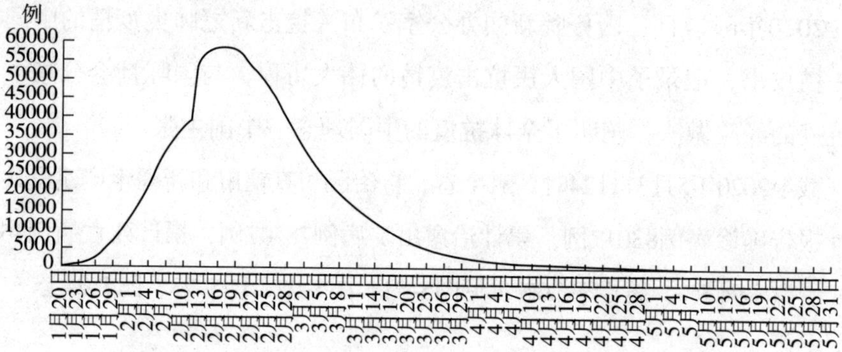

图 5-23　2020 年中国境内新冠肺炎现有确诊病例情况

资料来源：国务院新闻办公室发布的《抗击新冠肺炎疫情的中国行动》白皮书。

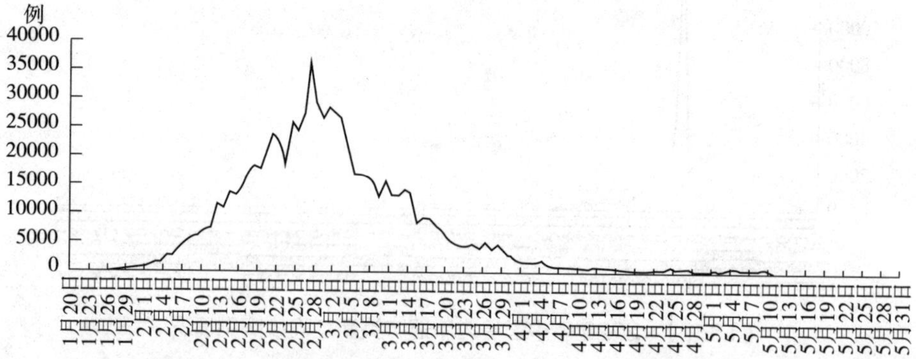

图 5-24　2020 年中国境内新冠肺炎新增治愈出院病例情况

资料来源：国务院新闻办公室发布的《抗击新冠肺炎疫情的中国行动》白皮书。

当前，新冠肺炎疫情仍在全球肆虐，每天都有许多生命逝去。面对严重危机，人类又一次站在了何去何从的十字路口。全球疫情防控战，已经成为维护全球公共卫生安全之战、维护人类健康福祉之战、维护世界繁荣发展之战、维护国际道义良知之战，事关人类前途命运。人类唯有战而胜之，别无他路。

三、疫情之影响

新冠肺炎疫情对于保险业的影响，前面已经进行了全方位的论述，现在来看，国内疫情的影响基本过去，现在最大的影响来自国际疫情的蔓延。

新冠肺炎疫情对于保险业的影响，不在于死亡率（我国定期寿险渗透率还非常低），也不在于传染率（我们采取了严密的防控措施），更不在于治疗费用（政府承担了治疗费用）；相反，我们看到新冠肺炎刺激了健康险的购买，刺激了二手车的买卖，刺激了复工复产保险的发展。

综上，新冠肺炎疫情对于保险业的影响，来自保险业自身的风险，来自经济发展的不确定性，来自金融风险的传递，来自全球金融危机临近的影响等。这些反映到保险业的保费增幅、投资收益、应收保费、退保金等指标上，最后可能导致行业巨亏、部分机构现金流出现问题、部分机构濒临破产。

（一）经济指标预测

新冠肺炎疫情迅速在全球扩散升级，全球经济衰退风险明显上升，世界经济处于自全球金融危机以来最不稳定的状态。“9·11”和2008年金融危机均在北美爆发，且爆发后影响不断下降。而本次疫情是全面危机，覆盖全世界的安全和经济金融等领域。疫情的发展存在不确定性，目前要判断其对经济和政治的影响为时尚早。

现代经济是由人流、物流、资金流、信息流等构成的“流动经济”，疫情期间实施的社交隔离措施减缓了经济活动，对供给端、需求端、金融端造成了全面挑战。企业和居民现金流的突然中断、对未来的悲观预期以及国际供应链的不畅，使得投资、消费、出口“三驾马车”同时受到冲击。我们现在所看到的危害可能只是冰山一角。

2020年4月14日，国际货币基金组织（IMF）公布最新一期的《世界经济展望报告》，报告称全球正经历20世纪30年代经济大萧条以来最严重的经济衰退。自2009年全球经济负增长（-0.1%）以来，时隔11年，全球经济预计再次出现负增长，预计2020年全球经济负增长3.0%。

2020年6月8日，世界银行发布半年度《全球经济展望》，预测2020年全球经济将萎缩5.2%。新冠疫情导致的经济衰退在很多方面都是史无前例的，全球90%的经济体将陷入衰退，而1930年大萧条期间这一数字为85%。对发达经济体来说，这可能是“二战”以来最为严重的衰退，对新兴市场与发展中经济体来说，这是60年来的首次经济收缩……未来的增长预测还有可能进一步下调。

2020年6月10日，经济合作与发展组织（OECD）发布最新世界经济展望报告，再次下调全球经济预期，预计2020年全球经济将出现6%的下降，如果新冠肺炎疫情出现第二次暴发，将下降7.6%。OECD首席经济学家劳伦斯·布恩（Laurence Boone）警告称，在新冠肺炎疫情全球暴发风险下，世界经济处于自2008年金融危机以来最不稳定的状态。

2020年6月20日，中国宏观经济论坛（CMF）发布《中国宏观经济分析与预测报告》，预测2020年中国实际GDP增速为3.0%左右。但是却不能忽视中国经济复苏道路上面临的风险挑战，比如疫情发展存在变数、外部形势严峻复杂，需求修复慢于供给、供需缺口持续扩大，内部结构分化严重、短板效应可能显化，市场主体心理变化、行为模式趋于保守，政策传导存在阻碍、相关机制有待理顺，趋势力量逐步显化、潜在增速可能下滑。

2020年6月24日，国际货币基金组织公布最新一期的《世界经济展望报告》，再次下调全球经济预期。

新冠大流行是史无前例的全球性健康危机，它引发了近一个世纪以来最严重的经济衰退，并给人们的健康、工作和生活造成了巨大损失。当前，大多国家政府采取的封锁措施已经成功减缓了病毒的传播速度并减少了死亡人数，但它们也冻结了许多商业活动、扩大了社会不平等、扰乱了教育并破坏了人们对未来的信心。虽然多国的限制政策开始放宽，但是全球经济复苏的道路仍然高度不确定，容易受第二波感染高峰影响。因此，关于2020年乃至未来的经济走势可能出现两种情况：一种是在2020年底之前发生第二波感染高峰，各国重新开始采取封城等措施；另一种是全球避免了另一次疫情的大暴发。

目前，全球经济界对新冠疫情是否会导致经济危机或萧条不再争论：深度超过2008年全球金融危机，并超过1929—1930年大萧条；衰退的程度取决于疫情持续时间，如疫情跨年则对经济复苏造成巨大冲击……无论如何，2020年中国经济增长率可以假设为0，这是动态财务分析（动态偿付能力压力测试）所需要的谨慎。

（二）动态财务分析

在过去的10年中，动态财务分析（Dynamic Financial Analysis，DFA）逐渐在保险公司得到了广泛的应用（见图5-25）。精算师利用DFA技术来模拟保险公司运营中存在的不确定性，DFA在保险公司有很多潜在的应用领域，如偿付能力测试、资产配置和资本分配。因此，DFA受到了学术界、保险公司以及监管者的青睐，在保险监管领域出现了DFA以及其变形体，如动态偿付能力测试（DST）和动态资本充足性测试（DCAT）。

动态财务分析是在多组一致性的假设条件下预测保险公司未来的财务状况，用于评估保险公司的偿付能力水平和管理策略。

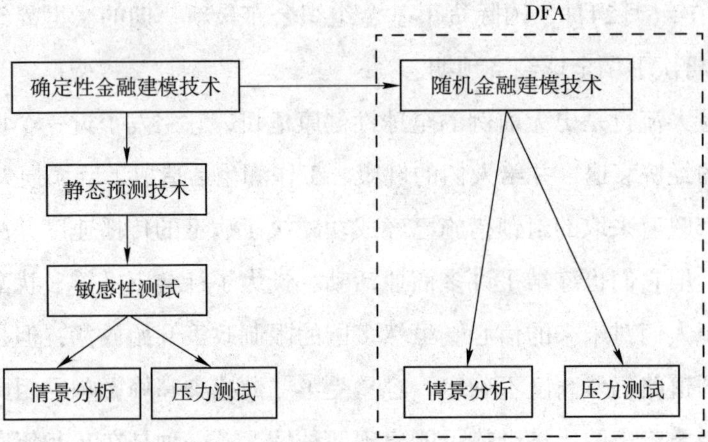

图 5-25　金融建模技术的演变

表5-1对保险公司面临的风险进行了归纳，此表可被看作一个清单，可以据此检查公司是否暴露在某些危险因素之中。

表5-2列出了保险公司经营绩效决定因素的一些实证研究文献，在这些文献中，Browne和Hoyt（1995）以及Browne、Carson和Hoyt（1999）分别对美国的财产险和寿险公司的偿付能力不足的市场和经济因素进行了研究。同时对相关研究文献的结论进行了总结，其中（+）表示正相关，（-）表示负相关，自变量的显著性水平为5%。

表 5-1　保险公司所面临的风险

职业团体或研究人员	保险公司所面临的风险
Feldblum（1992）	1. 承保风险：巨灾风险、监管行为、过程风险、承保周期、参数风险
	2. 准备金风险：未预测到的负债、内部变化、外部变化、不合适的方法
	3. 资产风险：违约风险、资产负债匹配风险、本金损失风险
	4. 其他风险：再保风险、管理风险、信用风险
SOA（1996）	1. 操作风险：死亡率风险、发病率风险、持续率风险、费用风险、投资风险、流动性风险、管理失误风险
	2. 环境风险：总体经济环境、市场有效性、法律环境、竞争压力、社会保险意识、政府行为、会计行为、人口结构变化、技术变化、公共卫生

续表

职业团体或研究人员	保险公司所面临的风险
FIA（1996）	1. 资产集中风险
	2. 金融衍生物风险
	3. 资产含有的特别条款可能引起的风险
	4. 新业务与众不同的特征所产生的风险
	5. 重大索赔或诉讼可能对公司的影响
	6. 业务暴露于意外、恐怖活动或恶意破坏所产生的风险
	7. 不同寻常的合同或关系中可能隐含的财务风险
	8. 由于条款的文本或说明存在的缺陷所产生的风险
	9. 销售渠道的丧失所产生的风险
	10. 保险合同内嵌期权或保证所产生的风险
D'Arcy 等（1997）	1. 资产负债表风险：资产风险、流动性风险
	2. 操作风险：承保风险、投资风险
Walling 等（1999）	1. 定价风险
	2. 损失准备金提取风险
	3. 巨灾风险
	4. 投资风险
CAS（2000）	1. 资产风险
	2. 债务风险
	3. 利率风险
	4. 管理失误风险
APRA（2000）	1. 保险风险
	2. 投资风险
	3. 集中风险
Ryan 等（2001）	1. 承保风险：市场风险、保费风险、索赔风险、费用风险、社会风险、再保风险、法律风险、其他经济风险、外汇风险、政治风险
	2. 资产风险：资产风险、保费准备金风险、金融风险、其他经济风险、外汇风险、政治风险
	3. 其他风险：操作风险、保单持有人合理预期风险、家属风险、团体结构

表 5-2　保险公司经营业绩影响因素实证分析研究文献总结

研究人员	Browne 和 Hoyt（1995）
样本特征	美国财产险公司（1970—1990 年）季度数据
方法	Logistic 回归模型
因变量	偿付能力不足率
自变量	①公司数量（+）；②产业集中度（+）；③每年的第一季度（+）
研究人员	Browne、Carson 和 Hoyt（1999）
样本特征	美国寿险和健康险公司（1972—1994 年）季度数据
方法	Poisson 回归模型
因变量	偿付能力不足率
自变量	①个人可支配收入的变化（+/–）；②公司数量（+）；③虚拟的第二季度（+）；④季度数目（+/–）
研究人员	Browne、Carson 和 Hoyt（2001）
样本特征	美国寿险公司（1985—1995 年）年度数据
方法	单因素固定效用模型
因变量	资本和盈余的变化
自变量	①独立账户资产与总资产的比率（–）；②资产的对数（+）；③承保保费与盈余的比率（–）；④准备金与资本和盈余的比率（–）；⑤ IRIS9 盈余本身（–）；⑥ IRIS10 保费变化（–）
方法	单因素随机效用模型
因变量	资产收益率
自变量	①个人可支配收入的变化（+/–）；②流动资产与总资产的比率（+）；③固定资产与总资产的比率（–）；④独立账户资产与总资产的比率（–）；⑤普通寿险准备金与总准备金的比率（+/–）；⑥年金准备金与总准备金的比率（+/–）；⑦承保保费与盈余的比率（–）；⑧准备金与资本和盈余的比率（–）；⑨ IRIS6 非认可资产与认可资产的比率（–）；⑩ IRIS10 保费变化（–）
方法	单因素随机效用模型
因变量	权益收益率
自变量	①个人可支配收入的变化（+/–）；②未预期的通货膨胀率（–）；③债券组合收益率（+/–）；④独立账户资产与总资产的比率（–）；⑤资产的对数（+）；⑥普通寿险准备金与总准备金的比率（+/–）；⑦承保保费与盈余的比率（–）；⑧准备金与资本和盈余的比率（–）；⑨ IRIS9 盈余本身（–）；⑩ IRIS10 保费变化（–）

续表

研究人员	Adams 和 Buckle（2003）
样本特征	47 家主要的非自保公司和再保险公司（1993—1997 年）的会计数据
方法	双因素随机效用模型
因变量	年经营费用（包括佣金）与净承保保费的比率和净投资收益与净已赚保费的比率的差额
自变量	①承保风险（–）；②杠杆比率（+）；③流动比率（–）；④公司类型（0 表示原保险公司，1 表示再保险公司）（+）
研究人员	Shiu（2004b）
样本特征	英国非寿险公司（1985—1999 年）年度数据
方法	普通最小二乘法、单因素固定效用模型和单因素随机效用模型
因变量	投资收益、股东权益变化和股东权益收益率
自变量	①流动比率（–）；②未预期的通货膨胀率（–）；③利率水平（+）；④承保利润（+）
研究人员	Shiu（2005）
样本特征	英国寿险公司（1985—1999 年）年度数据
方法	普通最小二乘法和单因素随机效用模型
因变量	自由资产比率
自变量	①债券投资与总资产的比率（+）；②股权与总资产的比率（+）；③新业务发展的水平（+）；④未预期的通货膨胀率（–）；⑤市场竞争（–）；⑥负债所连接的资产与总资产的比率（–）；⑦寿险和一般年金业务的准备金与总准备金的比率（–）；⑧养老金准备金与总准备金的比率（–）；⑨长期健康险准备金与总准备金的比率（–）；⑩公司规模（–）；⑪保险杠杆（–）

DFA实施过程在很大程度上取决于我们的目标和宗旨，但是，DFA实施过程的主要步骤可以概括如下：

步骤一：调查保险公司所面临的风险以及影响公司业绩的因素。

步骤二：选择报酬和风险测量方法。

步骤三：确定预测期间。

步骤四：建立DFA模型。

步骤五：预测现金流。

步骤六：对DFA模型结果进行解释并提供反馈意见。

步骤七：准备书面报告并向董事会报告。

（三）保费收入预测

关于保费收入，可以直接基于GDP增幅进行预测，多篇文献对此进行了研究，基本预测结果为保费增长率为GDP增长率的1.2倍左右。另外，我们还可以通过保险密度和保险深度进行预测，图5-26给出了2002年以来保险密度、保险深度变化情况。

综上，无论采取何种方式预测，如果2020年GDP零增长，显然2020年保费收入也基本是零增长了。

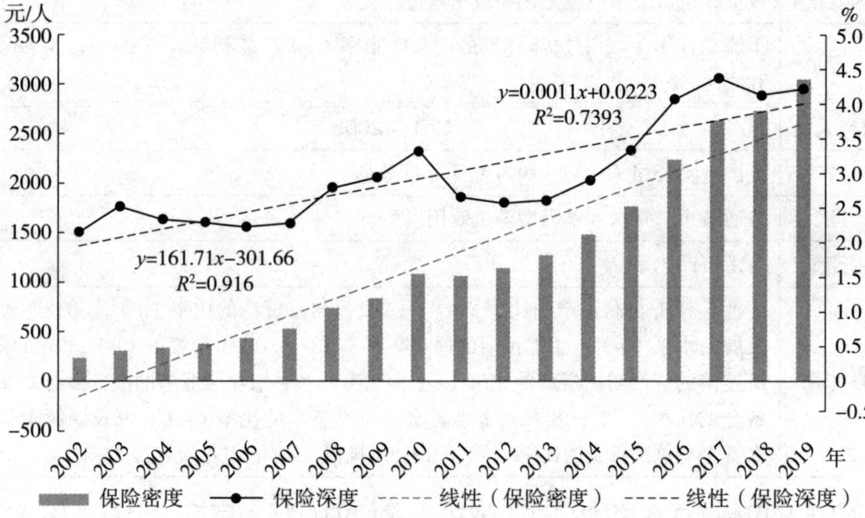

图 5-26　中国保险业保险深度和保险密度

（四）非保费收入预测

非保费收入之所以重要，是因为其直接决定了非保费收入比例超过50%的寿险公司的命运，更决定了这些公司未来一段时间的现金流的多少。

2020年1—4月，人身险公司未计入合同核算的保户投资款和独立账户本年新增交费（所谓的非保费收入）为3230.34亿元，同比下降36.87%。基于目前的疫情情况，可以预测2020年非保费收入将下降30%~50%。

表5-3给出了2019年各家公司保费收入、非保费收入情况，2020年我们静待这些公司的变化。

表 5-3　2019 年 91 家寿险公司非保险合同占比情况

序号	公司名称	保费 / 亿元	保费和非保险合同交费合计 / 亿元	非保险合同交费 / 亿元	万能险保户投资款交费 / 亿元	投连险独立账户交费 / 亿元	非保险合同占比 /%
1	国寿股份	5684	6142	458	458	0	7.5
2	太保寿	2124	2285	162	162	0	7.1
3	平安寿	4939	5968	1029	1011	19	17.2
4	新华	1381	1445	64	64	0	4.4
5	泰康	1308	1660	352	298	54	21.2
6	太平人寿	1405	1476	71	71	0	4.8
7	建信人寿	292	452	160	160	0	35.4
8	天安人寿	521	714	194	194	0	27.1
9	光大永明	117	125	7	7	0	5.8
10	民生人寿	123	131	8	8	0	5.9
11	富德生命人寿	513	1164	651	651	0	55.9
12	国寿存续	6	6	0	0	0	0
13	平安养老	236	296	60	60	0	20.3
14	中融人寿	81	158	77	77	0	49.0
15	合众人寿	168	275	108	108	0	39.1
16	太平养老	50	55	5	5	0	9.2
17	人保健康	224	232	8	8	0	3.4
18	华夏人寿	1828	2679	851	851	0	31.8
19	君康人寿	362	684	322	322	0	47.1
20	信泰	210	302	92	92	0	30.6
21	农银人寿	232	245	12	12	0	5.0
22	长城	81	105	24	24	0	23.0
23	昆仑健康	34	81	47	47	0	58.0
24	和谐健康	2	617	615	615	0	99.6

续表

序号	公司名称	保费 / 亿元	保费和非保险合同交费合计 / 亿元	非保险合同交费 / 亿元	万能险保户投资款交费 / 亿元	投连险独立账户交费 / 亿元	非保险合同占比 /%
25	人保寿险	981	1036	55	55	0	5.3
26	国华	376	540	164	159	5	30.4
27	国寿养老	0	0	0	0	0	
28	长江养老	0	0	0	0	0	
29	英大人寿	97	160	63	63	0	39.4
30	泰康养老	90	144	54	54	0	37.5
31	幸福人寿	82	96	13	13	0	14.0
32	阳光人寿	481	654	172	172	0	26.4
33	百年人寿	456	527	71	71	0	13.4
34	中邮人寿	675	675	0	0	0	0
35	大家人寿	51	2336	2286	2286	0	97.8
36	利安人寿	131	141	9	9	0	6.6
37	前海人寿	765	769	3	3	0	0.4
38	华汇人寿	0	0	0	0	0	0
39	东吴人寿	36	59	23	23	0	39.1
40	珠江人寿	33	183	150	150	0	81.8
41	弘康人寿	127	212	85	6	79	40.1
42	吉祥人寿	20	45	25	25	0	55.5
43	大家养老	1	1	0	0	0	8.2
44	渤海人寿	61	62	0	0	0	0.8
45	国联人寿	17	17	0	0	0	0.7
46	太保安联健康	4	4	0	0	0	0
47	上海人寿	126	217	91	91	0	41.9
48	中华人寿	20	23	3	3	0	11.7
49	新华养老	0	0	0	0	0	
50	三峡人寿	9	9	0	0	0	0
51	横琴人寿	60	66	6	6	0	9.2

续表

序号	公司名称	保费 / 亿元	保费和非保险合同交费合计 / 亿元	非保险合同交费 / 亿元	万能险保户投资款交费 / 亿元	投连险独立账户交费 / 亿元	非保险合同占比 /%
52	复星联合健康	18	18	0	0	0	0
53	信美人寿	20	20	0	0	0	0
54	华贵人寿	11	11	0	0	0	0
55	爱心人寿	8	16	8	8	0	51.9
56	和泰人寿	11	16	5	5	0	32.4
57	招商仁和	101	113	13	13	0	11.1
58	瑞华健康	0	0	0	0	0	0
59	北京人寿	13	17	4	4	0	23.3
60	人保养老	0	0	0	0	0	
61	海保人寿	5	5	0	0	0	0
62	国富人寿	6	6	0	0	0	0
63	国宝人寿	9	11	2	2	0	17.6
中资小计		26824	35506	8682	8526	156	24.5
64	中宏人寿	100	102	3	3	0	2.7
65	中德安联	57	60	3	1	1	4.6
66	工银安盛	527	531	4	1	3	0.7
67	中信保诚	213	310	97	22	75	31.2
68	交银康联	113	143	31	31	0	21.3
69	中意	146	160	13	13	1	8.4
70	友邦	331	343	12	7	4	3.4
71	北大方正人寿	29	31	2	2	0	7.6
72	中荷人寿	54	55	1	1	0	2.0
73	中英人寿	94	98	4	4	0	3.9
74	同方全球人寿	51	53	2	2	0	4.2
75	招商信诺	180	181	1	1	0	0.8
76	长生人寿	15	17	2	2	0	12.0
77	恒安标准	39	40	1	1	0	3.1

续表

序号	公司名称	保费 / 亿元	保费和非保险合同交费合计 / 亿元	非保险合同交费 / 亿元	万能险保户投资款交费 / 亿元	投连险独立账户交费 / 亿元	非保险合同占比 /%
78	瑞泰人寿	7	7	1	0	0	7.3
79	中法人寿	0	0	0	0	0	0
80	华泰人寿	62	71	10	10	0	13.5
81	陆家嘴国泰	27	35	9	9	0	24.4
82	中美联泰	144	144	0	0	0	0.3
83	平安健康	61	62	0	0	0	0.7
84	中银三星	53	94	41	41	0	43.5
85	恒大人寿	420	557	137	9	128	24.6
86	新光海航	1	1	0	0	0	0.1
87	汇丰人寿	18	21	3	0	3	14.6
88	君龙人寿	6	6	0	0	0	2.9
89	复星保德信	41	62	22	22	0	34.7
90	中韩人寿	7	8	1	1	0	7.6
91	德华安顾	9	14	6	2	3	39.0
外资小计		2805	3209	404	185	219	12.6
合计		29628	38715	9087	8711	376	23.5

（五）投资收益预测

前文分析了保险业盈亏平衡所需要的投资收益，2016—2019年分别为4.05%、4.00%、2.62%、3.19%。2019年保险业投资收益率为4.94%；2020年会是多少呢？这个问题比预测保费增长率复杂得多，但我还是想把问题简单化。

图5-27给出了2002年以来投资收益率与GDP名义增长率之间的关系。基于此，假设GDP增长率为0，则2020年的投资收益率预测值为2.34%。如果2020年的投资收益率为2.34%，低于盈亏平衡收益率3.19%，预计整个行业将亏损1500亿元。

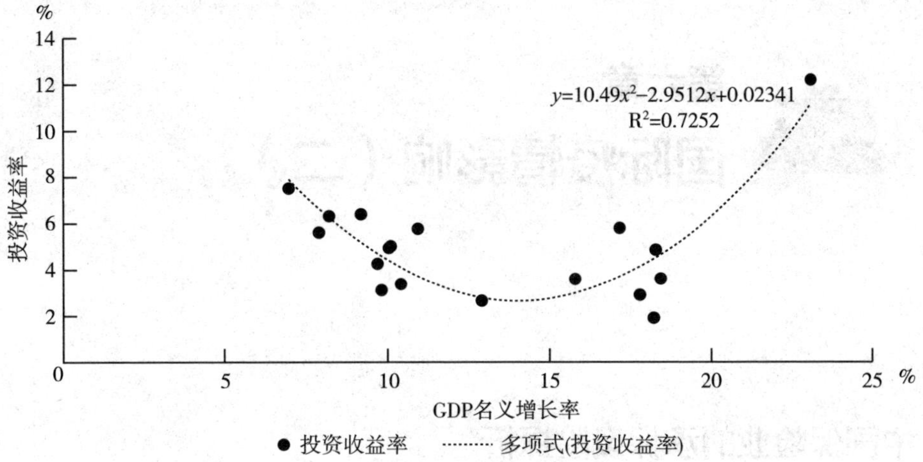

图 5-27　中国保险业投资收益率与 GDP 名义增长率的关系

（六）经营结果预测

2008年（全球金融危机爆发），保险业增长39.11%，投资收益率为1.91%，整个行业亏损175亿元。

2020年，基于目前的市场环境以及历史数据，预计保费零增长，投资收益率为2.34%，整个行业将亏损1500亿元。这些预测也许是极端不利情景下的压力测试，也许是基本情景下的经营结果，我们还无从下定论。因为疫情的发展还存在不确定性，目前要判断其对经济和保险的影响为时尚早。我们现在所看到的对于保险业的危害可能只是冰山一角。

第六章 国际疫情影响（二）

中国保险业的承保风险探析

一、疫情之影响

第五章中“中国保险业的疫情影响预测”部分提出：无论采取何种方式预测，如果2020年GDP零增长，其结果一定是保费收入零增长或负增长；同样，可以预测2020年非保费收入将下降30%~50%。针对2020年4月的数据提出了十大问题，这十大问题正是当前安全问题的源头。

2020年，我们必须清醒地知道，我们的步伐已经被打乱。年初的预算已经成了“预算”。如果GDP零增长，结果如图6–1、图6–2所示，这也许是比较理想的状态。现实又如何呢?

二、产险影响

（一）险种概况

表6–1给出了2020年1—4月各险种保费收入及简单赔付率情况，根据给出的2020年增长率预测值0，我们简单预测了2020年各险种的保费收入数据。

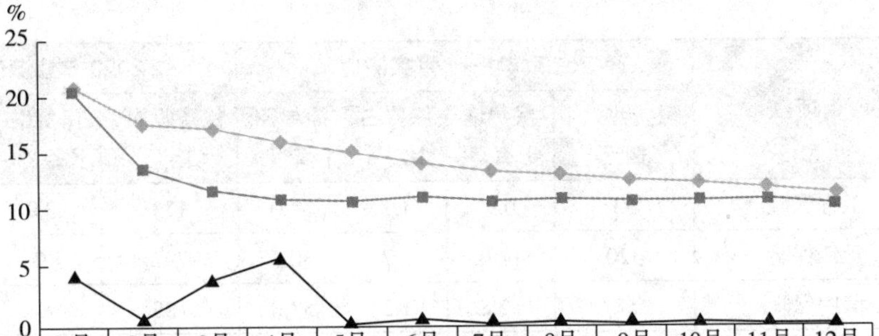

	1月	2月	3月	4月	5月	6月	7月	8月	9月	10月	11月	12月
2018年	20.8	17.6	17.3	16.1	15.3	14.2	13.5	13.2	12.7	12.6	12.1	11.5
2019年	20.5	13.7	11.9	11.2	11.0	11.3	10.9	11.0	10.9	11.0	11.0	10.7
2020年	4.5	0.6	4.2	6.1	0.2	0.6	0.2	0.3	0.2	0.3	0.3	0.0

图 6-1 2018—2020 年 4 月产险市场保费增长率及 2020 年全年预测

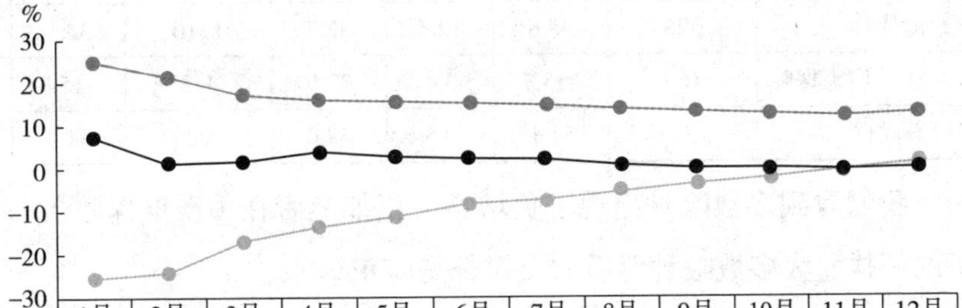

	1月	2月	3月	4月	5月	6月	7月	8月	9月	10月	11月	12月
2018年	−25.5	−24.3	−16.9	−13.6	−11.5	−8.5	−7.4	−5.4	−3.5	−1.9	−0.5	0.8
2019年	24.8	21.5	17.0	16.1	15.6	15.2	15.0	13.8	13.3	12.7	12.2	12.8
2020年	7.3	1.2	1.8	3.8	2.8	2.4	2.2	1.0	0.4	−0.1	−0.6	0.0

图 6-2 2018—2020 年 4 月寿险市场保费增长率及 2020 年全年预测

表 6-1 2020 年 1—4 月产险各险种保费收入情况

项目	2020 年 1—4 月实际值				2020 年预测值		
	保费收入 / 亿元	保费增长率 /%	保费占比 /%	简单赔付率 /%	保费收入 / 亿元	保费增长率 /%	简单赔付率 /%
保费收入合计	4776	6.1	100	43.4	13017	0	57.9
1. 企业财产保险	222	5.1	4.6	25.0	465	0.2	53.1
2. 家庭财产保险	36	0	0.8	23.6	87	−4.7	42.2
3. 机动车辆保险	2668	0.5	55.9	47.0	7841	−4.2	58.3
其中：交强险	734	2.7	15.4	48.4	2141	−2.2	63.3

续表

项目	2020 年 1—4 月实际值				2020 年预测值		
	保费收入 / 亿元	保费增长率 /%	保费占比 /%	简单赔付率 /%	保费收入 / 亿元	保费增长率 /%	简单赔付率 /%
4. 工程保险	53	0.9	1.1	34.0	113	−3.9	59.3
5. 责任保险	320	11.0	6.7	30.7	797	5.7	47.4
6. 信用保险	58	−2.8	1.2	57.6	185	−7.4	58.7
7. 保证保险	257	4.8	5.4	76.0	842	−0.2	46.7
8. 船舶保险	31	7.6	0.6	34.5	57	2.5	65.3
9. 货物运输保险	49	2.3	1.0	37.9	127	−2.5	55.6
10. 特殊风险保险	34	16.4	0.7	26.1	76	10.9	59.3
11. 农业保险	266	21.8	5.6	45.2	781	16.1	80.5
12. 健康险	596	38.6	12.5	32.7	1110	32.1	76.2
13. 意外伤害保险	165	−11.7	3.4	27.9	443	−15.8	31.2
14. 其他险	22	51.1	0.5	48.0	92	44.0	69.0

我们看到多数险种出现了负增长，正如笔者在《漫谈保险》一书中分析的那样，大多数险种背后的支撑都是GDP。

（1）企财险：关注与工业增加值、GDP等指标的关系。

（2）家财险：关注与住宅商品房保有量、家庭数目等指标的关系。

（3）车险：关注与新车销售量、民用汽车保有量等指标的关系。

（4）工程险：关注与GDP、建筑业增加值等指标的关系。

（5）责任险：关注与侵权案件数、侵权案件金额等指标的关系。

（6）信用险：关注与进出口总额、出口总额等指标的关系。

（7）保证险：关注与信贷融资规模、社会融资规模等指标的关系。

（8）船舶险：关注与民用机动船总吨位数、民用机动运输船数、进出口贸易额等指标的关系。

（9）货运险：关注与进出口总额、GDP、FOB/CIF等指标的关系。

（10）特殊险：关注与航空航天、核电站建设、海洋石油开发等指标的关系。

（11）农险：关注与农业总产值、耕地面积、林业面积等指标的关系。

（12）产险健康险：关注与卫生总费用、政府卫生支出、社会卫生支出、个人现金卫生支出、人均卫生费用等指标的关系。

（13）产险意外险：关注与人均可支配收入、家庭年均旅游支出、家庭资产负债情况等指标的关系。

（14）其他险：关注与互联网经济、上网人数等指标的关系。

（二）公司概况

表6-2给出了88家产险公司2020年1—4月的保费收入、保费增长、市场份额、简单赔付率等情况，同时给出了各家公司2020年1—4月的业务结构占比情况。

通过表6-2我们能看到什么？39家公司出现了负增长，其中信利保险直接退出了直保市场；负增长超过20%的公司有12家。还有什么呢？

表 6-2　2020 年 1—4 月产险公司保费收入情况

序号	公司名称	保费收入及赔付率情况				业务结构		
		保费 / 亿元	增长率 /%	市场份额 /%	简单赔付率 /%	财产险占比 /%	意外险占比 /%	健康险占比 /%
1	人保股份	1647.2	2.9	34.5	44.5	76.0	1.7	22.3
2	大地财产	166.4	6.1	3.5	41.9	82.1	4.4	13.6
3	出口信用	43.4	17.8	0.9	53.4	100.0%	0	0
4	中华联合	200.6	10.2	4.2	43.5	79.1	3.5	17.4
5	太保财	505.4	11.3	10.6	43.0	89.5	3.5	7.0
6	平安财	965.5	8.5	20.2	44.4	94.4	4.9	0.8
7	华泰	22.4	–8.5	0.5	42.1	89.0	4.9	6.1
8	天安	56.0	5.1	1.2	41.2	89.9	6.6	3.5
9	华安	47.0	9.5	1.0	39.0	90.4	7.6	2.0
10	永安	35.5	–14.5	0.7	50.7	91.2	3.8	5.0
11	太平保险	88.7	0.2	1.9	42.4	82.8	5.3	11.9

续表

序号	公司名称	保费收入及赔付率情况				业务结构		
		保费 / 亿元	增长率 /%	市场份额 /%	简单赔付率 /%	财产险占比 /%	意外险占比 /%	健康险占比 /%
12	亚太产险	14.9	−3.9	0.3	50.3	86.2	8.6	5.2
13	中银保险	25.0	−2.6	0.5	29.8	66.5	7.7	25.8
14	安信农业	2.4	−7.8	0.1	75.9	81.6	17.3	1.1
15	永诚	26.3	27.5	0.6	30.1	88.9	4.9	6.2
16	大家财险	16.4	374	0.3	44.1	95.7	4.3	0.1
17	国任产险	13.4	−8.6	0.3	45.4	94.6	2.3	3.1
18	安华农业	14.4	13.7	0.3	40.3	94.3	3.9	1.8
19	阳光财产	121.6	−9.7	2.5	53.2	91.8	4.6	3.7
20	阳光农业	3.5	53.3	0.1	48.1	87.7	9.6	2.7
21	都邦	10.6	−18.4	0.2	54.5	95.2	3.5	1.3
22	渤海	10.7	−13.9	0.2	55.8	97.2	1.7	1.2
23	华农	5.5	−8.2	0.1	45.3	91.3	1.8	6.9
24	国寿财产	286.9	10.6	6.0	42.7	95.7	3.1	1.2
25	安诚	15.4	−11.4	0.3	46.3	61.3	3.4	35.3
26	长安责任	10.8	14.7	0.2	47.3	95.7	2.5	1.7
27	国元农业	26.9	0.2	0.6	32.6	51.1	0.9	48.1
28	鼎和财产	27.9	−2.1	0.6	19.1	94.8	4.4	0.8
29	中煤财产	5.6	3.6	0.1	28.3	94.6	5.2	0.3
30	英大财产	54.0	10.6	1.1	17.8	98.3	1.7	0
31	浙商财产	9.6	−33.5	0.2	69.6	96.7	2.1	1.2
32	紫金财产	23.2	8.6	0.5	37.7	94.2	3.4	2.5
33	泰山产险	8.5	19.6	0.2	34.5	94.8	3.8	1.4
34	众诚保险	5.4	8.3	0.1	38.4	89.4	2.9	7.8
35	锦泰财产	5.9	−19.3	0.1	67.5	74.1	3.8	22.2
36	诚泰财产	5.0	16.0	0.1	51.5	91.9	6.5	1.6
37	长江财产	2.4	−20.6	0.1	46.7	95.0	3.6	1.4
38	富德财产	8.6	3.6	0.2	52.4	93.5	6.0	0.6

续表

序号	公司名称	保费收入及赔付率情况				业务结构		
		保费/亿元	增长率/%	市场份额/%	简单赔付率/%	财产险占比/%	意外险占比/%	健康险占比/%
39	鑫安汽车	2.4	−13.3	0	36.2	95.5	3.7	0.8
40	北部湾财产	10.0	13.2	0.2	71.4	88.2	6.4	5.4
41	中石油专属保险	3.6	−12.7	0.1	10.6	100	0	0
42	众安财产	42.7	20.7	0.9	51.7	44.5	9.0	46.5
43	恒邦财产	3.7	34.8	0.1	50	95.0	3.1	1.9
44	合众财产	0.6	−38.1	0	61.8	100	0	0
45	燕赵财产	3.1	67.8	0.1	42.6	81.0	3.4	15.6
46	华海财产	5.4	−24.6	0.1	56.2	96.4	1.6	2.0
47	中原农业	7.0	−1.7	0.1	29.0	84.3	3.4	12.4
48	中路财产	3.7	−3.1	0.1	39.5	77.2	1.9	20.9
49	铁路自保	1.4	−12.5	0	28.9	72.7	27.3	0
50	阳光信用	0.1	−89.0	0	359	100	0	0
51	泰康在线	37.0	242	0.8	25.8	17.5	4.6	77.9
52	易安财产	0.8	−84.5	0	58.8	12.8	63.1	24.1
53	东海航运	1.2	25.9	0	37.6	100	0	0
54	久隆财产	0.7	−19.5	0	28.2	100	0	0
55	安心财产	12.5	177	0.3	17.4	3.3	0.7	96.0
56	前海联合	3.6	−18.7	0.1	32.7	79.0	20.8	0.2
57	珠峰产险	1.7	21.6	0	45.1	82.2	3.2	14.6
58	海峡金桥	1.6	41.2	0	42.5	83.0	14.2	2.8
59	建信财产	2.3	−22.3	0	44.6	47.1	17.4	35.4
60	众惠相互	3.0	63.1	0.1	6.5	15.9	0.3	83.8
61	太平科技	0.2	69.4	0	24.6	12.4	82.4	5.1
62	中远海自保	4.8	15.1	0.1	10.7	99.9	0.1	0
63	汇友互助	0.3	14.5	0	3.4	99.3	0.7	0
64	粤电自保	0.2	−36.7	0	6.9	100	0	0

续表

序号	公司名称	保费收入及赔付率情况				业务结构		
		保费/亿元	增长率/%	市场份额/%	简单赔付率/%	财产险占比/%	意外险占比/%	健康险占比/%
65	黄河产险	1.9	−23.4	0	13.9	84.6	11.0	4.4
66	融盛产险	0.3	−48.2	0	72.1	60.6	12.8	26.5
中资小计		4694.8	6.1	98.3	43.5	84.0	3.4	12.6
67	史带财产	0.9	5.1	0	35.9	62.9	37.1	0
68	美亚	6.3	6.8	0.1	26.8	72.7	22.7	4.6
69	东京海上	2.7	0.6	0.1	19.8	97.6	1.1	1.3
70	瑞再企商	0.5	−8.9	0	44.1	94.9	5.1	0
71	安达保险	2.2	19.9	0	10.8	92.1	5.5	2.4
72	三井住友	2.8	21.2	0.1	7.9	98.2	1.7	0.1
73	三星	1.3	−19.4	0	46.0	93.3	6.7	0
74	安联	10.3	67.8	0.2	31.7	73.8	17.8	8.4
75	日本财产	1.5	−7.6	0	17.8	91.7	1.2	7.1
76	利宝互助	7.0	3.7	0.1	50.6	95.0	3.9	1.1
77	中航安盟	5.0	23.0	0.1	56.1	93.5	2.3	4.2
78	安盛天平	17.1	−8.1	0.4	53.6	92.4	4.2	3.4
79	苏黎世	2.3	15.3	0	13.5	99.6	0.4	0.1
80	现代财产	0.2	−23.6	0	54.1	89.7	7.7	2.6
81	劳合社	0.0	82.8	0	3.1	100	0	0
82	中意财产	3.3	7.5	0.1	17.8	95.6	4.4	0
83	爱和谊	0.3	−1.1	0	9.5	98.8	1.2	0
84	国泰财产	15.1	−1.2	0.3	47.2	89.6	4.1	6.4
85	日本兴亚	0.2	−35.4	0	39.4	95.8	4.2	0
86	乐爱金	0.7	7.0	0	12.2	95.1	2.5	2.3
87	富邦产险	1.9	−14.8	0	51.0	93.8	3.2	3.0
88	信利保险							
外资小计		81.6	5.7	1.7	39.4	88.8	7.2	4.0
合计		4776.4	6.1	100	43.4	84.1	3.4	12.5

三、寿险影响

（一）险种概况

表6–3给出了2020年1—4月各险种保费收入及简单赔付率情况，根据图6–2给出的2020年全年保费增长率预测值0，我们简单预测了2020年各险种的保费收入数据。

表6–3　2020年1—4月寿险各险种保费收入情况

项目		2020年1—4月实际值		2020年预测值	
		保费收入/亿元	保费增长率/%	保费收入/亿元	保费增长率/%
保费收入合计		15110	3.8	29629	0
1. 寿险小计		12183	1.5	21963	–3.5
（1）个人业务	新单保费	4943	–7.1	8369	–7.1
	其中：新单趸交	2602	–8.7	3881	–8.7
	续期保费	7214	8.2	14806	8.2
其中：年金保险	新单保费	1707	–12.0	3090	–12.0
	其中：新单趸交	93	–10.5	296	–10.5
	续期保费	4624	4.8	7761	4.8
（2）团体业务	新单保费	21	35.1	65	35.1
	其中：新单趸交	16	96.5	66	96.5
	续期保费	4	75.3	26	75.3
其中：年金保险	新单保费	3	–22.4	7	–22.4
	其中：新单趸交	2	642.1	7	642.1
	续期保费	4	124.4	27	124.4
2. 意外伤害险小计		230	–7.5	600	–7.5
（1）一年期以内业务		29	65.5	142	65.5
（2）一年期业务		126	–17.5	287	–17.5
（3）一年期以上业务		74	–4.6	205	–4.6

续表

项目		2020 年 1—4 月实际值		2020 年预测值	
		保费收入 / 亿元	保费增长率 /%	保费收入 / 亿元	保费增长率 /%
3. 健康险小计		2698	17.2	7296	17.2
（1）短期	个人业务	230	25.8	742	25.8
	团体业务	619	20.2	1151	20.2
（2）长期	个人业务	1806	16.6	5315	16.6
	团体业务	42	–23.9	92	–23.9

我们看到多数险种出现了负增长，正如笔者在《漫谈保险》一书中分析的那样，大多数险种背后的支撑都是GDP。

（1）人寿保险：关注与GDP、M2供应量、卫生总费用、总人口、居民可支配收入、沪深300指数以及上述指标的波动率等指标的关系。

（2）健康险：关注与GDP、M2供应量、居民可支配收入、卫生总费用、政府卫生支出、社会卫生支出、个人现金卫生支出、人均卫生费用等指标的关系。

（3）意外险：关注与GDP、居民可支配收入等指标的关系。

（4）普通型寿险：关注与GDP、总人口、利率、居民可支配收入、居民储蓄存款总额等指标的关系。

（5）分红型寿险：关注与GDP、总人口、利率、居民可支配收入、居民储蓄存款总额、债券收益率曲线等指标的关系。

（6）万能型寿险：关注与GDP、总人口、利率、居民可支配收入、居民储蓄存款总额、M2供应量、股票市场指数、债券收益率曲线等指标的关系。

（7）投资连结型寿险：关注与GDP、总人口、利率、居民可支配收入、居民储蓄存款总额、M2供应量、股票市场指数、债券收益率曲线等指标的关系。

（二）公司概况

表6–4给出了91家寿险公司2020年1—4月的保费收入、保费增长、市场份额、简单赔付率等情况，同时给出了2020年1—4月各家公司业务结构占比情况。

通过表6–4我们能看到什么？29家公司出现了负增长，负增长超过20%的公司有14家。还有什么呢？

表6–4　2020年1—4月寿险公司保费收入情况

序号	公司名称	保费收入及赔付率情况				业务结构		
		保费/亿元	增长率/%	市场份额/%	简单赔付率/%	寿险占比/%	意外险占比/%	健康险占比/%
1	国寿股份	3374.8	14.4	22.3	13.3	83.1	1.7	15.2
2	太保寿	1027.6	0	6.8	20.9	71.9	1.8	26.3
3	平安寿	2100.8	–8.9	13.9	11.7	76.3	3.0	20.8
4	新华	685.8	33.1	4.5	31.1	69.9	1.2	28.9
5	泰康	649.9	10.6	4.3	17.5	76.3	0.8	22.9
6	太平人寿	670.6	–2.5	4.4	10.6	77.1	1.2	21.8
7	建信人寿	300.7	186	2.0	5.9	95.9	0.8	3.3
8	天安人寿	223.6	–29.6	1.5	6.6	86.7	0	13.3
9	光大永明	60.4	2.0	0.4	7.0	79.2	1.5	19.3
10	民生人寿	45.0	2.3	0.3	19.5	75.1	0.5	24.4
11	富德生命人寿	309.5	22.6	2.0	8.7	83.4	0.7	15.9
12	国寿存续	1.3	–21.2	0	4195	90.5	1.0	8.5
13	平安养老	112.5	12.8	0.7	38.2	5.6	14.8	79.7
14	中融人寿	28.0	–34.5	0.2	7.2	100	0	0
15	合众人寿	84.9	15.7	0.6	12.6	88.4	0.3	11.3
16	太平养老	20.7	–2.1	0.1	33.7	5.5	14.0	80.5
17	人保健康	152.7	49.6	1.0	26.6	21.3	1.4	77.4
18	华夏人寿	502.8	–46.7	3.3	6.6	82.4	0.6	17.1
19	君康人寿	166.6	–22.4	1.1	0.3	99.7	0	0.3

续表

序号	公司名称	保费收入及赔付率情况				业务结构		
		保费 / 亿元	增长率 /%	市场份额 /%	简单赔付率 /%	寿险占比 /%	意外险占比 /%	健康险占比 /%
20	信泰	144.2	181.0	1.0	3.7	94.8	0.1	5.1
21	农银人寿	176.4	6.5	1.2	10.3	94.4	1.4	4.2
22	长城	39.2	11.3	0.3	7.9	81.6	0.4	18.1
23	昆仑健康	32.9	169.0	0.2	1.2	0	0.4	99.6
24	和谐健康	1.0	3.8	0	6177	0	5.8	94.2
25	人保寿险	579.5	–7.1	3.8	9.1	85.2	1.0	13.8
26	国华	173.4	–17.8	1.1	2.4	98.2	0	1.8
27	国寿养老							
28	长江养老							
29	英大人寿	48.6	–9.2	0.3	7.8	87.4	4.1	8.5
30	泰康养老	52.7	13.5	0.3	9.5	16.4	3.8	79.8
31	幸福人寿	52.3	17.5	0.3	39.6	88.9	1.3	9.8
32	阳光人寿	220.0	–5.7	1.5	13.3	83.4	2.1	14.6
33	百年人寿	314.3	23.7	2.1	3.3	92.2	0.1	7.7
34	中邮人寿	372.5	60	2.5	8.3	99.5	0.1	0.5
35	大家人寿	70.1	1851	0.5	108	99.4	0	0.6
36	利安人寿	96.8	4.2	0.6	2.3	96.7	0.8	2.5
37	前海人寿	594.2	9.6	3.9	0.4	99.7	0	0.2
38	华汇人寿	0.0	–23.5	0	1890	87.8	0	12.2
39	东吴人寿	17.3	–25.3	0.1	12.0	55.7	0.8	43.5
40	珠江人寿	10.3	–34.1	0.1	7.0	91.8	1.2	6.9
41	弘康人寿	24.4	–74.0	0.2	1.8	88.6	0	11.4
42	吉祥人寿	6.7	–13.0	0	11.5	66.9	5.1	28.1
43	大家养老	0.1	–91.8	0	1269	89.1	5.7	5.2
44	渤海人寿	49.3	108.2	0.3	0.4	99.3	0	0.6
45	国联人寿	8.5	–26.0	0.1	4.2	95.2	1.5	3.3
46	太保安联健康	2.0	16.0	0	33.6	0	16.2	83.8

续表

序号	公司名称	保费收入及赔付率情况				业务结构		
		保费/亿元	增长率/%	市场份额/%	简单赔付率/%	寿险占比/%	意外险占比/%	健康险占比/%
47	上海人寿	73.3	35.3	0.5	0.5	99.1	0.2	0.7
48	中华人寿	17.5	126.2	0.1	0.9	93.0	0.7	6.3
49	新华养老							
50	三峡人寿	7.8	5314	0.1	0.2	74.7	0.5	24.8
51	横琴人寿	42.8	0	0.3	0.4	96.5	0.1	3.4
52	复星联合健康	6.5	–13.6	0	16.6	0	8.2	91.8
53	信美人寿	5.4	32.9	0	0.8	99.1	0	0.9
54	华贵人寿	7.3	9.7	0	3.3	96.8	0.7	2.5
55	爱心人寿	4.8	282	0	5.1	81.0	0.8	18.3
56	和泰人寿	14.0	221	0.1	0.1	98.7	0	1.3
57	招商仁和	54.2	–12.8	0.4	0.5	96.8	0.3	2.8
58	瑞华健康	0.2	293	0	2.9	0	22.3	77.7
59	北京人寿	11.3	514	0.1	9.1	84.9	0.2	14.8
60	人保养老							
61	海保人寿	3.2	282	0	1.1	70.1	9.8	20.2
62	国富人寿	12.2	5380	0.1	0.2	95.3	0.4	4.3
63	国宝人寿	6.0	91.8	0	0.7	97.3	0.3	2.4
中资小计		13871.5	4.1	91.8	13.7	81.0	1.5	17.5
64	中宏人寿	44.5	20.3	0.3	7.6	64.4	1.2	34.4
65	中德安联	21.0	5.3	0.1	7.2	83.0	0.7	16.3
66	工银安盛	168.8	–50.1	1.1	22.6	92.3	0.3	7.4
67	中信保诚	88.6	–0.1	0.6	5.7	75.4	1.1	23.5
68	交银康联	95.1	21.4	0.6	1.7	97.0	0.7	2.3
69	中意	65.7	–12.6	0.4	21.7	71.2	2.4	26.3
70	友邦	142.6	20	0.9	11.0	42.4	2.8	54.8
71	北大方正人寿	10.4	–29.3	0.1	10.8	72.0	2.2	25.8
72	中荷人寿	24.4	9.3	0.2	21.1	82.4	0.7	16.9

续表

序号	公司名称	保费收入及赔付率情况				业务结构		
		保费/亿元	增长率/%	市场份额/%	简单赔付率/%	寿险占比/%	意外险占比/%	健康险占比/%
73	中英人寿	38.9	8.4	0.3	16.4	63.9	1.5	34.6
74	同方全球人寿	29.3	26.6	0.2	17.2	54.8	1.0	44.1
75	招商信诺	77.8	14.8	0.5	8.0	79.0	3.0	18.0
76	长生人寿	7.4	44.4	0	7.2	73.1	0.9	26.1
77	恒安标准	15.8	12.1	0.1	12.7	70.6	2.4	27.1
78	瑞泰人寿	2.2	−5.0	0	7.7	35.6	2.7	61.7
79	中法人寿	0.0	43.2	0	1997	11.8	25.5	62.7
80	华泰人寿	24.7	−3.7	0.2	23.1	74.8	1.1	24.1
81	陆家嘴国泰	10.9	7.2	0.1	8.4	76.9	2.7	20.5
82	中美联泰	45.9	5.8	0.3	9.5	72.7	4.4	23.0
83	平安健康	33.2	65.0	0.2	20.4	0	2.7	97.3
84	中银三星	27.1	54.7	0.2	3.3	88.6	5.3	6.1
85	恒大人寿	231.1	79.4	1.5	2.0	96.4	0.2	3.4
86	新光海航	0.3	19.2	0	23.3	63.8	1.0	35.1
87	汇丰人寿	6.7	−12.4	0	4.7	99.5	0	0.5
88	君龙人寿	5.8	142	0	2.7	92.5	0.1	7.4
89	复星保德信	12.5	−46.2	0.1	1.7	89.6	0	10.4
90	中韩人寿	4.3	68.3	0	6.2	83.4	0.5	16.2
91	德华安顾	3.3	5.7	0	8.2	59.7	1.3	38.9
外资小计		1238.6	1.0	8.2	10.6	76.8	1.5	21.7
合计		15110.1	3.8	100	13.5	80.6	1.5	17.9

（三）非保收入概况

新会计准则实施之后，对万能险和投连险保费进行了分拆，一部分确认为保费收入（1左右），大部分确认为非保险合同交费，其中万能险称为保户投资款交费，投连险称为独立账户交费。

对于万能险和投连险不再确认为保费部分我们统称为非保险合同交

费，表6-5给出了91家寿险公司2020年1—4月的保费收入和非保险合同交费。

通过表6-5我们能看到什么？非保险合同交费41家公司出现了负增长，其中负增长超过20%的公司有26家，整个行业负增长48.02%；保费收入和非保险合同交费合计31家公司出现了负增长，其中负增长超过20%的公司有19家。还有什么呢？

表 6-5　2020 年 4 月寿险市场各机构非保收入情况

序号	公司名称	保费收入 / 亿元	非保险合同交费 / 亿元	非保交费增幅 /%	保费和非保交费合计 / 亿元	保费和非保交费增幅 /%	非保险合同交费占比 /%
1	国寿股份	3375	212	−1.8	3587	13.3	5.9
2	太保寿	1028	80	−24.2	1108	−2.3	7.2
3	平安寿	2101	439	−2.5	2540	−7.9	17.3
4	新华	686	26	−15.5	712	30.4	3.7
5	泰康	650	159	−12.1	809	5.2	19.7
6	太平人寿	671	33	22.8	704	−1.5	4.7
7	建信人寿	301	20	−86.3	321	27.1	6.3
8	天安人寿	224	49	−52.2	272	−35.1	18.0
9	光大永明	60	2	−24.8	62	0.9	3.2
10	民生人寿	45	5	77.4	50	6.6	9.6
11	富德生命人寿	310	239	−56.4	549	−31.5	43.6
12	国寿存续	1	0		1	−21.2	0
13	平安养老	113	13	−10.7	126	9.8	10.5
14	中融人寿	28	12	−81.3	40	−62.5	29.8
15	合众人寿	85	46	−11.0	131	4.7	35.1
16	太平养老	21	1	−24.8	22	−3.2	3.6
17	人保健康	153	3	−35.4	156	45.7	2.0
18	华夏人寿	503	373	−8.6	876	−35.2	42.6
19	君康人寿	167	123	−49.5	290	−36.8	42.6
20	信泰	144	24	−70.5	169	25.5	14.5
21	农银人寿	176	4	2.5	181	6.4	2.3

续表

序号	公司名称	保费收入 / 亿元	非保险合同交费 / 亿元	非保交费增幅 /%	保费和非保交费合计 / 亿元	保费和非保交费增幅 /%	非保险合同交费占比 /%
22	长城	39	1	−97.5	40	−30.6	1.4
23	昆仑健康	33	54	210	87	193.1	62.1
24	和谐健康	1	298	36.9	299	36.7	99.7
25	人保寿险	580	20	−18.9	600	−7.6	3.4
26	国华	173	83	−40.7	257	−26.9	32.5
27	国寿养老	0	0		0		
28	长江养老	0	0		0		
29	英大人寿	49	17	18.2	66	−3.4	26.1
30	泰康养老	53	10	−73.2	63	−26.1	16.5
31	幸福人寿	52	5	15.7	57	17.3	9.0
32	阳光人寿	220	58	−34.0	278	−13.5	21.0
33	百年人寿	314	18	−26.6	332	19.3	5.4
34	中邮人寿	373	0	152	373	60	0
35	大家人寿	70	498	−65.9	569	−61.2	87.7
36	利安人寿	97	6	137	103	7.7	5.8
37	前海人寿	594	0	−6.7	595	9.6	0.1
38	华汇人寿	0	0		0	−23.5	0
39	东吴人寿	17	15	85.8	33	4.1	47.2
40	珠江人寿	10	21	−73.5	31	−67.0	67.2
41	弘康人寿	24	17	−52.7	42	−68.0	41.6
42	吉祥人寿	7	14	126	20	47.9	67.0
43	大家养老	0	0	−90.5	0	−91.7	11.9
44	渤海人寿	49	1	144	50	108.6	1.2
45	国联人寿	9	0	51.8	9	−25.7	0.8
46	太保安联健康	2	0		2	16.0	0
47	上海人寿	73	51	−10.6	125	11.6	41.2
48	中华人寿	17	0	3158	18	131.3	2.4
49	新华养老	0	0		0		
50	三峡人寿	8	0		8	5333.0	0.4

续表

序号	公司名称	保费收入 / 亿元	非保险合同交费 / 亿元	非保交费增幅 /%	保费和非保交费合计 / 亿元	保费和非保交费增幅 /%	非保险合同交费占比 /%
51	横琴人寿	43	3	1301	45	3.3	5.6
52	复星联合健康	7	0		7	–13.6	0
53	信美人寿	5	0		5	32.9	0
54	华贵人寿	7	0		7	9.7	0
55	爱心人寿	5	3		7	105.5	34.3
56	和泰人寿	14	7	336.7	21	251.6	32.5
57	招商仁和	54	0	–97.1	54	–25.5	0.6
58	瑞华健康	0	0		0	292.7	0
59	北京人寿	11	3		14	687.4	22.0
60	人保养老	0	0		0		
61	海保人寿	3	2		5	520.9	38.5
62	国富人寿	12	0		12	5380.1	0
63	国宝人寿	6	6		12	287.1	50.4
中资小计		13871	3079	–37.9	16950	–7.3	18.2
64	中宏人寿	45	1	47.9	46	20.8	2.3
65	中德安联	21	2	231.0	23	12.9	9.8
66	工银安盛	169	1	–8.8	170	–50	0.7
67	中信保诚	89	55	18.2	144	6.2	38.4
68	交银康联	95	2	106.6	97	22.5	2.1
69	中意	66	5	27.8	71	–10.5	7.6
70	友邦	143	4	–5.6	146	19.2	2.4
71	北大方正人寿	10	2	134.0	12	–21.2	14.7
72	中荷人寿	24	0	–0.9	25	9.2	1.3
73	中英人寿	39	1	16.0	40	8.7	3.7
74	同方全球人寿	29	2	31.9	31	26.9	6.4
75	招商信诺	78	1	58.2	78	15.0	0.7
76	长生人寿	7	0	–78.3	8	18.3	3.9
77	恒安标准	16	1	53.4	17	13.6	5.0
78	瑞泰人寿	2	0	–3.9	2	–4.9	8.5

续表

序号	公司名称	保费收入 / 亿元	非保险合同交费 / 亿元	非保交费增幅 /%	保费和非保交费合计 / 亿元	保费和非保交费增幅 /%	非保险合同交费占比 /%
79	中法人寿	0	0		0	43.2	0
80	华泰人寿	25	3	–53.7	27	–13.1	10.1
81	陆家嘴国泰	11	5	42.7	16	15.9	30.2
82	中美联泰	46	0	–11.9	46	5.7	0.3
83	平安健康	33	0	–92.0	33	63.2	0.1
84	中银三星	27	23	23.4	51	38.4	46.4
85	恒大人寿	231	32	–34.6	263	48.0	12.2
86	新光海航	0	0	–100	0	19.2	0
87	汇丰人寿	7	1	119.5	8	–2.3	17.1
88	君龙人寿	6	0	47.6	6	140.4	1.3
89	复星保德信	13	1	–95.5	13	–67.4	5.9
90	中韩人寿	4	1	377.7	6	101.5	25.4
91	德华安顾	3	6	315.1	10	107.9	66.0
外资小计		1239	152	–6.8	1390	0	10.9
合计		15110	3230	–36.9	18340	–6.8	17.6

四、承保之风险

一年之计在于春，“开门红”就这样落幕了。无论是产险公司还是寿险公司，2020年第一季度的数据都惨不忍睹，产险市场变迁20年，88家产险公司，14大险种，家家有本糊涂的账；寿险市场变迁20年，91家寿险公司，3大险种，4大类型，6大渠道，4种缴费模式，2种投保类型，家家有本难念的经。

保费下降将产生什么样的风险，产险公司和寿险公司又有所差别，但是承保之风险已经开始暴露，并在剧增。怎么办呢？回想一下公司曾经做过的压力测试，拿出来看看还有用吗？

中国保险业投资的底线思维

一、疫情之影响

2020年4月14日，国际货币基金组织（IMF）公布最新一期的《世界经济展望报告》，报告称全球正经历20世纪30年代经济大萧条以来最严重的经济衰退。自2009年全球经济负增长（–0.1%）以来，时隔11年，全球经济预计再次出现负增长，增速为–30%。

2020年4月17日，国家统计局公布，经初步核算第一季度国内生产总值206504亿元，按可比价格计算，同比下降6.8%。

基于此，我们可以做一个简单的预测（见表6–6）。2020年中国GDP增长率是多少？《世界经济展望报告》预测2020年GDP增长率为1.2%，基本就是第二季度零增长，第三、第四季度维持2019年的增长率。

表6–6　2020年中国GDP增长率检验预测　（%）

年份	第一季度	第二季度	第三季度	第四季度	全年
2014	7.4	7.5	7.1	7.2	7.4
2015	7.0	7.0	6.9	6.8	6.9
2016	6.7	6.7	6.7	6.8	6.7
2017	6.8	6.8	6.7	6.7	6.9
2018	6.8	6.7	6.5	6.4	6.6
2019	6.4	6.2	6.0	6.0	6.1
2020F	–6.8	0.0	6.0	6.0	1.2

2020年6月20日，中国宏观经济论坛（CMF）发布《中国宏观经济分析与预测报告》，预测2020年中国GDP增速为3.0%左右，后三个季度增速为2.5%、6.5%、7.5%。中国最早受到疫情冲击、最快控制住疫情、最先实现复工复产，中国经济的复苏和基础再造对于全球经济具有标志性、

引领性意义。

疫情引发的蝴蝶效应，在加速许多事情的进程。百年未有之大变局，因COVID-19而加速。我们要清晰认识中国经济复苏道路上面临的风险挑战，比如疫情发展存在变数、外部形势严峻复杂，需求修复慢于供给、供需缺口持续扩大，内部结构分化严重、短板效应可能显化，市场主体心理变化、行为模式趋于保守，政策传导存在阻碍、相关机制有待理顺，趋势力量逐步显化、潜在增速可能下滑。

本书第五章中“中国保险业的疫情影响预测”部分提出：假设2020年GDP增长率为0，则2020年保险业投资收益率预测值为2.34%。如果2020年的投资收益率为2.34%，低于盈亏平衡收益率3.19%，预计整个行业将亏损1500亿元。

如果基于上述修正后的GDP增长率预测值（1.2%），预计2020年保险业投资收益率预测值为2.6%。如果2020年的投资收益率为2.6%，低于盈亏平衡收益率3.19%，预计整个行业将亏损1000亿元。

这就是疫情可能对中国保险业造成的最大冲击。图6-3给出了2002年以来保险业历年投资收益率及2020年预测。

2002—2007年，保险资金的投资收益率基本呈单向上升的形态，2007年保险金的投资收益达到历史高峰，首次达到了10%以上的收益率，这主要由中国股票价格一路走高引致。

2008年全球金融危机后，保险资金投资收益率随着资本市场的波动，也出现比较大的起伏，2015年保险资金投资收益率为7.56%，成为2008年以来的一个小峰值。

2015年以来，因为资本市场的不温不火，保险资金投资收益率逐渐下降；预计2020年保险资金投资收益率将下降到2.34%。

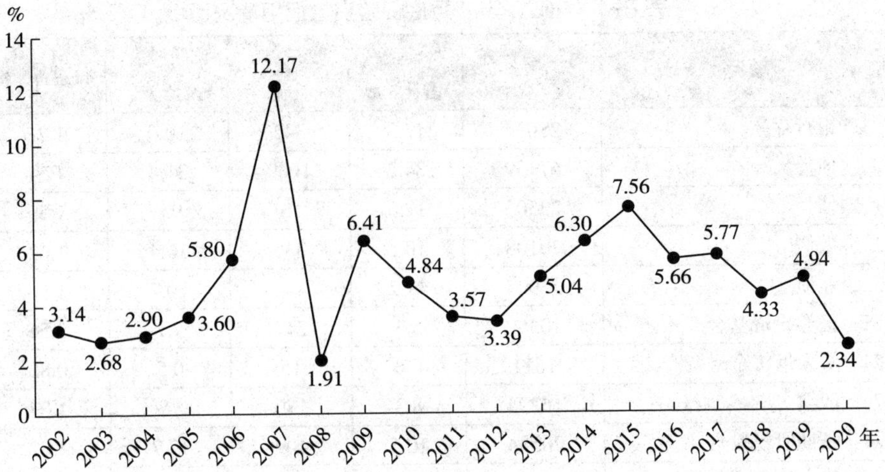

图 6-3　中国保险业历年投资收益率及 2020 年预测

二、保险资金运用情况

2019年12月底，保险资金运用余额为185270.58亿元，较年初增长12.92%。其中，银行存款为25227.42亿元，占比13.62%；债券为64032.00亿元，占比34.56%；证券投资基金为9423.29亿元，占比5.09%；股票为14941.94亿元，占比8.06%；投资性房地产为1894.27亿元，占比1.02%。

2020年4月底，保险资金运用余额为196054.14亿元，较年初增长5.82%。其中，银行存款为28035.95亿元，占比14.30%；债券为67139.23亿元，占比34.25%；证券投资基金为10359.94亿元，占比5.28%；股票为16293.66亿元，占比8.31%。

表6-7给出了2020年4月底保险资金运用情况，其中主要的风险来自证券投资基金、股票、长期股权投资，这些投资品种受经济波动影响最大。

表 6-7　2020 年 4 月底保险资金运用情况

项目	资金运用余额 / 亿元	资金占比 /%	收益额 / 亿元	收益占比 /%	收益率 /%
一、银行存款	28036	14.3	342	10.6	1.22
二、债券	67139	34.2	1009	31.4	1.51
1. 国债	23503	12.0	314	9.8	1.39
2. 金融债	20108	10.3	335	10.4	1.62
3. 企业债	22005	11.2	344	10.7	1.56
三、证券投资基金	10360	5.3	249	7.7	2.56
四、买入返售金融资产	1611	0.8	15	0.5	0.82
五、股票	16294	8.3	170	5.3	1.07
六、长期股权投资	20584	10.5	409	12.7	2.02
七、投资性房地产	1937	1.0	13	0.4	0.70
八、保险资产管理公司产品	8580	4.4	79	2.5	0.92
九、金融衍生工具	2	0	−16	−0.5	−254.56
十、贷款	30259	15.4	507	15.8	1.69
十一、拆借资金	1	0	0	0	0
十二、其他投资	11252	5.7	436	13.6	4.01
合计	196054	100	3211	100	1.66

2020年4月底，保险资金运用收益共计3211.37亿元，资金运用平均收益率为1.66%。

（1）从账户性质来看，独立账户资金运用收益44.63亿元，资金运用平均收益率共2.63%；非独立账户资金运用收益3166.73亿元，资金运用平均收益率共1.65%。

（2）从收益类型来看，利息收入（活期存款、定期存款、存出保证金、存出资本保证金、结算备付金、其他货币资金利息收入）共339.75亿元，占资金运用收益的10.73%；投资收益共2918.83亿元，占资金运用收益的92.16%；公允价值变动损益共−26.06亿元，占资金运用收益的−0.82%；资产减值损失134.30亿元，占资金运用收益的4.24%；其他收益13.21亿元，占资金运用收益的0.42%。

（3）从持有意向分类看，交易性金融资产资金运用收益139.71亿元，占比4.41%；持有至到期投资资金运用收益550.37亿元，占比17.38%；可供出售金融资产资金运用收益932.24亿元，占比29.44%；长期股权投资资金运用收益408.84亿元，占比12.91%。

三、保险资金运用结构

2019年，从保险资金运用比例来看，银行存款、债券、股票和证券投资基金、其他资金运用的占比变化不大。但是从2002年以来中国保险资金运用结构变化情况可以看出（见图6-4），自2002年开始，保险资金运用中银行存款比例呈下降趋势，其他资金运用占比有所提高。由于保险资金投资的不断松绑，保险公司资产呈现多元化，投资工具不断创新。

从表6-7可以看出，其他资金运用包括买入返售金融资产、长期股权投资、投资性房地产、保险资产管理公司产品、金融衍生工具、贷款、拆借资金、其他投资。

其他资金运用中占比最大的是长期股权投资和贷款（保单贷款），目前来看主要的风险来自长期股权投资、其他投资，这些产品有着层层包装，风险传染性最大。

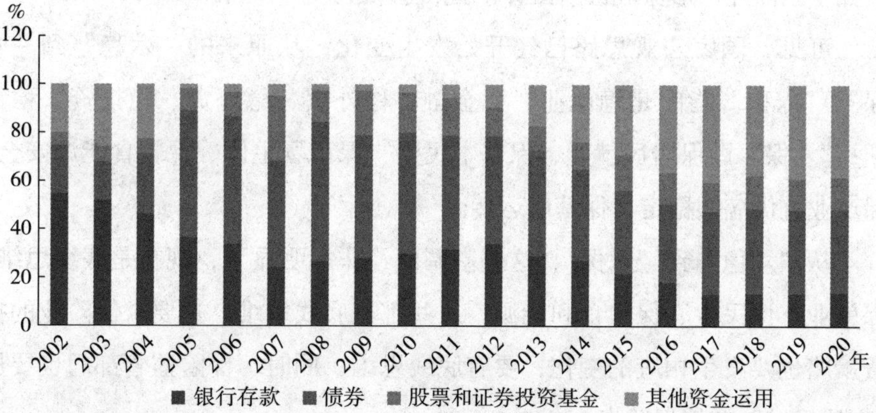

图 6-4　中国保险业历年投资收入结构及 2020 年预测

四、投资之风险

要深刻分析疫情对中国保险投资产生的影响，重点需考虑三个变量：一是目前还不能准确评估的疫情对中国经济的影响；二是中国政府的应对举措，无论是财政政策还是货币政策；三是国际疫情持续蔓延可能导致的金融危机。

新冠疫情对经济的影响与战争和传统的经济衰退不同，它的本质是一次影响全球的公共卫生事件，传统的货币财政类的对冲手段效果有限，这一方面考验一个国家的综合国力，另一方面也是对社会管理进行了一次检验。

疫情冲击已经在很大程度上改变了我们的传统生活方式，这就要求保险业必须对许多投资前提假设进行重估，特别是对传统的消费、工作、旅游、娱乐、交际都会产生深远影响。

疫情冲击对经济的影响与以往是不一样的，它既冲击供给端，也冲击需求端。过去我们主要在金融层面防止流动性危机，防止金融危机，再救助流动性。这次是冲击到了经济层面，并且是全球经济层面。

2020年4月17日，中共中央政治局召开会议，分析了国内外新冠肺炎疫情防控形势，研究部署了抓紧、抓实、抓细常态化疫情防控工作，分析研究了当前经济形势和经济工作。此次会议首提“六保”。

可见，国家宏观思路已经开始发生变化，从原来的“六稳”到“六保”。“六稳”指的是稳就业、稳金融、稳外贸、稳外资、稳投资、稳预期；“六保”即保居民就业、保基本民生、保市场主体、保粮食能源安全、保产业链供应链稳定、保基层运转。

从“六稳”到“六保”，这个基调已经非常明显了，现在是底线思维。保就业、保民生、保粮食和能源，这些都是底线思维。这要求保险业的投资策略也要发生相应的变化，要有底线思维；同时，保险监管部门也要用“底线思维”监管保险资金。

底线思维（Bottom-line Thinking），是一种思维技巧，拥有这种技巧的思想者会认真计算风险，估算可能出现的最坏情况，并且接受这种情况。

“底线思维”，具体到中国保险业资金运用上：

一是要面对事实，当前最大的事实就是经济发展的“超级不确定性”。

二是接受出现的最差情况，并在这种最差情况下能够活下来；从长远看，这其实反而可能得到最好的结果。

三是要意识到一旦公司处于底线的位置上，公司唯一能做的事只有向上！

四是底线有其一定的限度，要意识到跨越这个限度必然会产生一定的危害。

在国际疫情得到控制之前，我们必须对可能受到的外部冲击保持足够的警惕，同时要以“底线思维”调整投资策略以对冲疫情影响，通过积极主动的经营策略调整，守住保险资金运用的基本盘，兜牢保险资金运用的底线。

中国保险业机构的路径依赖

一、疫情之影响

第五章中“中国保险业安全的风险源头”部分指出，中国保险业安全问题的四大风险源头为：最大的不确定性（金融危机）、最大的风险源（投资业务）、重大的危险源（承保业务）和重大的隐患源（保险机构）。

我们先来回顾一下2008年金融危机下的美国国际集团（AIG）。2008年9月16日，在美联储拒绝雷曼兄弟的求救任其破产的次日，又出人意料（也在情理之中）地决定援手AIG，向其提供了850亿美元的过桥贷款。此后美国政府又三次注资，总计向AIG提供1823亿美元资金援助。

为什么金融危机会导致金融机构破产？以2008年全球金融危机为例，金融危机导致金融机构破产的原因如图6–5所示。

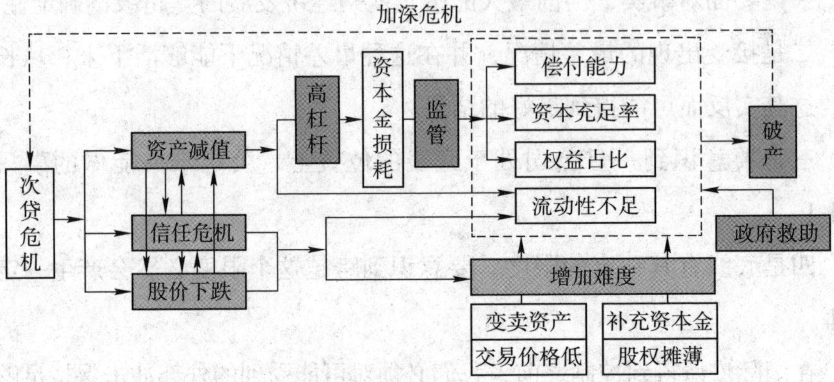

图6–5 金融危机导致金融机构破产的结构图

资料来源：平安证券。

美国国际集团（AIG）是世界保险和金融服务的领导者，也是全球首屈一指的国际性保险服务机构，业务遍及全球130多个国家及地区。AIG有四个主要的经营业务领域：非寿险服务、寿险及退休保障服务、金融服务、资产管理服务。

AIG为什么会濒临破产，显然不是因为其不重视风险管理，也不是因为其风险管理体系不健全（见图6–6），而是因为金融危机导致风险的传递，风险进行了自我进化。

面对疫情，任何公司都不应该抱有侥幸心理；2008年金融危机对中国保险业的最大重创应该是“平安投资富通”。

从2007年平安首次“出海”投资比利时富通集团，到2008年遭遇金融危机出现巨额亏损，平安通过各种渠道，与比利时政府进行长达数年的索赔、诉讼、仲裁。

这段历史已经成了“谜”，我们只知道2012年平安集团不得不将投资富通的238.7亿元人民币（37.8亿美元）账面价值进行减值。

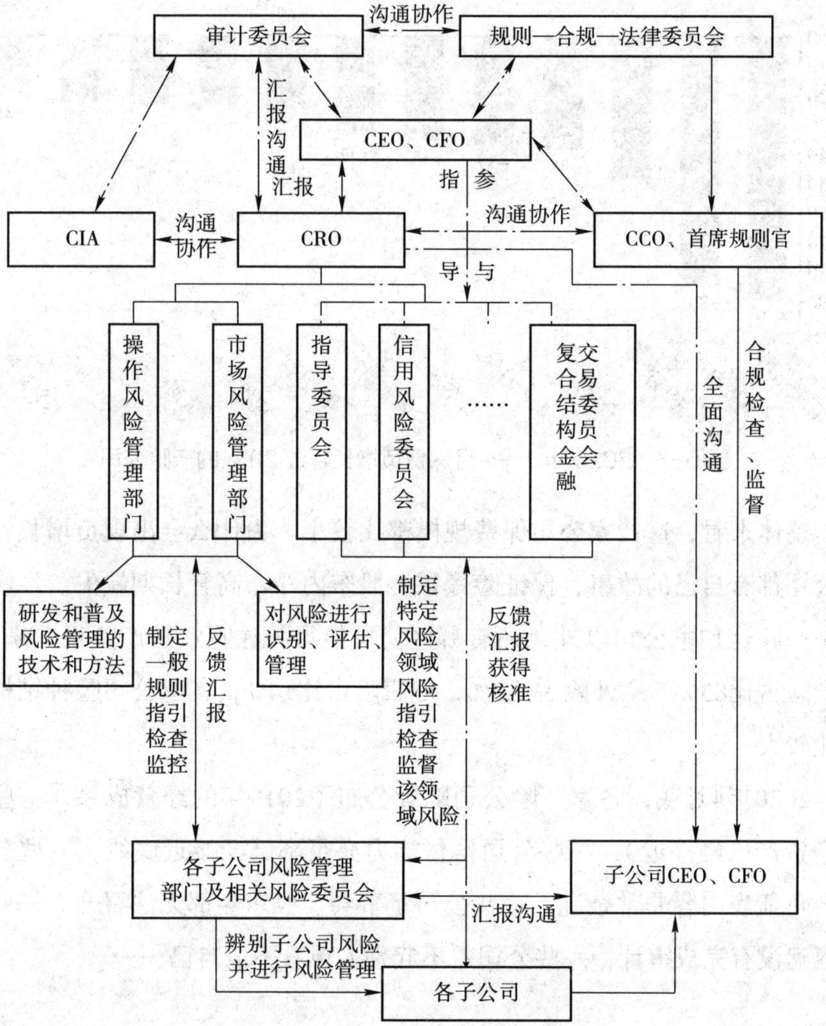

图 6-6　AIG 建立的全面风险管理体系

二、产险机构

2020年1—4月，88家产险公司中39家公司出现了负增长，负增长超过20%的公司有12家（见图6-7）。

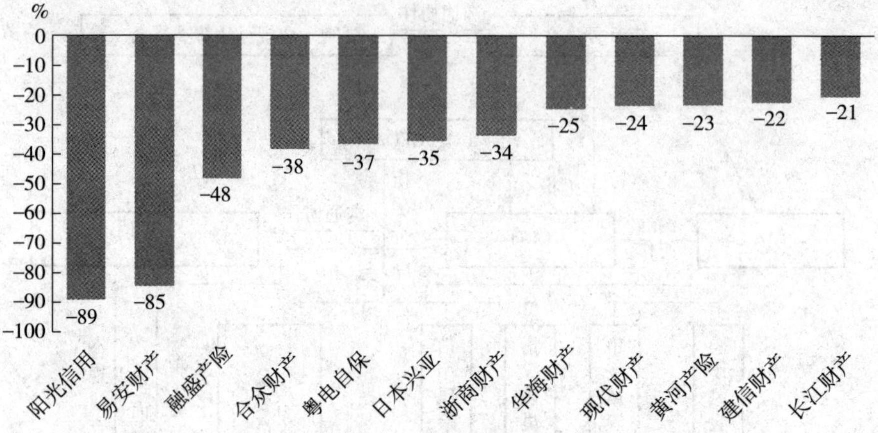

图 6-7　2020 年 1—4 月保费负增长超过 20% 的产险公司

整体来看，这12家公司保费规模都比较小。为什么会出现负增长？每家公司都有自己的故事，保证险爆雷、股东内斗、高管长期缺失、经济下行……除这12家公司以外，还有哪些公司值得关注呢？从产险行业来看，财产险占比83%，意外险占比3%，健康险占比14%；各家公司险种结构差异比较大。

2020年4月底，各家产险公司陆续公布了2019年的经营成果，一些公司净资产已经接近0，一些公司偿付能力充足率已经接近底线，一些公司资产负债表内容非常杂乱，一些公司董事会、股东会都无法召开，一些公司迟迟没有完成审计，一些公司看不起别人更看不清自己……

三、寿险机构

2020年1—4月，91家寿险公司中29家公司出现了负增长，负增长超过20%的公司有14家（见图6-8）。

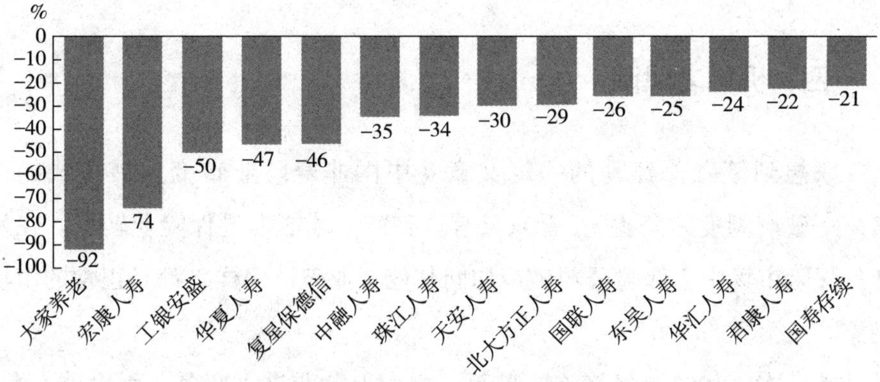

图 6-8　2020 年 1—4 月保费负增长超过 20% 的寿险公司

除了国寿存续之外，其他公司为什么会出现负增长？原因比产险还简单，除了股权之外就是战略（没打算做）。

91家寿险公司中，41家公司2020年1—4月非保险合同交费出现了负增长，其中负增长超过20%的公司有26家，整个行业负增长率达到36.9%（见图6-9）；保费收入和非保险合同交费共31家公司出现了负增长，其中负增长率超过20%的公司有19家。这些公司都曾经高歌猛进，都是保险人膜拜的对象，却都没有熬过疫情的影响。

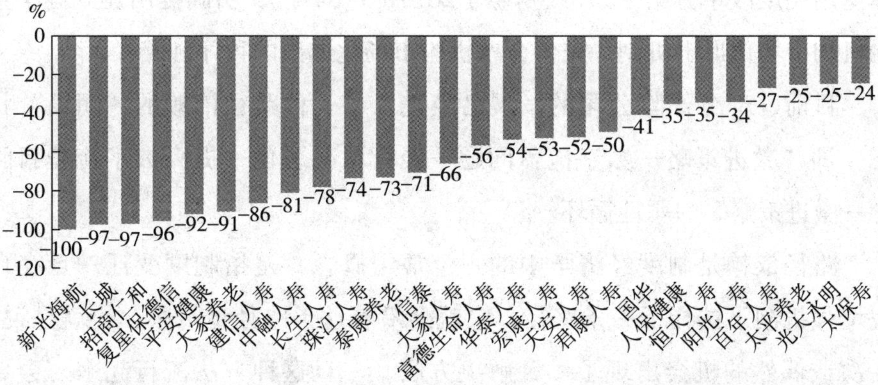

图 6-9　2020 年 1—4 月非保费收入负增长超过 20% 的寿险公司

四、机构之风险

联想到笔者曾经写的一篇文章《中国非寿险业转变发展模式的策略——破产制度的完善》，看来只有“破产”才能促进保险业转型。在发达的保险市场中，保险公司破产如同其他企业破产一样，都是正常的市场现象。

在日本，1991年经济泡沫破灭，之后保险业进入寒冬，引发破产潮，1997—2001年5年间，便有9家保险公司申请破产。

1977—2009年，在美国A.M.BEST进行财务实力评级（FSR）的4962个保险公司中，平均每年有22个，一共703个保险公司出现财务问题进而破产。

在中国，虽然《保险法》《破产法》《公司法》《保险公司管理规定》等法律法规也提到了保险市场退出的问题，但是内容抽象、规定泛泛，根本无法运用到具体的实务操作之中。

2019年6月，国家发展改革委等13个部门联合印发《加快完善市场主体退出制度改革方案》（发改财金〔2019〕1104号），明确提出建立健全金融机构市场化退出机制，完善金融机构市场化退出的程序和路径。

目前，部分保险公司的发展已经进入了一种路径依赖的“闭锁”状态，即“激进策略—数字掩盖问题—经营状况恶化—提高数字掩盖新问题—激进策略”的恶性循环。

路径依赖是制度经济学中的一个常用概念，是指制度变迁一旦在自我增强机制下选择了一条路径，它就会沿着这条路径走下去，也就是说，一次或偶然的机会出现了一种解决方法，一旦这种方法流行起来，会导致这种方法被过度依赖。路径依赖类似于物理学中的“惯性”，一旦进入某一路径（无论是“好”的还是“坏”的）就可能对这种路径产生依赖。

路径依赖绝不是历史决定论，只要通过相关外生变量和内生变量替代，实施动态的制度变迁，就能退出锁定的低效率路径。

打破路径依赖，是保障中国保险业高质量发展的关键。为了打破目前的路径依赖，首先要确定退出“闭锁”的条件和作用机制，即进行路径替代的条件。

新制度经济学家认为，在社会系统中，要退出次优的路径依赖的变迁路径，其条件取决于形成自我强化机制的各种因素的性质，即该路径产生的递增收益是否具有可逆性和可转移性。

（1）如果收益递增的强化机制来源于固定成本和学习效应，那么发生路径替代退出“闭锁”状态的难度就很大。因为：固定资产具有专用性，很难在另一种路径中被利用，因此沉没成本很高；学习效应中的默认知识不具备信息传递性，因此引致的认知阻力就很大。

（2）如果收益递增的强化机制来自系统的各种网络效应，如协作效应、适应性预期等，行为主体则只要加强信息交流，形成一致性行动，路径替代就可能发生。

从目前中国保险业的发展情况来看，这两种原因都存在，各家公司要针对自身的具体情况，采取相应的策略，同时保险监管部门也要予以相应的干预。

针对前者，即收益递增的强化机制来源于固定成本和学习效应，在退出“闭锁”的过程中，保险公司要先压缩固定成本再监视自己的“学习”。

针对后者，即收益递增的强化机制来源于协作效应和适应性预期，在退出“闭锁”的过程中，保险监管部门的干预和保险公司的一致性行动十分重要。

国际疫情冲击下，任何公司都不应该抱有侥幸心理。2008年金融危机期间，对全球保险业影响最大的是美国政府，其累计向AIG提供1823亿美元资金援助；对中国保险业造成最大重创的应该是“平安投资富通”，具体结果成了“谜”，我们只知道平安集团不得不将投资富通的238.7亿元人民币（37.8亿美元）账面价值进行减值。

打破路径依赖，是保障中国保险业高质量发展的关键。为了打破目前的路径依赖问题，除了路径替代的条件之外，还需要“破产”约束，只有这样才能引导保险公司正确处理风险与收益的关系，从而促使其打破目前的路径依赖，建立高质量发展模式。

中国保险业要做好危机预案

一、疫情之影响

2019年，中国保险业实现保费收入4.26万亿元，保险业总资产达到20.56万亿元，作为全球第二大保险市场，已经成为国际保险市场的重要组成部分，全球保费市场贡献度超过12%。因此，国际疫情冲击下，中国保险业面临的风险不仅来自域内，还来自域外。

新冠疫情对经济的影响与战争和传统的经济衰退不同，它的因是一次影响全球的公共卫生事件。疫情冲击对经济的影响与以往是不一样的，它既冲击供给端，也冲击需求端。过去我们主要在金融层面防止流动性危机，防止金融危机，再救助流动性。这次是冲击到了经济层面，并且是全球经济层面。

2020年4月13日，哈佛大学研究人员在《科学》杂志上发表文章，使用美国的时间序列数据对新冠病毒的季节性、免疫性和交叉免疫性进行计算，建立了新冠病毒传播模型。文章指出，全球新冠病毒确诊病例已经接近200万例（2020年4月15日全球已突破200万例），可见只靠执行社交距离措施和追查病例接触过的人，已经不能有效根除病毒，新冠疫情可能会持续到2022年。

2020年4月14日，国际货币基金组织（IMF）公布最新一期《世界经济展望报告》，该报告称全球正经历20世纪30年代经济大萧条以来最严重的经济衰退。自2009年全球经济负增长（–0.1%）以来，时隔11年，全球经济预计再次出现负增长，预计2020年全球经济负增长3.0%。

新冠疫情的悲观情绪已经开始蔓延，其影响涉及所有行业，从全球范围来看，包括：企业商业模式发生战略性转变；企业破产，并购增加；全球信用缺失；股票市场和债券市场极度不稳定；能源市场和粮食市场极度不稳定；资产贬值，违约剧增；史无前例的经济下滑；全球失业率攀升；生活消费品价格攀升……地球村正在从“村村通”走向“村村封”。

国际疫情的冲击下，全球保险业也难逃劫数，疫情对保险业的影响也开始显现：全球保险业面临资本压力（新资本缺乏/资本成本升高、资产价值下跌），全球保险业净投资收益降低（非暂时减值），保险机构都考虑尝试寻求成本和费用控制措施，疫情对保险公司财务影响开始显现（业务量急剧下降），部分机构资金流动性开始出问题，寿险公司保单贷款开始增加，保险公司的投资开始向安全资产转移，全球保险监管要求开始增加……全球保险机构的商业模式正在悄悄发生战略性转变。

中国保险业是否也面临这些问题？笔者想答案是肯定的，并且可能还要更严重，因为大多数中国保险公司没有经历过危机的检验，更没有应对危机的经验。

二、2008 年全球金融危机回顾

2008年，全球金融危机爆发后，中国保险业真正开始关注危机是在AIG巨额财务危机暴露后，因为仰慕的对象眼看要倒下了，内心一下子没有了主意。

原中国保监会随即紧急展开全行业“地毯式”摸底，紧急下发了《关于对再保业务有关情况进行调查的紧急通知》《关于报送风险防范相关情况的紧急通知》，包括：摸清保险公司境外投资的情况并及时采取措施减少损失，摸清中国外资公司的外方股东在金融危机中受到影响的情况，评估可能对其产生的影响等。

原中国保监会采取了一系列有效措施，积极应对国际金融危机对中国保险业的影响：

一是成立保监会国际金融市场信息跟踪研究小组，全程跟踪研究国际金融市场和相关国家金融政策的最新动态，及时分析对我国保险业的影响，加强和改进风险应对预案，维护保险业健康稳定安全运行。

二是启动应急工作机制，加强外国保险机构在华子公司资金跨境流动情况监测，切实防范风险跨境传递。

三是高度重视和重点警惕由于保险消费者信心不足和销售误导可能引发的非正常退保风险。

四是高度重视和重点警惕保险资金运用不当可能带来的风险。认真做好风险排查工作，完善投资风险分析、识别、预警和控制机制。完善规章制度，规范投资行为，确保风险管理覆盖所有部门和岗位，贯穿于所有业务过程。

总体来看，2008年全球金融危机对中国保险业还是造成了冲击，当年中国保险业亏损175亿元。但是，我们不要忘记，2008年中国保险业总资产仅为3.34万亿元，保费收入也仅为0.98万亿元，2020年我们面临的风险已经不可同日而语。

目前，新冠疫情还在全球蔓延，前景尚不明朗，疫情是否会演化成全球金融危机还存在争论，但是在资本流动高度全球化的今天，作为世界金融体系重要组成部分的中国会不可避免地受到冲击。面对国际疫情的冲击，中国保险业要积极采取措施，进行有效应对。

三、保险国际化

保险国际化是指全球保险业向一体化融合的过程。保险国际化包括保险业务国际化、保险机构国际化、保险市场国际化、保险风险国际化、保险资产和收益国际化。

保险业作为特殊的服务行业，必然随着全球经济的一体化呈现国际化的趋势。这是因为：

（1）跨国公司保险需求的国际化推动着保险国际化的发展。

（2）保险与再保险业务的国际性特点决定了保险国际化的发展。

（3）巨额保险标的的出现将推动保险国际化的发展。

（4）国内保险市场饱和与新兴市场的保险需求推动跨国保险公司国际化的发展。

（5）保险自由化为保险市场国际化提供了机遇。

（6）服务贸易总协定/世界贸易组织为保险市场国际化提供了制度保障。

保险国际化的方式主要有六种：投资外国保险市场、投资国外资本市场、开放本国保险市场、Fronting业务、再保险输出、外国资本市场对本国保险市场的渗透。

保险国际化也推动了保险监管的国际化。为解决保险监管的协调和相互认可问题、推进保险监管国际化，1973年，国际保险监督官协会宣告成立，在促进交流、协调政策、商定国际标准等方面发挥着越来越重要的作用。

四、中国保险业的国际化

随着全球经济一体化程度的加深，我国的国际经济地位和话语权进一步增强。伴随着“一带一路”倡议的提出，以及人民币国际化的迅速推进，中国企业出海迎来了诸多机遇与挑战，其中也包括中国的保险行业。

近年来，中国保险业的国际化程度迅速提高，既包括外资保险公司的“引进来”，也包括中国保险公司的“走出去”。截至2019年底，中国共有50家外资保险公司，包括22家产险公司，28家寿险公司。另外，国寿、中再、太保、平安、太平、大家（原安邦）等保险集团也进行了全球化布局，通过海外投资并购、建立海外代表处和子公司等形式探索海外市场，发展海外业务。

另外，自2012年原中国保监会颁布《保险资金境外投资管理暂行办法实施细则》后，中国保险公司的海外投资也逐步进入快车道，已在欧美市场开展了多项投资。但目前中国保险业海外投资占总资产的比例不到2%，规模离政策上限的15%尚有巨大提升空间。

总体来看，中国保险业境外投资发展历程大概分为四个阶段：

（1）第一阶段：2004—2006年，通过自由外汇资金进行境外投资。

2004年8月，原中国保监会颁布《保险外汇资金境外运用管理办法》，2005年在此基础上颁布了《保险外汇资金境外运用管理办法实施细则》，这两个文件成为当时保险资金境外投资的主要政策文件。

在此期间，保险外汇资金境外投资主要集中在中国香港的股票市场，只有少部分存款和债券。中国人寿、中国平安等第一批在境外上市的保险公司利用上市后筹集到的外汇资金进行境外投资或用境外保险业务形成的外汇资金进行境外投资。

（2）第二阶段：2007—2011年，境外投资开始起步。

2006年4月，国务院颁布《国务院关于保险业改革发展的若干意见》，允许保险资金以自有资金购汇投资海外。原中国保监会重新修订了此前外汇资金管理办法和细则，2007年颁布了修订后的《保险资金境外投资管理暂行办法》，与香港金管局建立协同监管机制，推进保险公司换取QDII额度出海投资；2012年颁布了修订后的《保险资金境外投资管理暂行办法实施细则》。

在此期间，中国保险公司开始纷纷设立中国香港子公司。2008年全球金融危机导致主要金融市场出现大规模震荡，加上全球经济下滑，投资者对于境外投资更加谨慎，导致境外投资暂缓。

（3）第三阶段：2012—2016年，境外投资快速发展。

2012年，原中国保监会积极推进保险投资的市场化，推出了著名的“保险投资13项新政”，包括扩大保险资金境外投资品种和范围、拓宽境内股权和不动产投资范围、允许开展融资融券业务、参与境内及境外金融衍生品交易等。监管政策的进一步开放，降低了投资门槛，扩大了投资区域和品种，推动了保险业境外投资的大规模增长。

在此期间，中资保险机构“走出去”集中投资于美国、英国、澳大利亚等国家的不动产项目，同时收购保险公司和银行等金融机构的股权，在沪港通与深港通开启后，险资配置境外市场的规模将进一步扩大。

（4）第四阶段：2017年至今，境外投资开始萎缩。

2017年，中国加大了对外汇的管制，特别是强化了对金融的监管，随着一批保险“大鳄”相继落网，中国保险业境外投资开始萎缩。

在此期间，在海外上市的保险公司，包括中国人寿、中国平安、中国人保、中国太平、中国太平洋等进行了境外投资，其他民营保险公司因各种原因开始收缩海外投资。

可见，2017年中国外汇管制举措限制了保险业全球资产的配置，降低了国际疫情的影响，正所谓“塞翁失马，焉知非福”。

五、国际风险

从目前情况看，中国保险业基本保持了健康稳定运行，但防范国际疫情冲击风险丝毫不能放松。保险业应对疫情国际形势变化的影响，最首要、最现实的问题是风险传递。针对国际疫情的影响，中国保险业要积极行动起来，制定相应的应对之策：

（1）优化投资组合及投资渠道。

（2）调整业务结构及业务策略。

（3）提升资本金及偿付能力。

（4）加强内部控制和风险管理。

（5）保险监管部门要采取更多监管措施。

（6）保险机构要进行内部的整顿，制定相应的应急方案。

（7）应对再保险及第三方服务价格上涨。

（8）中国保险业要摆脱现有的“路径依赖”问题，寻求商业模式的转型。

除了制定相应的应对举措以外，还要考虑中国国情，守住几个底线：

一是稳定局势。投保人的信心代表一切，保险公司应采取各种措施确保自身安全。

二是避免品牌损害。非常时期，每个公司都应该树立姿态证明自己能渡过难关；保险公司应积极评估疫情对公司的影响，以应对各方对企业的质疑。

三是为将来做准备。疫情已经改变了全球经济形势，保险公司应该积极响应，制定应急方案；保险公司应该评估自己的业务模式，以适应未来变化。

中国作为全球第二大保险市场，2019年全球保费市场贡献度超过12%。国际疫情冲击下，中国保险业面临的风险不仅来自域内，还来自域外。过去我们主要在金融层面防止流动性危机，防止金融危机，再救助流动性。这次是冲击到了经济层面，并且是全球经济层面。

最后，面对国际疫情的影响，我们大多数公司甚至没有经历过2008年全球金融危机，我们还是不能太乐观，更不能进行“神操作”。你有多少“力挽狂澜”的“神操作”，一定也会有多少力不从心的“自赎”。

中国保险业安全问题的反思

一、国际疫情对中国保险业的冲击

2020年，负油价，负利率，负增长，疫情世界大流行，美股连续熔断……我们这代人见证了太多奇迹（悲剧），更亲历了超级不确定性时代。

当前，随着新冠疫情在全世界范围内的不断蔓延，全球经济金融运行的不确定性显著增强，中国宏微观经济运行也受到了较大冲击，金融市场动荡明显放大，这对中国金融（保险）安全产生了重大影响。

疫情引发的蝴蝶效应，在加速许多事情的进程。关于疫情的影响，我们总是看到各种各样的碎片化信息和思考，但很少有人能将疫情对宏观经济、资本市场、承保业务、投资业务等的影响结合在一起。

本篇研判了这场突如其来的新冠疫情对我国保险业的影响，从“问题之初探、金融之保险、保险之家庭、风险之源头、疫情之影响、承保之风险、投资之风险、机构之风险、国际之风险、安全之思考”等十个方面探讨了国际疫情冲击下中国保险业的安全问题。

病毒在不断演变，疫情在不断蔓延，世界在不断变化，经济在不断下行，金融市场在不断动荡……不确定性在不断进化。

研究得越多，发现需要研究的问题越多，新冠疫情冲击下中国保险业安全问题需要我们不断思考、不断反省、不断总结、不断提高。

思考得越多，发现越担心明天会有哪些“不确定性”闪袭而来。关于新冠疫情冲击下中国保险业安全问题需要从全球风险观、全球经济危机观、全球金融危机观等视角进行深度思考。

二、全球风险观

2020年4月20日，世界卫生组织（WHO）总干事谭德塞在日内瓦的新闻发布会上警告说，缺乏团结正在助长新冠肺炎疫情的流行，最糟糕的时刻即将到来！

谭德塞表示，新冠病毒是一种非常危险的病毒，它利用了人与人之间、政党与政党之间、国家与国家之间的分歧。如果全球团结一致，把新冠病毒作为人类的共同敌人而全力以赴，就可以战胜病毒。

世界经济论坛（WEF）发布的《2019年全球风险报告》提出，疫情频频暴发，2000年以来，每次疫情暴发都应被视作一次"死里逃生的灾难召唤"，这本应该令人们更加警惕，但却使人类愈加自满。回顾新冠疫情的暴发，又何尝不是如此。

（1）面对新冠疫情的大流行，我们必须认识到，为了应对人类共同面对的风险，我们需要建立全球风险观。

全球风险观（Global Risk Prospects），是指人类需要明白所处的社会是风险社会，更需要以"人类命运共同体"理念推进全球风险社会治理。

"人类命运共同体"说明当今世界是风险命运共同体，人们面临的风险日益多样化。"国家风险治理能力弱化"和"国际风险治理公共产品供给不足"是目前全球风险治理的主要问题。

（2）面对瘟疫、自然灾害等，中国保险业要更多地从"国家现代治理体系""国家安全网"等方面思考保险业的历史使命。

当下，对于中国保险业来说，迫在眉睫的是要从"全球风险观"视角来思考中国保险业的安全问题。

富兰克·奈特在《风险、不确定性和利润》中提出，"风险是可度量的不确定性，是可用概率估计的可靠性，而不确定性则没有概率评估支撑"。

保险是有经营风险的，这个风险是可度量的不确定性；面对当下的超级不确定性，我们需要改变对于“风险”的认知。

既然保险是有经营风险的，我们就要“在不确定性中找到确定性”（《本事》，基兰·弗拉纳根），就是找到我们心中的信仰（信念）——技术、市场、人文、全球风险观及全球治理观。

危机来临，人类身上的风险基因容易击溃心中的信仰，人们很自然地像先祖一样寻求政治强人及国家机器的庇护。

对于保险公司来说，只有那些“大而不倒”的公司（系统性重要金融机构）才可能得到国家机器的庇护，其他公司还是趁早打消这种想法的好。

2013年，G20成员组成的金融稳定理事会（FSB）将全球9家大型保险商认定为“全球系统性重要金融机构”（GSifis），中国平安保险集团入围。

2016年4月，原中国保监会开始研究建立中国系统重要性保险机构监管制度，之后却没有了下文；2019年11月，人民银行、银保监会联合发布《系统重要性银行评估办法（征求意见稿）》，目前也没有下文。

综上，对于中国保险业的231家机构而言，从全球风险观的视角来思考，除非你是“大而不倒”的公司，否则不要存有太多的依赖心理，关键还是找到自己心中的信仰（信念）。

三、全球经济危机观

新冠疫情突袭人间，打乱了几乎所有人的预期，推翻了所有经济学家对2020年的经济预测，权威机构更是每两周下调一次对全球经济数据的预测。经济学家的数学模型没能捕捉到新冠疫情这只“黑天鹅”。

全球经济危机已经显现：美股10天4次熔断、美联储“零利率”、全球经济预计3%负增长……这些都没有坚定我们关于全球经济危机的判断，但是2020年4月20日国际原油期货市场的负数交易（人类历史上首次）正在加快全球经济危机到来的步伐。

油价与资本市场一样，一直都是经济晴雨表，其变化反映经济形势变化趋势，这是客观事实。这次油价暴跌预示着投资人对未来经济发展趋势不看好，信心严重不足或极度悲观，甚至担忧全球经济可能由衰退逐渐走向萧条，担心20世纪30年代全球经济大萧条重演。

非常之时，必行非常之举。中国保险业要充分估计当前经济形势的严峻性，做好应对全球经济危机的准备。

四、全球金融危机观

在全球金融市场持续动荡下（虽然疫情对经济的影响已经超过2008年金融危机，但是否会爆发全球金融危机尚存在变数），中国保险市场显然也难以幸免，尽管影响程度不同，但足以给中国保险业上一堂实实在在的经验教训课，因为我们80%的公司没有经历过金融危机。

正如本章中“中国保险业要做好危机预案”部分所言，我国保险市场已经成为国际金融保险市场的重要组成部分，在这种情况下，全球金融市场动荡将不可避免地波及我国保险业。当前，我国保险业受国际疫情影响相对较小，但必须高度重视和重点警惕，一旦全球金融危机爆发，保险风险将会迅速跨境传递。

2008年全球金融危机爆发后，中国保险业并未对其给予足够的重视，直到AIG问题爆发。同样，目前，虽然中国取得了疫情防控的阶段性胜利，站在了此次新冠疫情防控的相对有利位置，但是要想“不被卷入”全球金融危机也很难，毕竟2019年我国商品贸易总额达31.55万亿元，占2019年GDP总量（99万亿元）的35%。所以，对中国保险业来说，眼下最重要的是认真研究分析国际疫情对中国保险业的影响，冷静观察，学习经验，总结教训，提前做好预案。

因此，中国保险业必须加强对全球金融市场动荡对国际国内保险市场影响的跟踪分析，及时研判，有效应对。

五、安全之思考

2020年4月22日，国新办举行银行保险业第一季度运行发展情况发布会，银保监会副主席黄洪指出当前保险业务增长承压、公司经营波动加大且经营成本有所上升。2020年第一季度，保险业实现保费收入1.67万亿元，同比增长2.3%，增幅同比下降13.6个百分点。其中，财产险增幅同比下降7.7个百分点，人身险增幅同比下降15.22个百分点。整体来看，保险业偿付能力充足，流动性稳定。

但是，当前国际疫情持续蔓延，世界经济下行压力加大。国内复工复产、复商复市以及经济社会发展面临新的困难和挑战，保险业发展也不例外，面临的不确定、不稳定、不安全因素显著增加，未来一段时间流动性问题一定会进一步加剧。

因此，我们不能掉以轻心，保险监管部门要针对保险公司的流动性加强监管要求，建立重点公司、重点区域、重点险种退保情况的日报制度和月度分析制度。同时，保险监管部门还要对各公司现金流进行监测和压力测试（更新不利情景的假设），按照不利情景测试结果提取足额现金准备，保持充足现金流，以应对可能发生的大面积退保风险。

在此背景下，中国保险行业要始终将稳定、安全放在首位。保险业作为“谨慎性金融”行业，生存与安全永远是第一位的，只有在确保基本业务稳健经营、有效控制未来风险的基础上，才能追求“复工复产、复商复市”的社会价值，避免保险业从经营风险（可度量的不确定性）转向经营“不可度量的不确定性”。

中国保险业要进一步加强对资本市场等关联国际金融市场的研究、分析，提高自身的市场应变能力。回顾众多老牌金融机构在2008年全球金融危机中陷入困境，甚至破产倒闭，其实不是它们不会投资，不懂风险控制，而是经营了“不可度量的不确定性”。

另外，当下的中国保险业正处于“投资是保险行业的核心任务，没有投资就等于没有保险行业。没有保险投资，整个保险行业的经营是不能维持下去的”，虽然可以不经营“不可度量的不确定性”，但是却要承受“不可度量的不确定性”。

国际疫情影响下的全球金融市场一旦进入危机状态，资本市场上就没有不可能发生的事，这就要求我们对风险的防范必须采取更为审慎的态度。目前，我们已经看到了一些苗头，由于疫情的持续蔓延，资本市场下滑和金融经济下行已经造成全球性信心下降，这给那些投资主导的保险公司带来了巨大的冲击和影响，也给中国保险业敲响了警钟。

当前，除了认识到疫情的影响，以及全球风险观、全球经济危机观、全球金融危机观之外，为保证中国保险业安全，我们还要做好“十大保证”，确保做到：

（1）保证公司上下对于风险认知的统一。

（2）保证公司销售和客服的正常运行。

（3）保证资本充足和充足的流动性。

（4）保证资金运用的安全和流动。

（5）保证人员的稳定和公司的稳定。

（6）保证相关利益方的利益。

（7）保证公司运用成本的压缩。

（8）保证风险管理举措得到落实。

（9）保证公司在“危”中找到“机”。

（10）保证公司战略调整的未来适应性等。

最后，让我们切记“每一次深度危机都会留下一个故事，这是指向未来的叙述”。病毒在不断演变，疫情在不断蔓延，世界在不断变化，经济在不断下行，金融市场在不断动荡……不确定性在不断进化。研究得越多，发现需要研究的问题越多，新冠疫情冲击下中国保险业安全问题需要我们不断思考、不断反省、不断总结、不断提高。

第四篇

全球风险观与可持续保险

第四篇从“全球风险观与可持续保险”这个维度进行了分析，通过10篇文章首先介绍了“全球风险观”，随后引申出“可持续保险”。

死里逃生的灾难召唤。世界经济论坛（WEF）发布的《2019年全球风险报告》提出，疫情频频暴发，2000年以来，每次疫情暴发都应被视作一次“死里逃生的灾难召唤”，这本应该令人们更加警惕，但却使人类愈加自满。回顾新冠疫情的暴发，又何尝不是如此。

风险进化下的保险失望。《2020年安联风险指数报告》以及世界经济论坛《2020年全球风险报告》等发布不足一个月，全球风险发生了巨大的变化，风险正在野蛮进化、致命进化和无序进化，已经超出了传统保险所覆盖的领域，风险专家比任何时候都悲观。

全球风险观必然的构想。后疫情时代，人们应该如何面对不确定性？当巨灾不期而至的时候，人们应该做出什么样的反应？不用说，当我们开始思考这些问题时，我们已经不知不觉地踏进了“全球风险观”的领地。

人类命运共同体的全球风险观。人类命运共同体这一全球价值观包含相互依存的国际权力观、共同利益观、可持续发展观和全球治理观。与此同时，新冠肺炎疫情的大流行，让我们认识到为了应对人类共同面对的风险，我们还需要有全球风险观。

保险服务要有全球视野。当前人类已经进入一个全球互联时代。连接是当今世界一股强大的力量，主导未来全球版图的是一条条表示连接的供应链、产业链、价值链和生态链。与世界进行连接的能力，将是国家和个人重要的竞争力。同样，如何加强这种世界连接力的风险管理也摆在了我们面前。

警惕天外来菌。到目前为止，唯一被人类消灭的病毒就是天花，所以，科幻需要自满，但是现实却容不得自满。科幻是还未实现的现实，现实是已经实现的科幻。既然如此，我们要思考科幻与现实的差距、科幻与现实需要跨越的鸿沟，我们甚至需要从上帝的视角来思考这些问题。

全球风暴又起。2008年世界金融危机成为金融科技发展历史上的分水岭。如今回头去看，2008年的世界经济危机对全球社会经济活动是一次重创，但对于科技革新却是一场思想的旅行。2020年的后疫情时代，人类将进入一个什么进化周期？我们靠什么引领走进一个全新的时代？

共筑诺亚方舟。《2012》中的诺亚方舟，“2020”中的方舱医院，都是人类的“生命之舱”，点燃了“生命之光”。面对新冠疫情的蔓延，全球如何联手打造“诺亚方舟”呢？

疫情下的保险失望。根据达尔文的进化学说，保险的自我进化如果继续慢于不确定性的自我进化，保险离灭亡的那一天也就不远了。如果说保险作为金融存在，保险的再进化开局于金融科技，终局于数字科技；但是，如果说保险作为保险存在，保险的再进化注定开局于不确定性，终局于超级不确定性。

全球风险观下的保险未来。全球风险观（后疫情时代、超级不确定性时代、知识经济智能进化时代），旨在为我们提供一种全新的视角，帮助我们认知保险面对的挑战，并且突破自我设限的思维框架，重新审视当下的境遇，将压力变为动力，化挑战为机遇。

20世纪80年代，人类开始意识到不能把经济和社会、环境割裂开来谋求发展。1983年11月，联合国成立了世界环境与发展委员会（WECD），并在1987年发布了经过4年研究和充分论证的报告——《我们共同的未来》，正式提出了“可持续发展”的概念和模式。基于此，可持续金融、可持续保险等概念和原则相继提出。

当前，随着新冠疫情在全世界范围内不断蔓延，全球经济金融运行的不确定性显著增强，中国宏微观经济运行也受到了较大冲击。此时，我们聚焦可持续保险，要将“可持续发展”作为保险业发展的重要任务，要认识到保险是一个可加强全社会可持续发展意识和实现经济可持续发展的强有力的中介。联合国也期待与保险业开展更多的合作，以促进整个社会对可持续发展的认同，并对相关决策者和产业界积极进行产业结构调整施加影响。以新冠肺炎疫情为例，在保险服务突发公共卫生安全事件风险管理过程中，应当将“可持续发展”作为核心诉求、工作重点和基本原则，推动保险理论、模式、技术和服务的创新。

第七章 全球风险观（一）

死里逃生的灾难召唤

一、全球风险变化

2020年1月15日，世界经济论坛（WEF）在伦敦发布了《2020年全球风险报告》，呼吁各国尽快协同合作，降低可能加剧的经济政治风险，共同应对气候变化带来的长期挑战。报告预测，2020年将是分化加剧、经济增长放缓的一年；宏观经济的脆弱和贫富差距使世界经济下行压力加大，经济增长有陷入停滞的风险；逆周期调节政策是否仍然有效也越发不确定。

《2020年全球风险报告》指出，未来10年按照发生概率排序的前五位风险分别为极端天气事件（如洪灾、暴风雨等）、气候变化缓和与调整措施失败、重大自然灾害（如地震、海啸、火山爆发、地磁风暴等）、重大生物多样性损失及生态系统崩溃、人为环境损害及灾难。

《2019年全球风险报告》指出，未来10年按照发生概率排序的前五位风险分别为极端天气事件、气候变化缓和与调整措施失败、自然灾害、数据欺诈或窃取、网络攻击。

《2020年全球风险报告》指出，未来10年按照发生影响严重性排序的前五位风险为气候变化缓和与调整措施失败、大规模杀伤性武器、重大生物多样性损失及生态系统崩溃、极端天气事件（如洪灾、暴风雨等）、水资源危机。

《2019年全球风险报告》指出，未来10年按照发生影响严重性排序的前五位风险为大规模杀伤性武器、气候变化缓和与调整措施失败、极端天气事件、水资源危机、自然灾害。

2020年，未来10年的全球五大风险首次全部与环境相关，全球风险格局基本定型。

二、全球风险格局的搅局者

《2020年全球风险报告》发布10天之后，新冠肺炎疫情大暴发。这不禁让我回忆起《2019年全球风险报告》中“病毒肆虐”章节的内容（以下简称《病毒肆虐》）。

《病毒肆虐》探讨了受全球环境转变影响的另一种威胁：生物病原体。一方面，人类生活方式的改变增加了毁灭性疫情自然暴发的风险；另一方面，新兴技术降低了制造以及释放新型生物威胁（包括蓄意或意外两种情况）的门槛。

《病毒肆虐》指出，即使是面对轻度的生物威胁，整个世界也并未做好准备。我们很容易受到某些事件的冲击，而这些事件往往也对个人生活、社会健康、经济活动和国家安全具有潜在的巨大影响。革新性的生物技术带来了令人惊叹的进步，但同时也带来了监督和控制方面的艰巨挑战。生物医药领域的进步让我们不再惧怕传统威胁，但自然也在进步——全新的流行病可能带来难以估量的损失。

最近几年，传染病发生频率和严重性明显增加。2018年6月，世界卫生组织（WHO）“重点关注的传染病”清单所列明的八种疾病中的六种有史以来首次一起暴发。如果其中任何一种疾病广泛传播，都可能造成数千人死亡，导致大规模的全球混乱。

《病毒肆虐》指出，五大趋势推动了疫情暴发频率的增加：

第一，旅行、贸易和全球联动的激增意味着疫情可以在不到36小时的时间内从偏远的村庄扩散到世界各地的城市。

第二，高密度的生活环境，特别是在卫生条件无法保证的情况下，使得传染病更容易在城市中传播。现在全球55%的人口居住在城市地区，预计到2050年，这一比例将达到68%。

第三，森林砍伐带来了新问题：林木植被流失在过去二十年中持续上升，并与31%的疫情暴发有关，例如埃博拉病毒、寨卡病毒和尼帕病毒等的感染暴发。

第四，世界卫生组织指出，潜在的气候变化会改变并加速传染病的传播，如寨卡病毒感染、疟疾和登革热。

第五，人口迁移也是一个关键因素。无论是因为贫困、冲突、迫害还是突发事件，大量人口迁移到新地点（往往是在恶劣条件下）都会使迁移人口受到生物威胁的风险升高。据报道，在难民中，麻疹、疟疾、腹泻疾病和急性呼吸道感染造成的死亡人数占总体死亡人数的60%~80%。

《病毒肆虐》提出，面对一损俱损的全球健康安全这个话题，我们正处于一个关键时期；因为2000年以来，每次疫情暴发都应被视作一次“死里逃生的灾难召唤”。

三、死里逃生的灾难召唤

人类历史上不乏瘟疫肆虐的灾难性事件，比如中世纪的黑死病大暴发曾使欧洲人口锐减，天花更是几乎灭绝印第安人，而霍乱横行的19世纪，数千万人死于非命。而在历史上这些著名传染病灾难中，离我们最近的是西班牙大流感。这次流感暴发于1918—1919年，造成全世界约10亿人感染，约5000万人死亡的惨烈结局。

100年过去了，西班牙人据理力争了一百年，西班牙大流感（首例病例出现在美国）这个名字还是被流传了下来。讽刺的是，我们忘记了：为什么一场流感能够造成如此惊人的损失？它又给世界留下了什么影响？

最近几年传染病发生频率和严重性明显增加，但是我们却一直认为“大流行病”离我们很远，更忘记了“死里逃生的灾难召唤”。

截至2020年5月31日，美国约翰斯·霍普金斯大学发布的数据显示，全球累计确诊新冠肺炎病例6014117例，累计死亡367627例。新冠肺炎疫情的影响已经超过了2009年美国暴发的甲型H1N1流感疫情。世界卫生组织公布的数据显示，甲型H1N1流感疫情最终确诊感染病例约为50万，死亡人数18449人。

2018年，美国的一次流行病预防工作演习显示了蓄意攻击的潜在影响。该演习设定为战时状态下，一个恐怖组织投放了一种经过改造的毒，其具备高死亡率和易传播性的特点。结果显示在这次演习中疫苗接种失败、数千万人死亡、政府无能为力、医疗系统不堪重负、股票市场下跌90%。这可能只是一个假设场景，但绝不是纯属虚构。

《病毒肆虐》还提出了更多更可怕的场景，每一个都让我们不再认识这个世界，生物科学已经经过了近20年的发展，如果没有约束地发展，未来的世界将不可想象。

世界经济论坛（WEF）发布的《2019年全球风险报告》提出，疫情频频暴发，2000年以来，每次疫情暴发都应被视作一次“死里逃生的灾难召唤”，这本应该令人们更加警惕，但却使人类愈加自满。回顾新冠疫情的暴发，又何尝不是如此。

可见，这个世界的风险正在放大，不管是人类还是国家，我们需要：

（1）明白地球是“人类命运共同体”。

（2）认知人类命运共同体的全球风险观。

（3）聆听世界的哭声、战争的伐乱声、巨灾的咆哮声、疫情的动荡声、全球产业链的断裂声……认知全球风险观必然的构想。

（4）关注全球风险的急剧变化，从全球风险观的角度来思考全球风险的变化。

风险进化下的保险失望

一、风险指数变化

2020年1月14日，安联全球企业及特殊风险（AGCS）发布《2020年安联风险指数报告》（*Allianz Risk Barometer* 2020），营业中断风险（BI）以30%的得票率成为中国企业在2020年面临的首要风险；自然灾害风险以26%的得票率排名第二；紧随其后的是得票率同为24%的网络安全事故和市场风险（见表7–1）。

表 7–1　中国商业风险排名（2020 年）

排名	风险	得票率 /%	2019 年排名	趋势
1	营业中断（包括供应链中断）	30	1 (45%)	→
2	自然灾害	26	2 (36%)	→
3	网络安全事故	24	6 (23%)	↑
3	市场风险	24	8 (17%)	↑
5	气候变化 / 波动加剧	20	New	↑
5	新技术	20	5 (26%)	→
7	火灾、爆炸	18	3 (29%)	↓
7	健康事宜	18	New	↑
9	法律及监管环境变化	16	4 (27%)	↓
9	产品召回、质量管理、系列缺陷	16	7 (18%)	↓

资料来源：根据安联全球企业及特殊风险 (AGCS) 发布的《2020 年安联风险指数报告》(*Allianz Risk Barometer* 2020) 整理。

《2020年安联风险指数报告》中的全球商业风险调查创纪录地集合了来自100多个国家和地区的2718位专家的观点，参与者包括公司的首席执行官、风险管理人、经纪人和保险专家等。全球商业风险排名见表7-2。

表 7-2　全球商业风险排名（2020 年）

排名	风险	得票率 /%	2019 年排名	趋势
1	网络安全事故	39	2 (37%)	⬆
2	营业中断（包括供应链中断）	37	1 (37%)	⬇
3	法律及监管环境变化	27	4 (27%)	⬆
4	自然灾害	21	3 (28%)	⬇
4	市场风险	21	5 (23%)	➡
6	火灾、爆炸	20	6 (19%)	➡
7	气候变化 / 波动加剧	17	8 (13%)	⬆
8	名誉或品牌价值减损	15	9 (13%)	⬆
9	新技术	13	7 (19%)	⬇
10	宏观经济形势	11	13 (8%)	⬆
11	政治风险和暴力	9	11 (9%)	➡
11	技术性劳动力短缺	9	10 (9%)	⬇
13	重大基础设施停电	8	17 (2%)	⬆
13	产品召回、质量管理、系列缺陷	8	12 (9%)	⬇
15	盗窃、欺诈、腐败	7	15 (7%)	➡
15	环境风险	7	14 (7%)	⬇
17	健康事宜	3	16 (3%)	⬇
	其他	3		

资料来源：根据安联全球企业及特殊风险 (AGCS) 发布的《2020 年安联风险指数报告》(*Allianz Risk Barometer* 2020) 整理。

《2020年安联风险指数报告》以及世界经济论坛《2020年全球风险报告》等发布不足一个月，全球风险发生了巨大的变化，风险正在野蛮进化、致命进化、无序进化和冲突进化，已经超出了传统保险所覆盖的领域。今天我们聚焦中国商业风险前四名的进化：营业中断风险、自然灾害风险、网络安全事故风险、市场风险。

二、营业中断风险：风险剧增、野蛮进化

雄踞全球风险排行榜首七年后，营业中断风险（Business Interruption，BI）降至第二位，但中国区的风险报告结果显示，BI的影响力仍然最大，其造成的损失规模与复杂程度也呈持续增长趋势。

导致BI损失的原因也更加复杂化——从火灾、爆炸、自然灾害，到全球供应链，甚至政治因素等。

放眼全球，持续蔓延的新冠肺炎给全球经济造成的损失超过3万亿美元（基于2019年全球GDP总量86万亿美元和IMF预计的2020年GDP下降3%简单估算）；根据2020年6月24日IMF最新预测，新冠肺炎给全球经济造成的损失或许将超过6万亿美元；进入2020年以来，IMF、世界银行、OECD等组织不停地调低全球经济预期，新冠肺炎直接或间接影响了全球企业，以致生产办公停止、产销量降低，带来沉重的利润损失。

2019年11月，世界银行发布了《全球营商环境报告2020》。该报告显示，中国营商环境总体得分77.9分，排名跃居全球第31位，比上年提升15位。报告显示的10项营商环境一级指标包括开办企业、办理施工许可、获得电力、登记财产、获得信贷、保护少数投资者、纳税、跨境贸易、执行合同和办理破产。

显然，报告中的指标未来一定会根据全球风险的变化进行调整，重要的调整就是风险转移工具的可获得性，特别是保险的可获得性。

2020年5月11日，中国银保监会网站公布了一条信息“中国银保监会积极推动高水平对外开放，支持外资再保险公司加大在华投入”，这背后其实就是德国汉诺威再保险股份公司上海分公司的一条增资信息。之所以会发布这条信息，是因为保险和再保险的可获得性直接决定了未来中国的营商环境。

除了新冠肺炎疫情之外，还有哪些风险导致营业中断值得我们研究，这个问题不解决，将直接影响未来中国的营商环境。

三、自然灾害风险：影响放大、致命进化

纵观2019年全年，自然灾害事件造成的经济损失为1330亿美元左右，同比下降20%。近年来，例如地震或海啸等与天气无关的重大自然灾害事件罕有发生，因此风险重要程度有所下降。

尽管如此，由气象、地理、气候以及水文条件引发的自然灾害频频影响了包括中国、美国和日本在内的国家和地区，使得前三大风险中自然灾害仍赫然在列。

2008年9月4日，国务院新闻办公室就四川汶川地震及灾损评估情况举行新闻发布会，国家汶川地震专家委员会副主任史培军介绍，根据调查评估，汶川地震造成直接经济损失8451亿元，其中四川占到总损失的91.3%，甘肃占5.8%，陕西占2.9%；截至9月4日12时，四川汶川地震已确认69226人遇难，374643人受伤，17923人失踪。

汶川大地震直接经济损失是8451亿元，保险只赔了20多亿元，占比是0.2%，还不到1%。在国际上，巨灾保险赔款一般占到灾害损失的30%~40%，但我们还不到1%。

“我国70%以上的城市位于地震区”“未来50年，我国东部经济发达、人口稠密的地区发生一次七级以上的大地震，几乎是一个必然的事件”“唐山大地震若重演，损失将达到20万亿元”等论述绝不是危言耸听，我们是否已经做好相应的灾难恢复计划？

四、网络安全事故风险：灰色演变、无序进化

中国的“互联网+”、5G、人工智能、物流网、大数据、区块链等战略已经有点“拔苗助长”，相应的风险也在无序进化中，中信银行的“信息

泄露”就给我们上了一课，而这只是冰山一角，更大的问题正在浮现中。

当今企业面临着规模更大、代价更高的数据泄露危险，层出不穷的网络勒索和欺诈事件，以及由隐私安全问题导致的罚款和诉讼风险。网络事件的破坏性越来越大，越来越多复杂的黑客攻击和巨额勒索瞄准大型企业。

网络敲诈勒索还只是冰山一角，因技术故障或网络攻击而导致的关键数据库、系统或技术的瘫痪，还可能会引发公司巨大的营业中断损失。网络安全事故风险首次进入中国榜单前三位，意味着中国企业对非传统风险的危害越来越重视。

中国保险业这几年开始涉足网络安全事故风险，但是因为技术壁垒，只能隔岸观花；这些风险更多的是以风险管理工具进行转移，而不是保险。

五、市场风险：掺杂政治、冲突进化

与网络安全同样排在第三位的是市场风险。2020年延续了2019年市场的高波动性，贸易冲突和政治风险造成的不确定性将继续影响市场。国际疫情暂时掩盖了政治风险对全球经济金融市场的直接影响，以及政策制定者干预和减轻负外部效应的必要性。但是，后疫情时代，中美贸易争端可能会进一步加剧，预计未来一段时间市场波动将进一步加大，这给中国大宗商品价格、货币和资本流动带来了极大不稳定性。

《2020年安联风险指数报告》以及世界经济论坛《2020年全球风险报告》等发布不足一个月，全球风险发生了巨大的变化，风险正在野蛮进化、致命进化和无序进化，已经超出了传统保险所覆盖的领域，风险专家比任何时候都悲观。我们已经预见全球化的崩塌、全球政治经济金融环境的恶化，我们也一定会遇见全球风险的野蛮进化、致命进化、无序进化和冲突进化，注定预见和遇见的保险都会让我们失望。

全球风险观必然的构想

一、全球风险观

全球风险观（Global Risk Prospects），是指人类需要明白所处的社会是风险社会，更需要以“人类命运共同体”理念推进全球风险社会治理。

风险社会（Risk Society），是指在全球化发展背景下，由人类实践导致的全球性风险占据主导地位的社会发展阶段，在这样的社会里，各种全球性风险对人类的生存和发展存在着严重的威胁。

究竟什么是风险社会?《闲叙保险》一书对其进行了详细论述，以乌尔里希·贝克（Ulrich Beck）、安东尼·吉登斯（Anthony Giddens）等为代表，他们是“风险社会”理论的首倡者和构建者。在贝克看来，工业社会的核心问题之一是财富分配以及不平等的改善与合法化。而在风险社会，我们必须把伤害的缓解与分配作为核心问题。财富和权力是古典性的标志性概念，而风险和不确定性则是反思现代性的概念。风险具有四个特点：

（1）风险造成的灾难不再局限在发生地，而是经常产生无法弥补的全球性破坏。因此风险计算中的经济赔偿无法实现。

（2）风险的严重程度超出了预警检测和事后处理的能力。

（3）由于风险发生的时空界限发生了变化，甚至无法确定，所以风险计算无法进行。

（4）灾难性事件产生的结果多样，使得风险计算使用的计算程序、常规标准等无法把握。

究竟什么是全球风险观？第一章中“保险业要做什么”部分指出的“我们面对的绝不是COVID-19，而是‘灰犀牛’和‘黑天鹅’”是一种“全球风险观”；本章中“保险服务要有全球视野”部分提出的“世界连接力的风险管理”是一种“全球风险观”；本章中“人类命运共同体的全球风险观”部分提出的“疫情让世界认识到人类命运共同体观念的紧迫性”是一种“全球风险观”……

可见，在古典性中，财富和权力是其标志性概念；在现代性中，风险和不确定性是其标志性概念；在后疫情时代（非后现代性，可称之为未来性），人类命运共同体和超级不确定性将是其标志性概念。

除了疫情，自然灾害、战争等所有这些事件的发生都是不确定的，但它们对人类的生活造成了难以估量的严重后果。它们迫使我们去深思：人们应该如何面对不确定性？当巨灾不期而至的时候，人们应该做出什么样的反应？不用说，当我们开始思考这些问题时，我们已经不知不觉地踏进了“全球风险观”的领地。

二、全球风险观的必然

长期以来，人们都生活在“必然性/确定性”的神话中，人们不自觉地选择了漠视“偶然性/不确定性”。正如加拿大学者伊恩·哈金在《驯服偶然》一书中所指出的：“贯穿整个理性时代，偶然一直被称为平庸之辈的迷信。偶然、迷信、庸俗、愚蠢是一回事。有理性的人对这些东西是不屑一顾的，因为他们有能力用各种无情的定律将混乱掩盖起来。他们坚称，世界或许常常是偶然的和随意的，但那只是因为我们不了解其内部工作的必然机制。”

随着科学技术的发展和哲学思想的丰富，“必然性/确定性”的神话开始崩溃。耗散结构理论的创建者普利高津（I. llyaPrigogine）在其《确定性的终结》一书中指出：“人类正处于一个转折点上，正处于一种新理性的开端。在这种新理性中，科学不再等同于确定性，概率不再等同于无知。”他认为，伽利略和牛顿通过传统物理学理论展示出来的那个“时间可逆的确定性宇宙图景”已经千疮百孔，偶然性、不确定性、时间的不可逆性才是宇宙的本质。

再有，海森堡（Werner Karl Heisenberg）和加尔布雷斯（Galbraith John Kenneth）两人相隔半个世纪，分别从量子力学原理、经济思想史及其背后经济史的角度提出了“不确定性”问题，启发人们用“不确定性”的思维方式去思考自然界和经济社会。

所有这些启示我们，世界是充满不确定性的，日常生活是充满意外和风险的。如果人们对哲学和科学发展中所昭示的这一重大的真理缺乏足够认识，就有可能在现实生活中遭受巨大挫折。

新冠肺炎疫情，在某种意义上，再一次让我们认知到“超级不确定时代”的到来，再一次让我们开始思考“人类命运共同体”背后的“全球风险观”。

我们所处的世界是“必然性/确定性”的这一神话已经崩塌，而应对“偶然性/不确定性”世界的“全球风险观”需要构想。

三、全球风险观的构想

“全球风险观的必然”说明既然风险已经成为全球社会的重要特征，相应地，全球风险社会成为人类无法回避的境遇，全球风险观也就顺其自然地成为“人类命运共同体”的核心理念。

（1）全球风险观如何构想？我们不妨借鉴汉斯·昆（Hans Kung）在《世界伦理构想》一书中提出的一些观点。

汉斯·昆从责任和对话出发构建的全球伦理可以看作对风险社会的另外一种诠释模式。在他看来，解决全球性风险问题，现代性的范式已经失效，需要“范式的转换”。如果不从价值层面上取得共识，问题和冲突就不能得到真正的解决。

汉斯·昆试图从价值共识方面来解答全球性风险问题。全球性风险问题不只是一个经济问题，也是政治问题，更为关键的是它还是一个伦理问题，因为风险的出现会自然产生责任问题。

汉斯·昆认为可以通过强化责任意识对风险进行有限的控制。风险治理既需要普遍的责任原则，又需要各方面的积极参与，既要顾及公共利益，又要兼容个体利益，既要能包容多元，又要能化解冲突，这就需要有效的对话机制。

汉斯·昆基于责任和对话的全球伦理观的意义在于为理解全球风险社会提供了一种新的视角，全球伦理所体现出的整体意识、责任观念和对话思维对世界由“偶然性/不确定性”走向“必然性/确定性”具有重要启发意义。

（2）全球风险观如何构想？我们不妨再次回到乌尔里希·贝克（Ulrich Beck）在《风险社会》一书中提出的观点。

贝克在其《风险社会》一书中写道：“我说风险，首先是指完全逃脱人类感知能力的放射性、空气、水和食物中的毒素和污染物，以及相伴随的短期和长期的对植物、动物和人的影响。它们引致系统的、常常是不可逆的伤害，而且这些伤害一般是不可见的。”

贝克认为，风险社会是一个灾难性的社会，在风险社会中，异常的情况有成为屡见不鲜的情况的危险。而随着全球化进程的加速，“从总体上考虑，风险社会指的是世界风险社会”。因为生态上的破坏是不受国界限制的，如横贯数个国家的河流污染、核泄漏对大气的污染、农药的普遍使用甚至使南极企鹅的身上也出现了过量的DDT等。

贝克指出，风险并不是一种突然降临到人类社会中的灾难，它是人类自己决策和行为的结果。尤其是化学（改变分子结构）、核物理（改变原子结构）、生物工程（改变基因结构）这样的科学的出现，以及人类在追求现代化进程中对外部世界的征服和改造，使人类社会面临着许多无法预知的风险。世界被抛入偶然性的“锅”中，它将来会变成什么模样，甚至它是否还能存在下去，人们已经很难预测了。

可见，无论是汉斯·昆的“基于人类责任和对话的全球伦理观”，还是贝克的“基于人类决策和行为的全球因果观”，人类命运共同体都需要有全球风险观，如此我们才能深入地了解人类命运共同体的本质。

综上，我们要坦然地面对“偶然性/不确定性”，正确地树立“全球风险观”，如此方能认知“必然性/确定性”。后疫情时代，人们应该如何面对不确定性？当巨灾不期而至的时候，人们应该做出什么样的反应？不用说，当我们开始思考这些问题时，我们已经不知不觉地踏进了“全球风险观”的领地。

人类命运共同体的全球风险观

一、人类命运共同体

人类命运共同体（a Community of Shared Future for Mankind）旨在追求本国利益时兼顾他国合理关切，在谋求本国发展中促进各国共同发展。

人类只有一个地球，各国共处一个世界，“人类命运共同体”是中国政府反复强调的关于人类社会的新理念。

2011年9月，《中国的和平发展》白皮书提出，要以“命运共同体”的新视角，寻求人类共同利益和共同价值的新内涵。

2012年11月，中共十八大明确提出要倡导“人类命运共同体”意识。国际社会日益成为一个你中有我、我中有你的“命运共同体”，面对世界经济的复杂形势和全球性问题，任何国家都不可能独善其身。

当今世界面临着百年未有之大变局，政治多极化、经济全球化、文化多样化和社会信息化潮流不可逆转，各国间的联系和依存度日益加深，但也面临诸多共同挑战。粮食安全、资源短缺、气候变化、网络攻击、人口爆炸、环境污染、疾病流行、跨国犯罪等全球非传统安全问题层出不穷，对国际秩序和人类生存都构成了严峻挑战。不论人们身处何国、信仰如何、是否愿意，实际上已经处在一个命运共同体中。

人类命运共同体这一全球价值观包含相互依存的国际权力观、共同利益观、可持续发展观和全球治理观。

与此同时，新冠肺炎疫情大流行，让我们认识到，为了应对人类共同面对的风险，我们还需要有全球风险观。

二、历史性的一幕

全球疫情持续蔓延，由于各国国情、体制、医疗基础各不相同，各国采取的防控措施也有所不同。除了这些，这段时间我们更看到了“傲慢”与“偏见”，更明白了“想到了开头，却想不到结尾”，更看到了电影里少有的G20首脑们使用视频召开特别峰会……

电影《2012》中，面对全人类的灾难，世界各国首脑进行视频会议，最终决定在中国建造方舟来躲避人类的浩劫。没想到2020年，这个场景部分实现了。

2020年3月27日，教皇方济各在梵蒂冈圣彼得教堂，为全世界祈福，祈祷用的圣像来自16世纪黑死病时期。傍晚的天空飘着雨，空无一人的圣彼得广场宛如末日，84岁高龄的教皇步履蹒跚，但却虔诚笃定。对着空无一人的广场，教皇发表了“致全城与全球”致辞。雨中，空旷的广场，教皇的演讲……这分明是一个电影镜头，却发生在现实中。

历史性的一幕下，“人类命运共同体”理念注定实现历史性飞跃……

流行病所导致的公共卫生危机一直伴随着人类社会发展进程。美国著名历史学家威廉·H.麦克尼尔在其著作《瘟疫与人》中指出："传染病在历史上出现的年代早于人类，未来也将和人类天长地久地共存。"

与各种流行病的斗争贯穿人类历史，黑死病、天花、鼠疫、埃博拉、SARS、COVID-19等众多致命的疫情都曾经或正在无情地肆虐于人类社会，造成极其严重的生命和财产损失，在疫病面前，任何一个国家和民族都不能独善其身。

人类命运共同体的历史性飞跃中，全球价值观还应有"全球风险观"……

三、人类命运共同体与全球风险观

（1）"世界连接力的风险管理"就是一种"全球风险观"。本章中"保险服务要有全球视野"部分指出，当前人类已经进入一个全球互联时代。连接是当今世界一股强大的力量，主导未来全球版图的是一条条表示连接的供应链、产业链、价值链和生态链。与世界进行连接的能力，将是国家和个人重要的竞争力。同样，如何加强这种世界连接力的风险管理也摆在了我们面前。

（2）"我们面对的绝不是COVID-19，而是'灰犀牛'和'黑天鹅'"也是一种"全球风险观"。第一章中"保险业要做什么"部分指出，COVID-19如果控制不力，会直接演变成全球性传染病，直接进入世界卫生组织（WHO）所定义的流行病第六阶段——瘟疫期。

（3）"疫情不分国界"，中国政府已对近百个国家实施抗疫援助，这就是"人类命运共同体"下中国一直秉持的"全球风险观"。综上，"人类命运共同体"这一全球价值观包含相互依存的国际权力观、共同利益观、可持续发展观、全球风险观和全球治理观。与此同时，新冠肺炎疫情的大流行使我们认识到，为了应对人类共同面对的风险，我们也需要有全球风险观。后疫情时代，人类命运共同体需要有全球风险观，以应对超级不确定时代的到来。人类命运共同体成为化解全球风险社会治理困境的中国方案，并逐渐凝聚成全球化浪潮下推动全球风险社会治理的精神动力和思想共识。

保险服务要有全球视野

一、大时代下的全球风险观

“中美国”（Chimerica；另译：中美共同体、中华美利坚、中美联合体、中美经济联合体）是由美国哈佛大学著名经济史学教授尼尔·弗格森（Niall Ferguson）和柏林自由大学石里克教授共同创造出的新词，用以强调中美经济关系的紧密性，称中美已走入共生时代。

在本质意义上，中美国不过是G2模式的另外一种说法。笔者在《回顾中展望保险业，2020年之大时代》一文中提出，面向2020年大时代，虽然我们还没有准备好，但是我们不得不开始面对这些问题——G2大时代的问题：①G2与全球供应链/全球价值链；②“一带一路”建设与全球资源配置；③去美元化与人民币国际化；④数字货币与数字经济；⑤全球性经济危机与风险管理等。

从表面上看，这些问题与保险好像没有关系，但是这些问题都已经上升到了国家战略，能与保险没有关系吗？这些问题相应地也在保险业延伸和放大了。

2020年2月23日，“统筹推进新冠肺炎疫情防控和经济社会发展工作部署会议”指出，当前产业链环环相扣，一个环节阻滞，上下游企业都无法运转，区域之间要加强上下游产销对接，推动产业链各环节协同复工复产。

2020年3月26日，中国银保监会发布《关于加强产业链协同复工复产金融服务的通知》（银保监办发〔2020〕28号），以下简称《复工复产金融服务通知》。

《复工复产金融服务通知》针对企业复工复产以来，产业链上下游部分企业面临的现金流压力问题，就引导银行保险机构增强金融支持和服务、畅通产业链资金流、提升产业链协同复工复产整体效应等方面提出了具体措施。

《复工复产金融服务通知》包括以下六个方面内容：一是加大产业链核心企业金融支持力度；二是优化产业链上下游企业金融服务；三是加强金融支持全球产业链协同发展；四是提升产业链金融服务科技水平；五是完善银行业金融机构考核激励和风险控制；六是加大保险和担保服务支持力度。

《复工复产金融服务通知》不仅对“产业链协同复工复产”给出了“金融解法”；更回答了前面的疑问，把“全球产业链风险管理”“全球供应链风险管理”“全球价值链风险管理”等问题引入了保险业的视野。

因此，加快产业协同复工复产金融服务要有全球视野。我国居于全球产业链、供应链重要节点上，当前的复工复产既有利于巩固我国产业链优势，也有利于稳定国际产业链、供应链。此次疫情中，产业链、供应链风险也成为全球共同面临的挑战。

二、产业链和供应链

我们先简单了解几个概念：产业链、供应链、价值链和生态链，这些概念构成了保险服务全球视野的基础。

（1）供应链（Supply Chain），是指产品生产和流通过程中所涉及的原材料供应商、生产商、分销商、零售商以及最终消费者等成员通过与上游、下游成员的连接（Linkage）组成的网络结构。

（2）产业链（Industry Chain），是一个包含价值链、企业链、供需链和空间链四个维度的概念。这四个维度在相互对接的均衡过程中形成了产业链，这种“对接机制”是产业链形成的内在模式，作为一种客观规律，它像一只“无形之手”，调控着产业链的形成。

产业链是产业经济学中的一个概念，是各个产业部门之间基于一定的技术经济关联，并依据特定的逻辑关系和时空布局关系客观形成的链条式关联关系形态。

（3）价值链（Value Chain），是由迈克尔·波特（Michael E. Porter）提出的，是从企业自身价值生成机制上来说的一个概念。每一个企业都是在设计、生产、销售、发送和辅助其产品的过程中进行种种活动的集合体，所有这些活动都可以用一个价值链来表明。

（4）生态链（Ecological Chain），又称生态圈，是从一个更宏大的角度来讲的概念。《辞海》解释说，生态是生物在一定环境下的生存发展状态。比如，人类命运共同体就是一个全球生态链。

供应链风险管理的目的是最大化供应链总体效益，产业链风险管理的目的是实现产业链条的协同，价值链风险管理的目的是实现价值的最大化，生态链风险管理的目的是实现生态系统的平衡。

产业链、供应链、价值链、生态链，都需要风险管理，那一定也少不了保险，本部分我们先聚焦产业链和供应链。

三、产业链和供应链风险

当前人类已经进入一个全球互联时代。连接是当今世界一股强大的力量，主导未来全球版图的是一条条表示连接的供应链、产业链、价值链和生态链。与世界进行连接的能力，将是国家和个人重要的竞争力。如何加强这种世界连接力的风险管理同样也摆在了我们面前。

（1）供应链风险，其来源是各种不确定性因素的存在。供应链上的企业之间是相互依赖的，任何一个企业出现问题都有可能波及和影响其他企业，影响整个供应链的正常运作，甚至导致供应链的断裂和失败。

供应链风险分为内生风险和外在风险，其中内生风险包括道德风险、信息传递风险、生产组织与采购风险、分销商选择风险、物流运作风险、文化差异风险等；外在风险包括市场需求不确定性风险、经济周期风险、政策风险、法律风险、意外风险等。

新冠肺炎疫情，对供应链的冲击源于三个维度：一是人员流动受限；二是物流运输受阻；三是资金周转变慢。

（2）产业链风险，其来源同样是各种不确定性因素的存在。产业链中大量存在着上下游关系和相互价值的交换，上游环节向下游环节输送产品或服务，下游环节向上游环节反馈信息；这其中任何一个环节出现问题，都可能导致整个产业链出现问题。

产业链风险分为接通产业链风险和延伸产业链风险，接通产业链风险和延伸产业链风险又分别分为内生风险和外在风险。

新冠肺炎疫情对产业链的冲击源于两个维度：一是供给层面，由于交通运输限制，中游产业供给收缩，带来下游产业的被动收缩；二是需求层面，下游需求减弱，使得上游、中游连续生产型企业存在库存积压风险。

四、产业链和供应链保险服务

《复工复产金融服务通知》中的“加大保险和担保服务支持力度”部分提出：

（1）鼓励保险机构和政策性担保机构在风险可控的前提下为产业链上

下游中小微企业获取融资提供增信服务。鼓励保险机构针对核心企业上下游的风险特征，提供抵质押、纯信用等多种形式的保证保险业务，进一步加大贸易信用保险的承保覆盖面，拓宽企业融资的增信方式。

（2）人身保险公司在风险可控的前提下可适度延长保单质押贷款期限，提升贷款额度，帮助客户缓解短期资金压力，支持小微企业复工复产。针对疫情发生以来物流受阻情况，保险机构可适当顺延疫情期间停运的营运车辆、船舶、飞机的保险期限。

《复工复产金融服务通知》更多的是框架性内容，这些内容只是说明了保险可以助力产业链协同，有助于复工复产；但是“如何做”这个课题却留给了保险公司。产业链、供应链保险业务是一项具有极强专业性的业务，对产品设计、业务操作、风险监控以及风险管理等环节都有较高的要求。

国泰君安《疫情影响分析：主要区域和产业链、供应链冲击》一文指出，“在政策呵护下，产业链与供应链风险更多将呈现阶段性、区域性的特征，同时也为部分行业带来相应机遇。对于产业链、供应链风险的后续判断，我们认为短期需要关注两个层面的信号，一是各省政府对交通运输管制与人员隔离措施的调整，二是下游终端需求的变化”。

可见，全球产业链、供应链保险服务方式是一个广义的概念，是保险服务沿着创新链、供应链、物流链、价值链将生产商、供应商、第三方物流机构、保险中介机构、分销商及消费者联结在一起，通过对整个产业链交叉形成的需求网络中的资金流、商流、物流、信息流进行风险管理，避免“断流”风险。这才是保险应该着力的“点、线、面、体”，可这些对于保险业来说，又谈何容易。

展望未来，互联网（5G）、物联网、云计算、人工智能、区块链等新兴技术迅速走向规模化商用，行业数字化转型正进入深水区，以“万物节点、万物感知、万物智能、万物互联”为特征的新科技即将来临。随着这些新科技的迭代叠加式突破，全球产业链布局会形成链状连接、虚拟连接、智能连接的产业链、供应链、服务链和价值链，成为更具有黏性、更具有依赖性的经济联系。

连接，是一切可能性的基础。未来，产业链、供应链、服务链和价值链将构建在万物节点、万物感知、万物智能、万物互联的科技链上，将构建在“互联网+”“物联网+”“智能网+”“超能网+”的生态链上。显然，加强这种连接力的风险管理的出口也在“连接”上。如果保险不能“连接”全球产业链、供应链，凭什么提供保险服务？

当前人类已经进入一个全球互联时代。连接是当今世界一股强大的力量，主导未来全球版图的是一条条表示连接的供应链、产业链、价值链和生态链。与世界进行连接的能力，将是国家和个人重要的竞争力。同样，如何加强这种世界连接力的风险管理也摆在了我们面前。

第八章
全球风险观（二）

警惕天外来菌

一、天外来菌

2008年，一部名为《天外来菌》的科幻片在全球上映。剧情如下：

在美国犹他州的皮德蒙特小镇郊外，一颗人造卫星突然掉落地面，一对好奇的情侣将卫星残骸带回了小镇，由此引发了一场灾难。突然间小镇上暴发了可怕的由病毒引起的疫病，人们纷纷不明原因地死去。为防止病毒扩散到其他城市，军队封锁了小镇，并派出了由传染病学家、外空生物学家、微生物学家、病理学家等组成的调查团队去往小镇查明病源真相。

该剧改编自美国著名作家迈克尔·克莱顿（Michael Crichton）的同名小说《天外来菌》（*The Andromeda Strain*）。《天外来菌》在1971年曾被好莱坞著名导演罗伯特—怀斯翻拍成电影，这次则被拍成了4小时的迷你剧，并获得艾美奖最佳迷你剧提名。

《天外来菌》正在从科幻走向现实，我们暂且不管新冠肺炎病毒（COVID–19）来自何处，2020年5月13日的一则消息让我们再次想起了《天外来菌》。

2020年5月13日，据国外媒体报道，按照美国国家航空航天局

（NASA）和欧洲空间局（ESA）的计划，人类将在不久的将来，也许是在21世纪30年代，将原始的火星样品运回地球。美国国家航空航天局和欧洲空间局发布的火星样品返回任务示意图如图8-1所示。

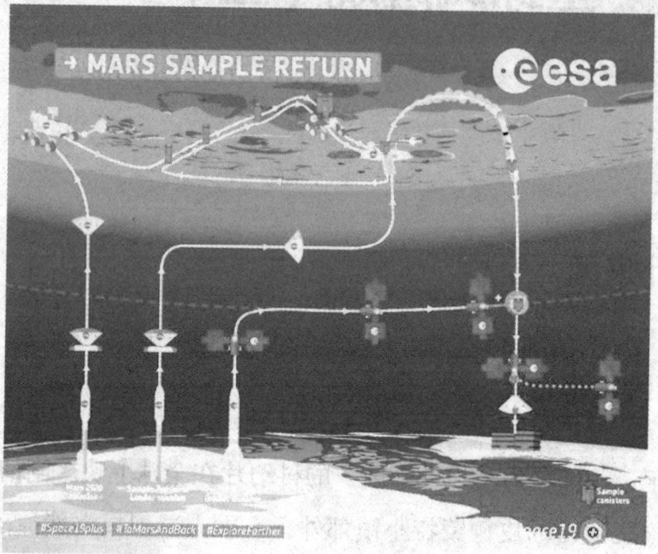

图 8-1　火星样品返回任务示意图

NASA和ESA认为以这种方式接收火星样品对地球生态和公共安全的风险较低，但这种方式的风险并非为零。这些样品将由NASA的“毅力号”（Perseverance）火星探测车收集并储存，最终可能会成为生物学研究的“抢手货”。当然，这些材料也可能引发激烈的争论以及公众对火星微生物吞噬地球生物圈的担忧。

此时，我们不禁思考：星际微生物可能入侵地球吗？

二、宇宙星尘

卡尔·萨根（1934年11月9日—1996年12月20日）从少年时就相信宇宙中有外星人，为此寻找了一生，最后也没有找到外星人。卡尔·萨根曾说：

“我们源自宇宙中的星尘，是宇宙的一部分，我们的命运与之息息相关。”

卡尔·萨根还说：“我们DNA里的氮元素，我们牙齿里的钙元素，我们血液里的铁元素，还有我们吃掉的东西里的碳元素，都是曾经大爆炸时的万千星辰散落后组成的，所以我们每一个人都是星尘。”

2007年，一部名为《星尘》（*Stardust*）的科幻片在全球上映。剧情如下：

年轻的小伙儿特里斯坦安爱上了同村的姑娘维多利亚，一天他们看见一颗陨星，为讨女友欢心，特里斯坦安答应要将那个陨石送给女友，从此踏上寻找陨石的旅程。然而，女巫和神秘海盗也尾随而来，为了使各自的力量更强大，他们都试图夺取陨石。

该片改编自尼尔·盖曼的同名小说《星尘》，影片中大家争夺的“陨石”也许已经给我们的星球带来过微生物。

研究表明，火星陨石ALH84001（艾伦丘陵陨石84001，最著名的火星陨石）的内部温度从来没有超过40℃，如果里面有（休眠的）微生物的话，它们可能会在从火星到地球的旅程中幸存下来。所以，关于该陨石是否含有火星微生物生命，目前还存在激烈的讨论。

此时，我们不禁思考：新冠病毒有没有可能来自外太空，哪怕概率极小？因为病毒比人类还要古老，我们对病毒的了解却很少。

三、科幻和现实

病毒是自然界中最微小的生物，经过100余年的研究历程，人类逐步揭示了病毒的特性以及病毒与人类、自然界的相互关系。不过，人类对病毒的了解依然很少，甚至可以说一无所知。正所谓“无知者无畏”，不知什么时候我们开始狂妄自大。

2015年，比尔·盖茨曾预测：“如果在接下来的几十年里有什么东西导致超过1000万人死亡，那么它最有可能是一种高传染性的病毒，不是战争，不是导弹，而是微生物。”

世界经济论坛（WEF）发布的《2019年全球风险报告》提出，疫情频频暴发，2000年以来，每次疫情暴发都应被视作一次“死里逃生的灾难召唤”，这本应该令人们更加警惕，但却使人类愈加自满。我们回顾新冠疫情的全球暴发，又何尝不是如此。

到目前为止，唯一被人类消灭的病毒就是天花，所以，科幻需要自满，但是现实却容不得自满。

科幻是还未实现的现实，现实是已经实现的科幻。既然如此，我们要思考科幻与现实的差距，科幻与现实需要跨越的鸿沟，我们甚至需要从上帝视角来思考这些问题。

哈勃空间望远镜（Hubble Space Telescope）给我们提供了这种“上帝视角”。1990年4月24日，“发现者”号航天飞机在美国肯尼迪航天中心成功发射，哈勃太空望远镜的主要任务是：探测宇宙深空，解开宇宙起源之谜，了解太阳系、银河系和其他星系的演变过程。

天文学家研究了哈勃望远镜拍摄到的10000颗恒星，制成了一张合成图（见图8–2），我们可以此了解银河系的演化过程。

图 8–2　哈勃望远镜拍摄到的 10000 颗恒星合成图

同样，我们对新冠肺炎，也需要从上帝视角来讨论，而不是凭空地捏造。上帝视角就是全知，知道所有的事情，又处于一个客观的点上观察对象的行为。正如阿尔伯特·爱因斯坦所言："上帝是不可捉摸的，但并无恶意。"

全球风暴又起

一、全球风暴

2017年，一部名为《全球风暴》的灾难片在全球上映。剧情如下：

该片讲述了发生在未来的全球性气象灾难。人类开发气象卫星网络以控制灾害天气，但被电脑病毒控制的卫星却成为杀伤力巨大的攻击者，一场空前浩劫席卷世界。

一个是电脑病毒，一个是新冠病毒。国际疫情的蔓延所上演的"剧情"已经超越了"灾难片"，因为其不再是3D、4D、5D电影，而是一部真实的6D电影，听觉、视觉、嗅觉、触觉、味觉、感觉等一应俱全。

影片《全球风暴》中，在连场史无前例的自然灾害袭击地球后，全球领袖决定携手创建一个精密的人造卫星网络，控制地球气候，确保人类安全。可是原本应该保卫地球的系统却出了错，开始攻击地球，香港地陷、东京冰雹、孟买龙卷风、迪拜海啸、巴西冰封等灾难场景逐一出现，浩劫席卷全世界。

人类正在经历第二次世界大战结束以来最严重的全球公共卫生突发事件。新冠肺炎疫情突如其来，现在已波及210多个国家和地区，影响70多亿人口，夺走了30余万人的宝贵生命。

全球领袖在这场史无前例的疫情面前，显然没有决定“团结合作战胜疫情，共同构建人类卫生健康共同体”，相反正在以“政治经济或意识形态为主导来遏制疫情”。

显然，政治经济或意识形态为主导不能遏制疫情，相反，“面对疫情应该确保没有人被排除在社会保护计划之外”，联合国人权事务高级专员巴切莱特表示。

全球经济曾成功应对国际格局动荡、全球金融市场波动等各种挑战，近来却面对着三重挑战：国际格局动荡、全球疫情蔓延和全球经济衰退的阴云。政治、经济、疫情三个概念开始“重塑”我们的世界，疫情已经不仅仅是疫情本身了，它已经涉及全球政治格局和经济格局的重塑。

综上，后疫情时代，全球政治经济和意识形态变化所带来的影响已经超越了“金融风暴”（金融危机），我们怎么办？

二、金融风暴又起

全球风暴正起、金融风暴又起……这些好像已经无关紧要！但是，作为个体（包括保险业、保险机构），我们还是要思考这些问题。我们不妨再回忆一下，2008年全球金融危机到底改变了什么。

2008年全球金融危机成为金融科技发展历史上的分水岭，金融科技进入一个新的发展时期。金融科技引发的金融创新，迸发出巨大的金融业变迁能量，但也带来了新的风险因素。金融科技对于金融业的影响还在变化、逻辑还在更新、未来还在演进。

从金融发展历史来看，金融危机似乎从未远离我们，或远或近。回顾20世纪以来的金融危机，为探究金融发展提供了一种新的视角，为当下保险业的变革提供了一种思路。

自1907年美国的银行业危机至2008年全球金融危机，中间经历了1929

年世界经济危机（大萧条）、1987年美国储贷危机及同期的北欧银行危机以及1997年东南亚金融危机。

（1）1907年美国银行业危机，促成了美国联邦储蓄银行体系的诞生。

（2）1929年的经济大萧条，推动美国步入金融分业经营、分业监管时代。

（3）1987年的美国储贷危机，形成了以风险为本和以资本为核心的金融监管理念。

（4）1997年亚洲金融危机，促成了《巴塞尔新资本协议》的出台。

（5）2008年全球金融危机，导火索是2007年美国次贷危机，导致美国出台了空前严格的金融监管模式。

2008年全球金融危机的发生中断了世界经济持续30多年的黄金增长期，金融体系的去杠杆和实体经济的下行形成巨大的反馈循环，世界经济陷入长期的深度衰退。

如今距离2008年全球经济危机爆发已经12年，全球金融经济却可能因疫情滑向如同1929年经济大萧条时期一样的境况。

当前，新冠肺炎疫情的阴霾还在蔓延，金融风险和金融监管到底应如何平衡？中国究竟要建立什么样的金融体系？相应的金融监管体系到底该如何改革？……不论如何，金融监管不可或缺，这不仅是次次金融危机惨痛代价换来的经验教训，也是金融逻辑的内在要求。

具体到中国保险业，保险业是以风险经营为基础（以投资经营为重点）的行业，保险具有典型的正外部性特征，在利用市场化手段服务社会的过程中“溢出效应”明显，能够实现社会总体风险暴露和损失的降低。保险的自身逻辑决定了其如果发生问题所需要纠偏的成本较大，甚至大到国家难以承受的地步。

保险业要认真思考“金融风暴”正起、又起之后将何去何从，因为这需要大智慧。

三、大智慧：思想中的未来旅程

思想是行动的先导，过去的12年（2008年全球金融危机以来），人类的科技创新完成了一个完整的进化周期。这个为期十二年的小周期将成为后疫情时代科技进步大周期的过渡与衔接，将引领我们走进一个全新的时代。

如今回头去看，2008年的世界经济危机对全球社会经济活动是一次重创，但对于科技革新却是一场思想的旅行。

2008年，金融危机引发的经济危机使得世界经济迅速退潮，大量问题暴露无遗。世界上各主要经济体都面临老龄化或人口红利衰减问题，投资效率降低，杠杆效应和拉动能力不足。当主要依靠资本的力量已经不足以拉动经济继续前行的时候，就要求技术要走向前台，成为新形势下经济驱动的新的核心动力。

2008年至今，科技创新完成了一个完整的进化周期，即基础技术创新—技术应用创新—商业模式创新—新一轮基础技术创新的循环。最初，借助信息载体技术（基础技术）创新，“互联网+智能手机”催生移动互联网时代，之后完成了基于此的各种技术应用，再到最后通过商业模式变化进行利益的再分配。简单地说，就是技术迭代提供了基础，应用创新开辟了新的市场，模式创新重新分配了蛋糕。

2014年，以硅谷为代表，商业模式创新已经走到瓶颈期，现有的技术平台无法继续承载海量数据带来的新技术时代，模式创新进入瓶颈期。这个时候，就需要下一代的技术创新去破旧立新，去搭建新一代的信息载体平台，推动下一层面的应用创新。

2016年，各国依托新技术（大数据、人工智能等）的新一轮应用创新探索开始逐渐形成。这一轮创新主要体现在新技术和现有以及传统行业的应用结合。新技术的真正价值的实现不在于替代，而是整合到现有行业和技术解决方案中，从而提高整体的生产效率。

2019年，以华为为代表，基于5G重新定义“新移动互联网时代”，不过尚停留在基础技术创新层面，还需要时间来完成一个完整的进化周期。

2020年，所有的这一切因为疫情都处于更大的不确定性中，中国开始“赌”新型基础设施建设（新基建），主要包括5G基站建设、特高压、城际高速铁路和城市轨道交通、新能源汽车充电桩、大数据中心、人工智能、工业互联网七大领域，涉及诸多产业链，是以新发展理念为引领，以技术创新为驱动，以信息网络为基础，面向高质量发展需要，提供数字转型、智能升级、融合创新等服务的基础设施体系。

面向未来，新技术的发展往往是经过一定的市场思考之后形成的整体行动的进化，考验的是人类适用与改变社会的大智慧。尽管新科技的发展仍笼罩在迷雾中，但新科技已经开始在我们脑海中浮现出整体的轮廓，甚至是一个值得探险的新的星球。我们相信在未来，科技创新将开启人类思想的一段新的旅程。

2008年世界金融危机成为金融科技发展历史上的分水岭。如今回头去看，2008年的世界经济危机对全球社会经济活动是一次重创，但对于科技革新却是一场思想的旅行。2020年的后疫情时代，人类将进入一个什么样的进化周期？我们靠什么引领走进一个全新的时代？

共筑诺亚方舟

一、诺亚方舟

2009年，一部名为《2012》的全球毁灭的灾难电影在全球上映。剧情如下：

杰克逊一家人在美国黄石旅游公园游玩时，发现了一系列异常的自然现象，并偶遇了一个疯疯癫癫的科学家查理，意外得知了“世界末日”的消息，随后地震、海啸等灾难接踵而至，杰克逊一家人在查理的指引下，来到了诺亚方舟的建造地——珠穆朗玛峰，并成功避难。

《2012》中为应对世界末日设计的生命舱诺亚方舟，位于中国的珠穆朗玛峰，全球灾难之后，海水倒灌，将淹没地球99%的陆地，方舟内有各类动植物的基因标本，有足够的粮食储备，人类为了生存，开始争夺登船的机会。

诺亚方舟（Noah's Ark，又译挪亚方舟），为《圣经》中诺亚制造的大船，是《希伯来圣经·创世纪》中的故事。

新冠疫情暴发以来，为了控制传染源、及时救治患者，武汉临时启用众多方舱医院；随后这一创举被疫情蔓延国家采用。新冠疫情中的方舱医院正是“生命之舱”，正是“诺亚方舟”。

方舱医院是以医疗方舱为载体，医疗与医技保障功能综合集成的可快速部署的成套野外移动医疗平台。方舱医院的发展始于20世纪60年代，美军为了适应越南战争的需要，率先将自给式可运输的野战医院投入战场使用，为野战卫生装备提供了新的应用手段，是野战医院方舱化的开端。

一个是《2012》中的诺亚方舟，一个是“2020”中的方舱医院，都是人类的“生命之舱”，点燃了“生命之光”。

二、共筑诺亚方舟

水下舱，让人类深入万丈深渊的海底；太空舱，让人类迈入浩瀚无垠的太空；生命之舱，让人类躲过全球毁灭的灾难（大流行病）；未来之舱，让人类迎接超级不确定性时代。这都是人类所梦想的“诺亚方舟”，也是人类所需要的“诺亚方舟”。

面对新冠疫情的蔓延，全球如何联手打造“诺亚方舟”呢？中国国家主席习近平在第73届世界卫生大会视频会议开幕式上的致辞《团结合作战胜疫情　共同构建人类卫生健康共同体》中宣布：

（1）中国将在两年内提供20亿美元国际援助，用于支持受疫情影响的国家特别是发展中国家抗疫斗争以及经济社会恢复发展。这说明人类命运共同体这一全球价值观包含相互依存的可持续发展观和全球治理观。

（2）中国将同联合国合作，在华设立全球人道主义应急仓库和枢纽，努力确保抗疫物资供应链，并建立运输和清关绿色通道。这说明中国人类命运共同体这一全球价值观包含相互依存的可持续发展观和全球风险观。

（3）中国将建立30个中非对口医院合作机制，加快建设非洲疾控中心总部，助力非洲提升疾病防控能力。这说明人类命运共同体这一全球价值观包含相互依存的共同利益观和可持续发展观。

（4）中国新冠疫苗研发完成并投入使用后，将作为全球公共产品，为实现疫苗在发展中国家的可及性和可担负性作出中国贡献。这说明人类命运共同体这一全球价值观包含相互依存的共同利益观和全球治理观。

（5）中国将同二十国集团成员一道落实“暂缓最贫困国家债务偿付倡议”，并愿同国际社会一道，加大对疫情特别重、压力特别大的国家的支持力度，帮助其克服当前困难。这说明人类命运共同体这一全球价值观包含相互依存的国际权力观和共同利益观。

五条举措彰显了人类命运共同体这一全球价值观包含相互依存的国际权力观、共同利益观、可持续发展观、全球治理观和全球风险观。

新冠肺炎疫情的大流行，让我们进一步认识到人类命运共同体的内涵包括人类卫生健康共同体、人类环境保护共同体、人类风险管控共同体……除了政治经济和意识形态之外，人类需要携手佑护人类共同的地球家园。

三、人类卫生健康共同体

人类正在经历第二次世界大战结束以来最严重的全球公共卫生突发事件。新冠肺炎疫情突如其来，现在已波及210多个国家和地区，影响70多亿人口，夺走了32余万人的宝贵生命。

《团结合作战胜疫情　共同构建人类卫生健康共同体》中提出“构建人类卫生健康共同体”，这才是人类的“生命之舱”和“未来之舱”。

人类终将战胜疫情，但重大公共卫生突发事件对人类来说不会是最后一次。全球要针对这次疫情暴露出来的短板和不足，完善公共卫生安全治理体系，提高突发公共卫生事件应急响应速度，建立全球和地区防疫物资储备中心。

2015年3月，比尔·盖茨（Bill Gates）在一次广受关注的TED演讲中警告，传染病大流行对世界构成的威胁比核战争更大，因为各国几乎没有建立防御措施。他呼吁建立一个国际预警和反应系统，包括医疗人员的机动团队、快速诊断、药物储备和能在数月内生产疫苗的技术。流行病是为数不多未来几十年内可能使世界急剧倒退的灾难之一。

五年后，我们好像还没有理解盖茨的警告，“全人类面临的最大潜在杀手不是战争，而是大流行病”。

笔者曾经设想“钻石公主号”承载“泰坦尼克号”的故事，却发现它承载的是《2012》《后天》《天外来菌》“2020”“2021”……

面对疫情和灾难，人类需要做出一个最重要的抉择：“所有人都是平等的，都有平等的生存机会！”只有这样，人类才会在方舟中度过全球性的灾难，获得继续繁衍和发展的希望。《2012》中的诺亚方舟，“2020”中的方舱医院，都是人类的“生命之舱”，点燃了“生命之光”。面对新冠疫情的蔓延，全球如何联手打造“诺亚方舟”呢？

疫情下的保险失望

一、我们的失望

2020年4月27日，中国保险行业协会在官网发布“抗击疫情，保险业在行动”最新信息：截至2020年4月24日，保险行业抗疫专属理赔累计19.08万件，累计赔付金额3.997亿元。其中，人身险公司累计赔付2.6亿元，财产险公司累计赔付1.39亿元。

2020年2月24日，国务院联防联控机制新闻发布会上，中国银保监会介绍新冠肺炎疫情发生以来，全行业累计捐赠总计保额11.58万亿元的保险保障。

2020年4月1日，律师李某起诉中国银保监会，起诉的主要原因是，李某认为银保监会在2月24日公布保险行业因新冠肺炎疫情累计捐赠11.58万亿元的消息不实，涉嫌骗捐。

第一章中“保险业应该做什么”部分提出：面对新冠肺炎疫情，保险业应该做什么？对于监管部门来说，要积极配合和支持疫情防控工作，更要维护金融市场稳定；对于保险机构来说，要积极配合和支持疫情防控工作，更要做好理赔工作；对于保险业来说，要思考赔了多少，而不是盯着捐了多少。

一场“中国银保监会被诉11.58万亿元惩罚性国家赔偿”闹剧背后可能是“阴谋”，笔者不再加以评论，说多了就真的成了阴谋。“阳谋”其实非常简单：“做好理赔，创新服务，读懂数据，看清趋势”！

截至2020年4月19日，各级财政共安排疫情防控资金1452亿元。我们暂且不考虑疫情导致的经济损失（预计超过5万亿元），保险赔付占国家疫情支出的比例为0.275%，不足1%。看到这些数字，我们难免有些失望。

除了对数字的失望之外，最近一项针对专业风险经理的调研问卷显示

（见图8-3）：24%公司BI包含传染病责任，57%公司BI不包含传染病责任，19%公司BI包含传染病责任但没有用处（Yes，but useless）。

进一步对24%的公司调研发现，保险条款"营业处所发生传染病"的规定也注定了没有用处。

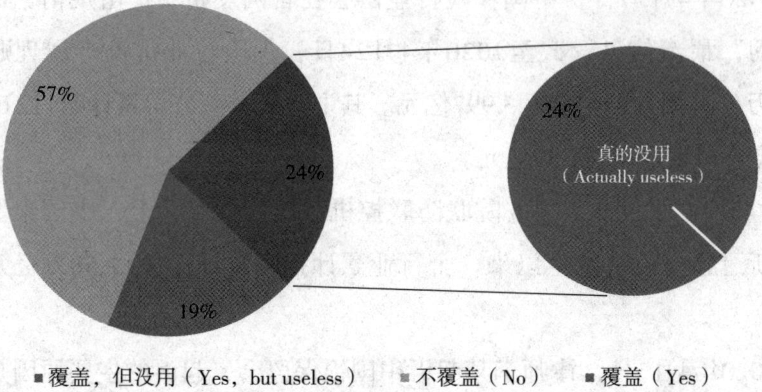

图 8-3　公司配置的保险是否覆盖因传染病导致的营业中断

"Yes，but useless"怎么翻译呢？"是的，但没用！""保险不保""保险有啥用"……反正都是抱怨、失望、牢骚……"Actually useless"。

二、失望在所难免

为什么这么多失望？究其原因，可以归结为非常简单的一句话，"保险的自我进化慢于不确定性的自我进化"。

后疫情时代，我们要认识到，所处的"不确定时代"，其实已经是"超级不确定时代"。"超级不确定时代"的特征是客观存在的不确定性，即包括经济、政治、社会、科学技术在内的不确定性，包括有限理性在内的主观不确定性，执行、推进的过程中发生的不确定性，还有博弈的不确定性。此外，不确定性可以自我进化，人们在解决不确定性过程中，不确定性很可能不是减缓而是加剧……

保险在自我进化吗？没有，保险在“退化”。除了像“车险”那样符合“大数法则”的，新兴风险普遍选择了“非保险承保”，我们现在看到的主流保险成熟于20世纪，甚至19世纪。21世纪，保险进化的是“科技”不是“保险”。所以保险只能选择“逃”吗？

保险在自我进化吗？没有，保险在“收缩”。瑞幸咖啡“董责险事件”之后，各家公司的董责险报价高涨，我们忘记了一点：“涨价”对于风险控制基本没用，只是变相地收缩业务。既然海外上市公司的不确定性在增加，保险为什么要选择“逃”呢？

不确定性与保险在“进化与退化”中的鸿沟越来越大，相应地，消费者的失望也越来越大。

三、失望之后是放弃还是继续希望

近日，西南财经大学中国家庭金融调查与研究中心联合蚂蚁金服集团研究院发布了《疫情下中国家庭的财富变动趋势》报告（以下简称《疫情与财富》）。报告提出疫情改变了家庭资产配置的方式。疫情使家庭更注重储蓄，从而增加了资产配置的需求；家庭的风险管理意识也有所加强，对中低类风险投资品和保险类产品更加青睐；在投资方式上也更加多元，线上理财需求增加。

《疫情与财富》还提出“顺应居民保险资产配置需求，鼓励发展商业健康险、网络互助等行业”，当然这是蚂蚁金服的诉求，也是商业合作研究的规则。

但是，这也说明了一点，保险如果再自我进化，网络互助的“合法化”指日可待。正如第四章中“中国网络互助的‘新使命’”部分所言，网络互助源于相互保险，契合了社会健康保障需要；网络互助化解大病保险制约因素，为政府解压；网络互助靠的是公信力，需要从民主金融的高度加以规范；网络互助本质上是保险，需要从普惠金融的高度加以监管。

除了网络互助，保险还有很多需要自我进化的空间。正如笔者在《中国个人财产保险市场的驱动模型》《中国个人财产保险市场的崛起之路》两篇文章中反复强调的一个主题：当今时代，我们面临的风险已经放大到“危害×脆弱性×敞口”，保险公司还停留在“保险”，这是我们的认知落差，也正是我们的崛起之路（见图8-4）。

显然，为了失望之后的希望，我们不能抱着“保险”啃“保险”，我们要抱着“风险/不确定性”啃“保险”。

根据达尔文的进化学说，如果保险的自我进化继续慢于不确定性的自我进化，保险灭亡的那一天终将到来。

要在当今变幻莫测的经济社会新秩序中求得生存和发展，保险机构就必须放弃落后的战略，接受新思维，采纳新战略，不断地自我进化、自我成长。

如果说保险作为金融存在，保险的再进化开局于金融科技，终局于数字科技；如果说保险作为保险存在，保险的再进化注定开局于不确定性，终局于超级不确定性。

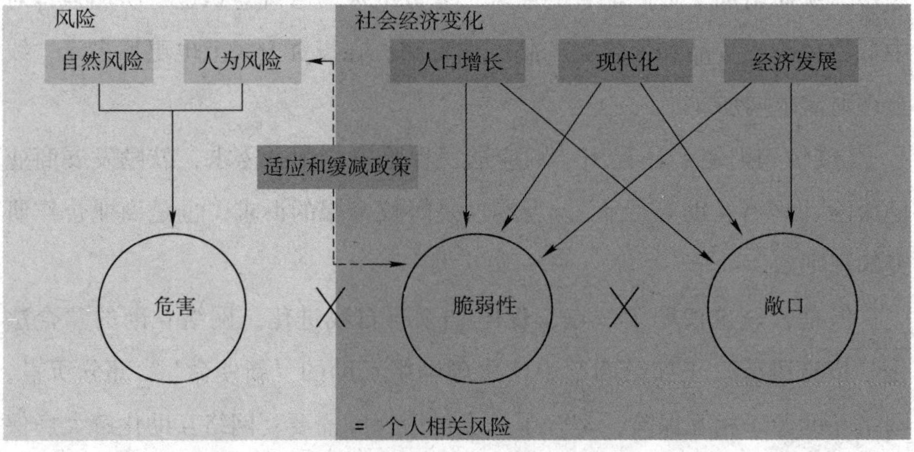

图8-4 后疫情时代，个人财产险市场的变化

资料来源：参考 Sigma (2020) 整理。

全球风险观下的保险未来

一、回到全球风险观

全球风险观（后疫情时代、超级不确定性时代、知识经济智能进化时代），旨在为我们提供一种全新的视角，帮助我们面对生活中的挑战，并且突破自我设限的思维框架，重新审视当下的境遇，将压力变为动力，化挑战为机遇。

全球风险观（Global Risk Prospects），是指人类需要明白所处的社会是风险社会，更需要以“人类命运共同体”理念推进全球风险社会治理。

全球风险观是一个不确定性的话题、一个超级不确定性的话题、一个自我进化中的话题，所以关于全球风险观的话题是结束亦是开始。

二、全球风险观下的保险

对于“全球风险观下的保险”这个话题的思考，我们应秉持以下两大原则：

一是风险特征原则，即不拘泥于全球风险观的概念，按全球风险的演变和风险的特征进行思考。

二是重要性原则，即全球风险观是一个超级不确定性的概念，因此我们对于其的认知应聚焦全球灾难性风险和新兴风险。

同时，具体到全球风险观下的保险上，我们需要处理好以下八大问题：

（一）原则与规则

对全球风险观下的保险进行监管，要重新审视原则与规则的关系。保险监管规则是指采取一定的结构形式具体规定保险主体的法律权利、法律义务以及相应的法律后果的行为规范。保险监管原则是指在一定监管体系中作为监管规则的指导思想，基本或本原的、综合的、稳定的原理和准则。监管原则和法律规则同为监管规范，但它们在内容的明确性、适用范围、适用方式和作用上存在明显的区别。

（二）简单与复杂

“在结果相同的时候，最简单的达成步骤就是最正确的”（出自“奥卡姆剃刀原理”），对于全球风险观下的保险来说，重要的是保险主体是否认为自己更喜欢简单而讨厌复杂。除了必须故弄玄虚的时候，人们总是会尽量选择简单而不是复杂，这是一个有趣的现象。但是风险不再简单，而是越来越复杂。

什么是复杂？从更浅显的角度来理解，是不是我们不懂的、难以理解的东西都可以算在复杂的范畴之内？从这个角度而言，全球风险观下的保险一定要“拒绝复杂”，不是为了掩盖自己的“无知”，而是应该“接受简单”，让所有人都对风险有认知。

（三）虚拟与现实

适度穿梭于虚拟与现实中是良好的全球风险观下的保险思考模式，可以寻求新体验、开创新思维。但任何情况下，都不可过度沉迷，要保持理智、清醒的头脑，全球风险观下的保险虽然是现实的，但是其也是虚拟的。

（四）模拟与实战

模拟是对真实事物或者过程的虚拟。在现实保险经营中，直接进行全球风险观下的保险试验，或者是不可能的，或者是得不偿失的，而根据实际问题建立模型，并利用模型进行试验，比较不同后果，选择可行方案，不失为有效的代用方法。

实战，是有真实行动和相应结果的行为。模拟是为实战做准备，同时，也只有经过实战，才能检验模拟的效果。因此，对于全球风险观下的保险的规则，一定是在模拟和实战中不断完善的，是一个模拟实战的过程，也是一个实战模拟的过程。

（五）预设与迭代

预设又称前提、先设和前设，指的是说话者在说出某个话语或句子时所做的假设，即说话者为保证句子或语段的合适性而必须满足的前提，它是由德国哲学家、现代逻辑奠基人弗雷格于1892年提出的。

全球风险观下的保险预设，是指保险主体在采取策略时先进行假设，这虽然解决了保险主体风险选择的问题，但同时会陷入“风险预设陷阱”，即自以为是。这种自以为是往往是无意识的，导致了风险管控失败，但当事人并不自知。

（六）静态与动态

静态发展又称常规发展，就是人们根据保险逻辑、保险规则确定的保持相对不变的保险流程、规章制度以及形成的传统业务模式。静态发展可以使保险各项风险业务规模化、制度化、规范化，做到有章可依，有规可循。

然而，静态不是绝对的，有静有动，静中有动，动中有静。保险主体要能以“变”应“变”，建立动静兼容的适应性的风险应对程序和规章制度，不固守原有的思维模式和框架，根据客观形势的变化，及时修正原来的规矩，制定并形成新的常规。

（七）稳定与发展

全球风险观与全球风险观下的保险之间，或者在更高的层面上，全球风险观与全球风险观下的金融之间，的确存在着一定的权衡关系。推动全球风险观下的保险发展必然会伴随着一定的风险，进而威胁保险稳定，因此，保险主体必须要在发展与稳定之间保持适当的平衡。

在全球风险观下，如何处理好保险发展和稳定的关系依然是摆在保险主体面前的重大课题。对于保险业来说，没有稳定，发展失去前提；没有发展，稳定难以持久。这是关于发展与稳定的辩证法。

保险稳定与发展的辩证关系表明，两者之间是相辅相成的，这种“相辅相成”是基于两者的平衡状态。近现代保险发展史表明，当我们正确认识和处理了两者关系的时候，稳定与发展就处于相对平衡状态，保险业就顺利地向前推进；反之，则会迟滞保险发展的历史进程。

（八）科学与艺术

人是一种富有好奇心和探索性的高级动物，其探索对象就是未知世界，探索主体就是人的思维，探索工具就是科学手段和艺术媒材。自然世界是一本不断被打开的充满神奇的科学读本，同时也是一幅不断被展示的具有魅力的壮丽画卷！对自然世界不断探索的最高目标就是真与美，最终成果就是科学与艺术！人类在探索自然世界的真和美的过程中，也不断发展了两种主要的思维方式：逻辑思维和形象思维，或者说科学思维与艺术思维。

所谓全球风险观的科学，就是在正确的时间做正确的事；而所谓全球风险观的艺术，就是重复地做简单正确的事，就是洗尽铅华之后的返璞归真，突破制度、技术的条条框框的束缚，超越制度、技术，按照千锤百炼形成的本能和规律重复简单正确的操作。

全球风险观（后疫情时代、超级不确定性时代、知识经济智能进化时代），旨在为我们提供一种全新的视角，帮助我们面对生活中的挑战，并且突破自我设限的思维框架，重新审视当下的境遇，将压力变为动力，化挑战为机遇。

第九章

中国保险业可持续发展研究

可持续发展理论

一、可持续发展

（一）可持续发展的提出

20世纪60年代，人类在经历了一系列重大环境公害事件之后，开始积极反思和总结传统经济发展模式的弊端。1961年联合国通过了关于“发展”问题的第一个决议——《联合国发展十年》。该决议提出，单纯的经济增长不等于发展，发展本身除了“量”的增长要求以外，更重要的是要在总体“质”的方面有所提高和改善。1972年召开的联合国人类环境会议通过的《人类环境宣言》指出：“为了在自然界里取得自由，人类必须利用知识在同自然合作的情况下建设一个较好的环境。”人类环境会议开创了环境保护事业的新纪元。此后，一系列类似会议相继召开，并促进了联合国环境规划署等多个全球性机构的建立。

1980年，世界自然保护联盟、联合国环境规划署和世界野生动物基金会共同发表的《世界自然保护大纲》提出：“没有使千百万人得以脱贫的发展，自然保护的目标难以实现；发展与自然保护相互依存，发展需要以呵护地球为前提。”1982年，在联大第48次全会上通过了《世界自然宪章》，提出“人类是自然的一部分，生命有赖于自然系统的功能维持不断”。1983年世界环境与发展委员会（WECD）成立，并在1987年发布了经过4年研究和充分论证的报告——《我们共同的未来》，该报告提出：“环境与人类活动密不可分。环境是人类生存之所，发展是人类在此寓所内改善生存状况的行为。”该报告还提出了可持续发展（Sustainable Development）的定义：“既满足当代人的需要，又不对后代人满足其需要的能力构成危害的发展。”这一定义随之得到广泛认可。

1989年，联合国环境与发展会议（UNEP）专门为“可持续发展”的定义和战略通过了《关于可持续发展的声明》，认为可持续发展的定义和战略主要包括四个方面的含义：①走向国家和国际平等；②要有一种支援性的国际经济环境；③维护、合理使用并提高自然资源基础；④在发展计划和政策中纳入对环境的关注和考虑。

总之，可持续发展就是建立在社会、经济、人口、资源、环境相互协调和共同发展的基础上的一种发展，其宗旨是既能相对满足当代人的需求，又不能对后代人的发展构成危害。

（二）可持续发展理论

可持续发展理论（Sustainable Development Theory），是指既满足当代人的需要，又不对后代人满足其需要的能力构成危害的发展，以公平性、持续性、共同性为三大基本原则。可持续发展理论的最终目的是达到共同、协调、公平、高效、多维的发展。

可持续发展定义包含两个基本要素或两个关键组成部分：“需要”和对需要的“限制”。满足需要，首先要满足贫困人民的基本需要。对需要的限制主要是指对未来环境需要的能力构成危害的限制，这种能力一旦被突破，必将危及支持地球生命的自然系统中的大气、水体、土壤和生物。决定两个基本要素的关键性因素是：

（1）收入再分配以保证不会为了短期生存需要而被迫耗尽自然资源；

（2）降低主要是穷人对遭受自然灾害和农产品价格暴跌等损害的脆弱性；

（3）普遍提供可持续生存的基本条件，如卫生、教育、水和新鲜空气，保护和满足社会最脆弱人群的基本需要，为全体人民特别是贫困人民提供发展的平等机会和选择自由。

（三）联合国2030年可持续发展目标

联合国可持续发展目标（Sustainable Development Goals，SDGs），是联合国制定的17个全球可持续发展目标，是在2000—2015年千年发展目标（MDGs）基础之上制定的。2015年9月25日，联合国可持续发展峰会在纽约总部召开，联合国193个成员国在峰会上正式通过17个可持续发展目标。可持续发展目标旨在从2015年到2030年以综合方式彻底解决社会、经济和环境三个维度的发展问题，转向可持续发展道路。

（1）无贫穷：在全世界消除一切形式的贫困；

（2）零饥饿：消除饥饿，实现粮食安全，改善营养状况和促进可持续农业；

（3）良好健康与福祉：确保健康的生活方式，促进各年龄段人群的福祉；

（4）优质教育：确保包容和公平的优质教育，让全民终身享有学习机会；

（5）性别平等：性别平等不仅是一项基本人权，而且是和平、繁荣和可持续世界的基石；

（6）清洁饮水和卫生设施：为所有人提供水和环境卫生并对其进行可持续管理；

（7）经济适用的清洁能源：确保人人获得负担得起的、可靠和可持续的现代能源；

（8）体面工作和经济增长：促进持久、包容和可持续经济增长，促进充分的生产性就业和人人获得体面工作；

（9）产业、创新和基础设施：基础设施投资对实现可持续发展至关重要；

（10）减少不平等：减少国家内部和国家之间的不平等；

（11）可持续城市和社区：建设包容、安全、有抵御灾害能力和可持续的城市和人类社区；

（12）负责任消费和生产：改变生产和消费模式，减少生态足迹；

（13）气候行动：气候变化是跨越国界的全球性挑战；

（14）水下生物：保护水下生物；

（15）陆地生物：可持续管理森林，防治荒漠化，制止和扭转土地退化，遏制生物多样性的丧失；

（16）和平、正义与强大机构：让所有人都能诉诸司法，在各级建立有效、负责和包容的机构；

（17）促进目标实现的伙伴关系：重振可持续发展全球伙伴关系。

实现可持续发展是全球共同目标与未来追求。据统计，为达成联合国发布的17项可持续发展目标，全球每年需要5万亿~7万亿美元的资金投入，其中发展中国家每年需投入4万亿美元，而其财政支出仅能覆盖1.5万亿美元，每年尚有2.5万亿美元的资金缺口亟待市场投资，可持续金融应运而生。

二、可持续金融

（一）可持续金融概述

可持续金融（Sustainable Finance）的英文由Sustainable和Finance两个单词组成，融合了人类知识系统里两个重要领域，其本质是跨界整合。第一个领域是Sustainable Development，涉及环境与社会的可持续发展；第二个领域是Finance，涉及资金的流向及效率。可持续金融将金融和可持续发展结合在一起，旨在将资金导入人类可持续发展的重要领域，如环境面的污染防治、节能减碳，社会面的平价住房、普惠金融等。

金融和可持续发展的结合有很多不同的提法，譬如绿色金融（Green Finance）、普惠金融（Inclusive Finance）、包容性金融、ESG投资等，这些概念更多地聚焦在一个比较狭隘的领域。2018年7月22日，二十国集团（G20）财长和央行行长第三次会议在阿根廷首都布宜诺斯艾利斯闭幕。G20财长和央行行长们通过了会议公报，并就可持续金融有关内容达成以下重要共识："动员可持续金融并强化普惠金融对全球可持续发展至关重要。我们欢迎《2018年G20可持续金融综合报告》，及其提出的可选措施，以支持私人可持续资本的发展与部署。"至此，可持续金融被正式提出，并重新进行了定义（见图9–1）。

图9–1 可持续金融图解

依据G20的界定，可持续金融是一个全面性的概念，包含ESG投资、绿色金融、普惠金融、包容性金融，并且适用于不同类型的资产类别，包括上市的及未上市的；除融资外，它还涉及各种市场安排以及机构安排，并且包括数字科技在金融场景的应用。同时，界定了可持续金融的目的，就是通过金融对联合国可持续发展目标框架的贡献，在全球创造更强、更可持续、更平衡的、更包容的经济成长。

全球金融业为贯彻落实联合国2030年可持续发展目标，相继提出了可持续金融、可持续保险等概念，联合国环境规划署金融倡议组织（UNEP FI）先后倡导了针对银行业的《负责任银行原则》（*Principles for Responsible Banking*，PRB）、针对资产管理者的《负责任投资原则》（*Principles for Responsible Investment*，PRI）以及针对保险业的《可持续保险原则》（*Principles for Sustainable Insurance*，PSI）。

（二）《负责任银行原则》

2019年9月22日，联合国《负责任银行原则》在纽约联合国大会期间正式发布。全球130家银行签署了该原则，合计资产总额逾47万亿美元，约占全球银行业资产总规模的1/3。联合国秘书长安东尼奥·古特雷斯（António Guterres）在发布会上表示："联合国《负责任银行原则》提供了一套指南，以帮助全球银行业应对和推动经济可持续发展并从中受益。该原则为银行实现负责任发展提供了衡量标准，为银行开展负责任行动提供了远景目标。"

《负责任银行原则》由联合国环境规划署金融倡议组织（UNEP FI）倡导，由中国工商银行、花旗银行、巴克莱银行、法国巴黎银行等30家银行组织的核心工作小组共同制定。该原则为银行建设可持续发展体系提供了一致的框架，鼓励银行在最重要、最具实质性的领域设定目标，在战略、投资组合和交易层面以及所有业务领域融入可持续发展元素。《负责任银行原则》中一共有六条原则：

原则1：一致性。签署行承诺确保业务战略与联合国可持续发展目标（SDGs）、《巴黎气候协定》以及国家和地区相关框架所述的个人需求和社会目标保持一致，并为之作出贡献。

原则2：影响与目标设定。签署行承诺不断提升正面影响，同时减少因银行的业务活动、产品和服务对人类和环境造成的负面影响并管理相关风险。为此，银行将针对其影响最大的领域设定并公开目标。

原则3：客户与顾客。签署行承诺本着负责任的原则与客户和顾客合作，鼓励可持续实践，促进经济活动发展，为当代和后代创造共同繁荣。

原则4：利益相关方。签署行承诺将主动且负责任地与利益相关方进行磋商、互动和合作，从而实现社会目标。

原则5：公司治理与银行文化。签署行承诺将通过有效的公司治理和负责任的银行文化来履行银行对这些原则的承诺。

原则6：透明与责任。签署行承诺将定期评估签署行个体和整体对原则的履行情况，公开披露银行的正面和负面影响及其对社会目标的贡献，并对相关影响负责。

当今世界面临着严峻的气候和可持续发展挑战。据估计，要支持经济向低碳和气候适应型转型、实现《巴黎气候协定》目标，从现在起到2050年，至少需要60万亿美元的额外投资；与此同时，落实联合国可持续发展目标每年可释放12万亿美元的商业储蓄和收入，到2030年可新增3.8亿个就业岗位。正如联合国环境规划署执行主任英格·安德森（Inger Andersen）所说："银行业管理和应对气候变化和其他环境挑战相关风险，不仅可以推动低碳和气候适应型经济转型，自身也能从中受益。"

在全球市场，银行占融资总量2/3以上；在发展中国家市场，这个数字超过90%。因此，《负责任银行原则》的发布与实施意义重大，是迈向满足全球可持续融资需求的关键一步。该原则为负责任银行设定全球基准，并通过实施指南、报告和自评估模板等一系列配套文件为如何实现负责任银行提供可行性指导，就银行如何全面识别、评估、统计、管理、展现其对环境和社会的正负面影响分享全球先进做法、提供可借鉴的经验。

（三）《负责任投资原则》

《负责任投资原则》由联合国前秘书长科菲·安南牵头发起，2006年在纽约证券交易所发布，是一个由全球各地资产拥有者、资产管理者以及服务提供者组成的国际投资者网络，致力于发展更可持续的全球金融体系。该组织鼓励投资者采纳《负责任投资原则》，通过签署该原则，签署方承诺在做出投资决策时遵循ESG（环境、社会和治理）议题的相关标准，并鼓励所投资的公司遵守和践行ESG的要求。

《负责任投资原则》中一共有6条原则：

原则1：将环境、社会和企业治理(ESG)问题纳入投资分析和投资决策过程。

原则2：做积极的资产所有者，将ESG问题纳入所有权的政策和实践。

原则3：对于投资的对象寻求适度的关于ESG问题的披露。

原则4：在投资业内推动对这些原则的认可度和实施力度。

原则5：共同携手，提高这些原则的执行力度。

原则6：分享贯彻和执行这些原则的活动和进程的报告。

截至2019年底，全球60多个国家的2500多家机构加入了“联合国支持的负责任投资原则”（UN Supported Principles for Responsible Investment，UNPRI）组织，其中包括450余家资产所有者，如全球知名的养老金、主权基金和保险机构等，成员机构管理的资产总规模超过80万亿美元。其中，有30多家机构来自中国，主要为公募基金和保险资管机构。

（四）《可持续保险原则》

《可持续保险原则》中包括4项原则，旨在为全球保险业提供一个应对环境、社会和管制（Environmental, Social and Governance, ESG）风险与机遇的实践框架。

原则1：关于核心业务。要求保险公司将与保险业务相关的ESG议题纳入决策过程，包括：保险公司要在董事会和高管层面达成与ESG相关的战略，在营销、承保、风控、理赔和资管全流程纳入关于ESG的考虑。

原则2：关于客户和业务伙伴。要求保险公司与客户和业务伙伴共同努力，提升对ESG议题的认识，管理相关风险，寻求解决方案。对保险公司来说，业务伙伴包括供应商、再保险公司和保险经纪公司等。

原则3：关于监管机构及其他主要利益相关方。要求保险公司与政府、监管机构和其他主要利益相关方合作，促进全社会在ESG问题上的广泛行动。这些主要利益相关方涉及范围广泛，有政府间组织、非政府组织、行业协会，还有科研机构和媒体。

原则4：关于信息披露。要求保险公司展示问责机制和透明度，定期披露在实施《可持续保险原则》方面的进展，并与客户、监管机构、评级机构等开展对话。

2020年4月22日，中国平安宣布签署《联合国环境规划署金融倡议可持续保险原则》，成为中国大陆首家签署《可持续保险原则》的公司。

可持续保险研究

一、可持续保险

可持续保险的英文由Sustainable和Insurance两个单词组成，同样是跨界整合。第一个领域是Sustainable Development，涉及环境与社会的可持续发展；第二个领域是Insurance，涉及保险价值创造、风险治理以及资源配置的效率。可持续保险将保险和可持续发展结合在一起，旨在将保险导入人类可持续发展的重要领域，如环境污染责任保险、巨灾保险、突发公共卫生事件公共责任保险、普惠保险等。

可持续保险，就是将ESG 理念嵌入保险业务，以负责任和前瞻性的方式完成保险价值链中的所有活动，在保险产品的开发设计和承保过程中充分考虑ESG有关因素，降低承保风险；同时，通过开发创新解决方案，将多元保险业务与联合国可持续发展目标进行对标与融合，为环境、社会和经济可持续发展做出贡献，推动全球实现可持续发展。

《可持续保险原则》将“可持续发展”作为保险业发展的重要任务，提出保险是一个可增强全社会可持续发展意识和实现经济可持续发展的强有力的中介。联合国也期待与保险业开展更多的合作，以促进整个社会对可持续发展的认同，并对相关决策者和产业界积极进行产业结构调整施加影响。以新冠肺炎疫情为例，在保险服务突发公共卫生安全事件风险管理过程中，应当将“可持续发展”作为核心诉求、工作重点和基本原则，推动保险理论、模式、技术和服务的创新。从社会管理的视角看，保险服务可持续发展的主体可以分为三类，包括政府、企业和家庭。

（1）就政府而言，分为稳定财政预算和稳定经济与社会发展两个方面，前者是从政府稳定财政预算的需求出发，通过安排相关保险，转移可能产生的“预算外开支”。如近年来一些地方政府就通过“农房保险”“自然灾害公共责任保险”和“政府扶贫救助保险”的方式，解决了各种灾害可能产生的转移、救助和灾后重建的财政压力。面向未来，在有条件的地方，也可以尝试开展“突发公共卫生事件公共责任保险”，解决突发公共卫生事件可能产生的财政压力，平滑财政预算。后者是从稳定经济与社会的角度出发，通过宣传教育和政策引导，围绕可持续发展问题，强化全社会的风险意识，解决供给和需求的制度和能力建设，尤其是要引导保险业，高度关注可持续发展领域的产品和服务创新，增加有效供给，提升服务社会和经济的能力。

（2）就企业而言，分为宏观和微观两个层面。从宏观层面看，主要是强调并推广“商业可持续计划”（BCP），亦称“业务连续性”，是指通过全面的流程管理，识别威胁企业的潜在影响，提供可以增强业务复原能力和有效反应能力的框架，强化企业管理的韧性，保护企业关键利益相关者的利益、机构的声誉、品牌和价值创造活动。同时，将保险作为一种风险管理工具，全面融入商业可持续计划。从微观层面看，可持续保险主要是指营业中断保险（利润损失保险）和取消保险。传统财产保险主要是针对因各种风险导致的企业财产直接损失，但并不包括企业在损失恢复期间，可能面临的因营业中断导致的间接损失，营业中断保险则是针对这类间接损失的。取消保险主要是针对旅游相关行业、大型赛事、大型活动的举办方因气候、突发公共事件和各种意外事件减少营业和取消活动导致的损失。如2020年春节各地庙会的举办方可能面临的损失；再如在这次突发疫情中，中国太保就在第一时间处理近4万件旅行取消保险。

（3）就家庭而言，分为宏观和微观两个层面。从宏观层面看，主要是强调并推广"生活方式保护保险"（Lifestyle Protection），该保险承保被保险人由于意外事故、疾病、失能和非自愿失业而不能工作，可能导致其生活方式或生活水平改变的风险。从微观层面看，主要是家庭成员的人身保险，尤其是健康保险。一方面是为可能产生的医疗费用提供保障，解决农民和低收入家庭的"因病返贫"问题；另一方面是在家庭主要劳动力因意外事故和疾病丧失工作能力，导致家庭收入减少或中断、生活水准降低，甚至还贷困难时，提供保障。

综上，可持续保险要求保险体制和保险机制随着经济、社会和环境的发展而不断调整，从而合理有效地动员和配置保险资源，提高保险效率，为环境、社会和经济可持续发展做出贡献，推动全球实现可持续发展。

二、可持续发展报告

可持续发展报告（ESG报告），又称企业社会责任报告（CSR报告），是企业将其履行社会责任的理念、战略、方法，及其经营活动在经济、社会、环境等维度产生的影响定期向利益相关方进行披露的沟通方式。企业通过编制和发布企业社会责任报告，可以系统梳理、分析面临的各种责任风险，推动企业内部管理的提升和改进；有利于将企业可持续战略贯彻实施于各项工作；有利于满足各利益相关方需求，提升企业形象和影响力。

发布可持续发展报告，进行有效的披露，可为企业带来诸多益处：

（1）加强环境与社会风险的管理，推动企业可持续发展能力的提升；

（2）树立负责任的企业品牌和形象，提高企业声誉；

（3）满足政府、行业协会的监管要求，合规且系统展现自身在CSR/ESG方面的绩效；

（4）选择负责任的供应商，共同维护客户权益，提升客户满意度；

（5）注重企业内部员工的成长，吸引并保留人才；

（6）持续对社区做出贡献，实现企业与社会共赢。

可持续发展报告框架旨在提高全球范围内企业可持续发展报告的可比性和可信度，企业可选择按照全球报告倡议组织 (GRI) 报告框架或港交所的ESG报告框架进行汇报。这两种框架都含经济、环境和社会三方面。

中国平安则是中国大陆首家签署《可持续保险原则》的公司，中国保险业只有中国平安公布了《可持续发展报告》。据报告，截至2019年末，中国平安实现可持续保险金额121.21万亿元，可持续保险产品/服务1053个（其中平安产险开发了8大类共518种可持续保险产品，比如与环境生态相关的环责险、巨灾险、野生动物保护险等险种；平安寿险、平安健康险、平安养老险则提供了医疗保险、重疾保险、老年保险和医保等4大类共535种可持续保险产品），2019年可持续保险有效承保7.85亿人次，引领保险行业可持续发展。

三、中国保险业可持续发展报告

党的十九大以来，保险业坚持以习近平新时代中国特色社会主义思想为指导，认真贯彻落实党中央、国务院决策部署，“不忘初心、牢记使命”，树牢以人民为中心的发展思想，服务国家战略和民生期盼，着力服务实体经济、防范金融风险、深化金融改革开放，促进现代保险服务业成为完善金融体系的支柱力量、改善民生保障的有力支撑、创新社会管理的有效机制、促进经济提质增效的高效引擎和转变政府职能的重要抓手。

2019年，我国保险业综合实力进一步增强，服务经济社会发展能力稳步提升，作为全球第二大保险市场，供给不断丰富，更好地满足了民众需求。2019年，保险业实现保费收入4.26万亿元，承保保单件数495.38亿件，资产总额共20.56万亿元，为全社会提供保险金额6470万亿元，保险赔付支出1.29万亿元。截至2019年末，178家保险企业平均综合偿付能力充足率为247.7%，平均核心偿付能力充足率为236.8%。

2020年，中国精算研究院启动了“可持续保险”研究及《中国保险业可持续发展报告》撰写工作，其核心在于全面研究保险资源及其配置效率，重新赋予保险效率观，从而促进中国保险业的可持续发展。2020年突如其来的新冠肺炎疫情，是第二次世界大战结束以来人类经历的最严重的全球公共卫生突发事件，也是世界保险业面临的一次可持续发展的“大考”。在此背景下，《中国保险业可持续发展报告（2020）》聚焦“新冠肺炎疫情与保险”，以研抗疫，抗疫促研，助力中国保险业做好新冠肺炎疫情防控金融服务。

中国保险行业协会公布的《2019中国保险业社会责任报告》对2019年“可持续报告”进行了总结，总的来看，各保险企业持续增强履行社会责任的意识和能力，在融入国家重大战略、服务国民经济转型、完善社会保障体系、构建防灾减灾体系、服务国家治理体系和治理能力现代化等方面取得了重要成果，为服务经济社会发展大局和保障人民美好生活作出贡献。

（1）在服务国家战略、促进经济社会发展大局中承担责任。保险业持续深化金融供给侧结构性改革，不断强化服务功能，加大产品创新力度，支持京津冀协同发展、长江经济带发展和粤港澳大湾区建设。深化保险业对外开放，鼓励保险企业“走出去”，为服务共建“一带一路”贡献力量。加大对经济社会发展重点领域和薄弱环节的支持，加强对先进制造业、战略性新兴产业，以及民营企业、中小微企业、“三农”发展的金融支持。

（2）在服务社会民生、完善经济补偿机制中承担责任。保险业坚持回归本源，发挥“减震器”作用，为服务经济社会发展和保障国计民生，提供了全方位、高质量的保险保障和金融服务。在提高医疗保障水平、完善养老保险体系、构建多层次社会保障体系中发挥重要作用。多领城参与社会治理，保障人民群众生产生活安全，全面推进社会共建共治。积极构建防灾减灾体系，创新风险管理新模式，助力提升全社会风险防范能力，并携手应对重大自然灾害，有效助推灾后重建，提升行业应急管理能力。

（3）在提升行业经济绩效、促进高质量发展中承担责任。保险业聚焦主业做好服务，改善经营管理，提升透明度，推动高质发展，有效防范系统性金融风险，实现经济和社会效益双赢。严把合法合规关口，完善公司治理，落实金融企业改革。推进行业偿二代工程建设，有效处置重点领域金融风险。深耕人工智能、区块链、大数据等新技术的研发应用，专注于科技赋能保险，加强流程改进与服务优化。

（4）在保护生态、和谐共生中承担责任。保险业认真贯彻落实国家对环境保护提出的新要求，坚持把可持续发展原则和循环低碳经济理念放在首位，在资产负债两端全方位参与绿色金融体系建设。一方面研发环保领域的责任险产品，另一方面为节能环保和新能源相关产业提供融资支持。倡导各保险企业绿色运营，普及无纸化办公，规范绿色采购，坚持节能降耗，鼓励企业参与绿色公益。

（5）在保护消费者、员工、弱势群体中承担责任。保险业坚持“以人为本、以善为先”的发展理念，加强保险公众宣传，保护保险消费者合法权益。搭建行业人才职业培训体系，提升从业人员素质，重视人才培养。主动延展社会责任，将更多的精力和资源投入教育、环保、帮扶弱势群体等公益事业，创立慈善基金，组织捐赠和志愿服务，提升行业感召力和使命感。

《中国保险业可持续发展报告（2020）》是“可持续保险”研究的开始，是ESG融入中国保险企业战略的开始，也是中国保险企业重新思考经济责任、社会责任和环境责任的开始。如果说《中国保险业可持续发展报告（2020）》是“可持续保险”主题的呈现，《中国保险业可持续发展报告（2021）》将是“可持续保险”全貌的展现。

“疫情与保险”系列研究完结，请让我们看见你还在。我们不确定2020年是不是人类当代史的转折点，很多人都在担心，因为我们每天睁开眼就有“不确定性”闪袭而来，所以“疫情与保险”系列研究是结束更是开始。

回顾“疫情与保险”系列研究，笔者想到了亨利·基辛格的一句话：“历史只有在回顾时才有意义，而且永远不会有最后定论。”

参考文献

一、参考的相关书籍

[1] 陈辉. 金融科技：框架与实践[M]. 北京：中国经济出版社，2018.

[2] 陈辉. 监管科技：框架与实践[M]. 北京：中国经济出版社，2019.

[3] 陈辉. 相互保险：开启保险新方式[M]. 北京：中国经济出版社，2017.

[4] 陈辉. 相互保险：定义保险新方式[M]. 北京：中国经济出版社，2018.

[5] 陈辉. 相互保险：创新保险新方式[M]. 北京：中国经济出版社，2018.

[6] 陈辉. 相互保险：开创保险新未来[M]. 北京：中国经济出版社，2019.

[7] 陈辉. 相互保险：理论与实务教程[M]. 北京：中国经济出版社，2019.

[8] 陈辉. 小数据之美：精准捕捉未来的商业小趋势[M]. 北京：中信出版社，2019.

[9] 陈辉. 股票连接保险产品的定价、准备金评估和风险对冲研究[M]. 北京：中国财政经济出版社，2011.

[10] 张宁，陈辉，赵亮. 中国金融科技创新发展指数报告（2018）[M]. 北京：财经科学出版社，2019.

[11] 寇业富，张宁，陈辉，等. 中国保险公司竞争力评价研究报告（2011）[M]. 北京：中国文史出版社，2011.

[12] 寇业富，陈辉，张宁，等. 中国保险公司竞争力评价研究报告

（2012）[M]. 北京：中国文史出版社，2012.

［13］寇业富，陈辉，张宁，等. 中国保险公司竞争力评价研究报告（2013）[M]. 北京：中国财政经济出版社，2013.

［14］寇业富，陈辉，张宁，等. 中国保险公司竞争力评价研究报告（2014）[M]. 北京：中国财政经济出版社，2014.

［15］寇业富，陈辉，张宁，等. 中国保险公司竞争力评价研究报告（2015）[M]. 北京：中国财政经济出版社，2015.

［16］寇业富，陈辉，张宁，等. 中国保险公司竞争力评价研究报告（2016）[M]. 北京：中国财政经济出版社，2016.

［17］寇业富，陈辉，张宁，等. 中国保险公司竞争力评价研究报告（2017）[M]. 北京：中国财政经济出版社，2017.

［18］寇业富，陈辉，张宁，等. 中国保险公司竞争力评价研究报告（2018）[M]. 北京：中国财政经济出版社，2018.

［19］寇业富，陈辉，张宁，等. 中国保险公司竞争力评价研究报告（2019）[M]. 北京：中国经济出版社，2019.

［20］寇业富，陈辉，张宁，等. 中国保险市场发展分析蓝皮书（2016）[M]. 北京：中国经济出版社，2016.

［21］寇业富，陈辉，张宁，等. 中国保险市场发展分析蓝皮书（2017）[M]. 北京：中国经济出版社，2017.

［22］寇业富，陈辉，周桦. 中国保险市场发展分析蓝皮书（2018）[M]. 北京：中国财政经济出版社，2018.

［23］寇业富，陈辉，周桦. 中国保险市场发展分析蓝皮书（2019）[M]. 北京：中国财政经济出版社，2019.

［24］张宁，林锦添，陈辉. 每个人都可以成为精算师——新非寿险精算实务[M]. 北京：经济科学出版社，2020.

［25］陈辉，李晓林. 寿险公司价值评估研究[M]. 北京：中国财政经济

出版社，2017.

［26］奚玉莉，杨芮，陈辉，等. 互联网保险新模式[M]. 北京：中信出版社，2016.

［27］陈辉. 人身保险产品研究——机理、发展与监管[M]. 北京：中国财政经济出版社，2010.

［28］哈维·W. 鲁宾. 保险学词典[M]. 李晓林，寇业富，陈辉，等，译. 上海：上海财经大学出版社，2010.

二、参考的其他相关资料

［1］小城不小公众号，Small Is the New Big.

［2］央财国际研究院网站，http://www.yangcai.org.

［3］中国精算科技实验室数据库，http://www.ciaslab.com.

［4］中国人民银行网站，http://www.pbc.gov.cn.

［5］中国银行保险监督管理委员会网站，http://www.cbrc.gov.cn.

［6］国家统计局网站，http://www.stats.gov.cn.

［7］百度百科，http://baike.baidu.com.

［8］维基百科，http://zh.wikipedia.org.

［9］国家数据，http://www. data.stats.gov.cn

［10］国际研究数据库，http://www.lexis.com.

［11］国际保险监督官协会，http://www.iaisweb.org.

［12］百度、谷歌等网站以及微信公众号发表的一些文献，不再详述。